U0514615

广视角·全方位·多品种

权威·前沿·原创

皮书系列为
"十二五"国家重点图书出版规划项目

中国社会科学院创新工程学术出版项目

广东省普通高校人文社会科学重点研究基地广州大学广州发展研究院研究成果
广东省教育厅"广州学"协同创新发展中心、广州市教育局"广州学"协同
创新重大项目研究成果

广州蓝皮书

BLUE BOOK OF
GUANGZHOU

丛书主持/涂成林

2014 年中国广州经济形势
分析与预测

ANALYSIS AND FORECAST ON ECONOMY OF
GUANGZHOU IN CHINA (2014)

主　编/庾建设　沈　奎　郭志勇
副主编/涂成林　陈浩钿　李文新

社会科学文献出版社
SOCIAL SCIENCES ACADEMIC PRESS (CHINA)

图书在版编目（CIP）数据

2014 年中国广州经济形势分析与预测/庾建设，沈奎，郭志勇
主编. —北京：社会科学文献出版社，2014.6
（广州蓝皮书）
ISBN 978 - 7 - 5097 - 6026 - 0

Ⅰ.①2… Ⅱ.①庾… ②沈… ③郭… Ⅲ.①区域经济 - 经济
分析 - 广州市 - 2013 ②区域经济 - 经济预测 - 广州市 - 2014
Ⅳ.①F127.651

中国版本图书馆 CIP 数据核字（2014）第 098555 号

广州蓝皮书
2014 年中国广州经济形势分析与预测

主　　编／庾建设　沈　奎　郭志勇
副 主 编／涂成林　陈浩钿　李文新

出 版 人／谢寿光
出 版 者／社会科学文献出版社
地　　址／北京市西城区北三环中路甲 29 号院 3 号楼华龙大厦
邮政编码／100029

责任部门／皮书出版分社（010）59367127　　　责任编辑／张丽丽　王　颉
电子信箱／pishubu@ ssap. cn　　　　　　　　责任校对／张成海
项目统筹／任文武　　　　　　　　　　　　　责任印制／岳　阳
经　　销／社会科学文献出版社市场营销中心（010）59367081　59367089
读者服务／读者服务中心（010）59367028

印　　装／北京季蜂印刷有限公司
开　　本／787mm×1092mm　1/16　　　　印　张／24.25
版　　次／2014 年 6 月第 1 版　　　　　　　字　数／389 千字
印　　次／2014 年 6 月第 1 次印刷
书　　号／ISBN 978 - 7 - 5097 - 6026 - 0
定　　价／79.00 元

广州蓝皮书系列编辑委员会

《2014 年中国广州经济形势分析与预测》
编　辑　部

主要编撰者简介

庾建设 男，现任广州大学党委书记。1991 年获博士学位，1992 年晋升为教授，1994 年被聘为博士生导师。曾任湖南大学应用数学系副主任、主任；1993～1994 年在加拿大阿尔伯塔大学做访问学者；1997 年至 2003 年 12 月任湖南大学党委常委、副校长；2003 年至 2014 年 1 月任广州大学校长，2014 年 1 月至今任广州大学党委书记。主要从事常微分方程、泛函微分方程与离散系统的理论与应用研究。曾获部省科技进步一等奖 2 项，二等奖 2 项。先后主持国家级科研项目 9 项，部省科研项目 16 项。获国家教学成果一等奖 1 项，省教学成果一等奖 2 项。1994 年获国务院政府特殊津贴，1996 年入选国家"百千万人才工程"第一、二层次人选，1997 年被评为湖南省十大新闻人物，1998 年被评为全国教育系统劳动模范，同年被评为国家有突出贡献的中青年专家，2000 年被列入教育部跨世纪优秀人才培养计划，2002 年获第三届教育部"高校青年教师奖"，2006 年获国家杰出青年基金。

沈　奎 男，现任广州市委副秘书长，市委政策研究室主任。中山大学经济学硕士，北京师范大学哲学与社会学院国学专业博士课程研修班毕业，美国加州州立大学洛杉矶分校访问学者，暨南大学、广东金融学院客座教授。大学毕业后曾任教于湖南财经学院经济系，1986 年起进入广州开发区，先后在广州保税区经发局、广州开发区（萝岗区）政策研究室工作，从事招商引资、经济管理和政策研究工作，参与国家级开发区和高新区多项课题报告撰写，主要研究领域包括中国开发区发展、创新政策、科技园区、城市化等，主要作品有《创新与政府》（合著）、《开发区大有希望》（合著）、《创新引擎——第二代开发区的新图景》，另发表论文十多篇。从 2011 年起调任广州市政府研究室主任。

郭志勇 男，现任广州市统计局局长、党组书记。1978 年起先后在华南农业大学、暨南大学和中山大学学习，分别获得农学学士、经济学硕士和高级管理人员工商管理硕士学位，曾赴意大利卡塔尼亚大学和英国牛津大学进修。曾任广州市发展和改革委员会副主任、广州市政府副秘书长。长期从事经济社会发展规划和管理工作，曾担任广州市"十一五"规划领导小组办公室主任和广州市"十二五"规划领导小组副组长，牵头组织和参与经济社会发展规划的编制工作。主编《新起点、新征程——广州市国民经济和社会发展规划汇编》、《2011～2012 数据广州：广州市经济社会统计报告》等文献，撰写《基于循环经济的广州产业优化发展研究》、《对国有中小型工业企业改革的几点思考》等多篇论文。

涂成林 男，现任广州大学广州发展研究院、广东发展研究院院长，研究员，博士生导师。1978 年起分别在四川大学、中山大学、中国人民大学学习，获得学士、硕士和博士学位。1985 年起在湖南省委理论研究室工作。1991 年起调入广州市社会科学院工作，2010 年调入广州大学工作。社会兼职有：广东省体制改革研究会副会长、广东省综合改革研究院副院长、广州市股份经济研究会副会长、广州市哲学学会副会长、中国科学学与科技政策研究会理事等。曾赴澳大利亚、新西兰等国做访问学者，目前主要从事经济社会发展规划、科技政策、文化软实力以及西方哲学、唯物史观等方面的教学与研究，先后在《中国社会科学》、《哲学研究》、《教育研究》、《光明日报》等报刊发表论文 100 多篇，出版专著 10 余部，主持和承担国家社科基金等各类研究课题 30 余项，获全国青年社会科学成果专著类优秀奖等近 20 个奖项。

陈浩钿 男，现任广州市发改委副主任。1981 年起先后在广州大学、广东省委党校、中山大学接受历史学本科、经济学研究生和工商管理硕士教育，经济师（1988 年获得）。1985 年后一直在广州市政府工作，兼广州市医改办副主任。长期从事战略规划、宏观经济管理和投资项目管理工作，主持多项广州市长期发展规划、综合经济政策、体制改革方案和重大问题研究，并发表经济分析、产业发展、社会发展等相关专著及论文。

李文新　男，现任广州市政府研究室副主任，中山大学行政管理专业毕业，硕士学位，长期从事城市发展规划、城市管理、社区治理等方面研究，参与《政府工作报告》、街道和社区建设意见、简政强区事权改革方案、投资管理实施细则等多个政府政策文件起草工作，参与"广州新型城市化发展系列"丛书的编写。

摘　要

　　《2014 年中国广州经济形势分析与预测》由广州大学与广州市委政策研究室、广州市统计局、广州市发展改革委员会、广州市人民政府研究室联合主编，作为广州蓝皮书系列之一列入社会科学文献出版社的"国家皮书系列"并面向全国公开发行。本报告由总报告、转型升级篇、产业篇、商业贸易篇、就业篇、企业改革篇和附录六个部分组成，会集了广州科研团体、高等院校和政府部门诸多经济问题研究专家、学者和实际部门工作者的最新研究成果，是关于广州经济运行情况和相关专题分析、预测的重要参考资料。

　　2013 年，面对国际经济形势复杂多变、国内经济稳中求进的大环境，广州市委、市政府认真贯彻落实党的十八大和十八届三中全会精神，凝心聚力，攻坚克难，以推进新型城市化发展为引领，努力化解国内外经济下行压力，全市经济发展整体呈现稳中有进、结构优化的良好势头，全年地区生产总值增长11.6%。

　　2014 年，面对世界经济回暖，国内宏观经济稳中求进的局面，广州市应大力推动经济领域深化改革，以改革红利促进经济增长；全力聚焦转型升级，提高经济增长质量效益；挖掘内需增长潜力，增强经济发展动力；加快外贸转型升级，提升外贸竞争优势；增强创新驱动能力，实施人才兴市战略。

目 录

Ⅲ B Ⅲ　产业篇

Ⅳ B Ⅳ　商业贸易篇

Ⅴ B Ⅴ　就业篇

B Ⅵ　企业改革篇

B Ⅶ　附录

皮书数据库阅读**使用指南**

总 报 告

General Report

B.1

2013 年广州市经济形势分析和
2014 年展望*

广州市统计局综合处　广州大学广州发展研究院联合课题组**

摘　要：

2013 年，广州市以推进新型城市化发展为引领，努力化解经济下行压力，全市经济发展整体呈现稳中有进、结构优化的良好势头，全年地区生产总值增长 11.6%。2014 年，广州市应大力推动经济领域深化改革，以改革红利促进经济增长；全力聚焦转型升级，提高经济增长质量效益；挖掘内需增长潜力，增强经济发展动力；加快外贸转型升级，提升外贸竞争优势；增强创新驱动能力，实施人才兴市战略。

---

* 本报告系广东省普通高校人文社会科学重点研究基地广州大学广州发展研究院、广东省教育厅"广州学"协同创新发展中心、广州市教育局"广州学"协同创新重大项目研究成果。
** 课题组长：涂成林、黄平湘；成员：周凌霄、陈婉清、冯俊、魏绍琼、蒋余浩、黄旭；执笔：周凌霄、陈婉清。

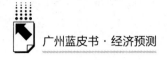

关键词：

广州 经济形势 展望

一 2013 年广州市经济运行情况分析

2013 年是广州市经济发展非常不平凡的一年。面对国际经济形势复杂多变、国内经济稳中求进的大环境，广州市委、市政府认真贯彻落实党的十八大和十八届三中全会精神，凝心聚力，攻坚克难，以推进新型城市化发展为引领，举全市之力稳增长、促转型、惠民生、增后劲，努力化解国内外经济下行压力，全市经济发展整体呈现稳中有进、结构优化、质量效益双提升的良好势头，广州市在走新型城市化发展道路的征途上取得了初步成就。

（一）经济运行基本情况

1. 经济增长稳中有进，增速高于预期

受国内外经济环境变化的影响，2013 年广州市经济增长面临较大下行压力，面对一系列挑战，全市上下在复杂环境中攻坚克难，推动全市经济稳中有进。2013 年，全市实现地区生产总值（GDP）15420.14 亿元，比上年增长11.6%（见图 1），增速较上年提高 1.1 个百分点。其中第一、二、三产业分别完成增加值 228.87 亿元、5227.38 亿元和 9963.89 亿元，分别增长 2.7%、9.2% 和 13.3%。从全年运行走势看，各季 GDP 累计增速均保持在 11.5% 以上的较好水平，经济增长总体平稳，全年 GDP 增速分别高于全国（7.7%）和全省（8.5%）3.9 个和 3.1 个百分点，超额完成了年初预计全年增长 10% 的目标（见图 2）。

和全国主要大城市相比，广州市 GDP 增速（11.6%）高于上海（7.7%）、北京（7.7%）、深圳（10.5%）和苏州（9.6%），低于天津（12.5%）和重庆（12.3%）。

2. 转型提质成效明显，增长质量显著提高

经济增长的总体平稳，为广州市经济转型发展赢得了更多空间，经济增长

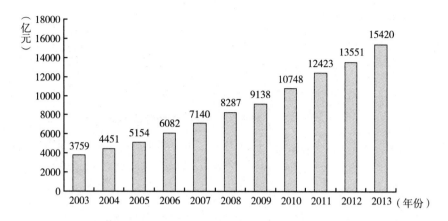

图1　2003 ~ 2013 年广州市 GDP

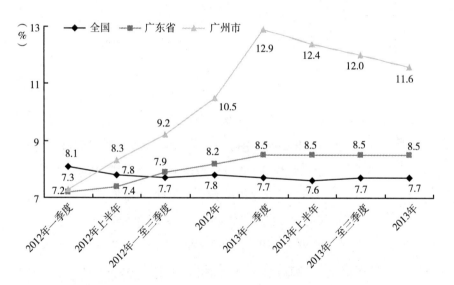

图2　2012 ~ 2013 年全国、广东省、广州市 GDP 各季度累计增速

的质量、效益和水平不断提高,具体表现为"三稳四提升"。

"三稳":一是增速稳。从 2013 年一季度以来各月累计增速看,全市规模以上工业总产值增速保持在 11% ~ 12% 的水平,固定资产投资增速保持在 18% 以上的较高水平,社会消费品零售总额增速保持在 15% 以上的较高水平,主要经济指标增势稳定,奠定了总体经济平稳增长的基础。二是物价稳。2013年,全市居民消费价格整体走势平稳,各月累计涨幅均在全年 3.5% 的调控目标以内，全年居民消费价格比上年上涨 2.6%。三是就业稳。全市实施促进就业措施，全年新增就业人员 27.75 万人，城镇登记失业率为 2.15%。

"四提升"：一是效益提升。从宏观层面看，2013 年全市地方公共财政预算收入保持了 10% 以上的增长速度；从微观层面看，规模以上工业企业利润增势持续转好，1~11 月全市规模以上工业企业利润总额同比增长 23.2%，连续 8 个月保持正增长，增速呈回升态势。二是服务业比重提升。三次产业结构由 2012 年的 1.6∶34.8∶63.6 调整为 1.5∶33.9∶64.6，第三产业比重提高 1.0 个百分点，产业结构进一步优化，服务经济特征持续显著。三是创新驱动力提升。2013 年，规模以上工业实现高新技术产品产值 7443.40 亿元，同比增长 14.6%，增速比全市规模以上工业总产值高 1.7 个百分点。全年全市受理专利申请 3.98 万件，专利授权 2.62 万件，分别增长 18.9% 和 18.6%。四是民营经济带动力提升。民营工业、民间固定资产投资的增长较快，增强了经济发展的内生动力。2013 年，规模以上民营企业和小微型企业工业总产值分别增长 17.8% 和 17.1%，分别高于规模以上工业 4.9 个和 4.2 个百分点。民间固定资产投资增长 31.6%，拉动全社会固定资产投资增长 9.7 个百分点，贡献率达到 52.2%。

3. 农业稳步发展，工业生产稳中提质，第三产业保持较快增长

农业稳步发展，生产能力不断增强。2013 年，全市实现农林牧渔业总产值 390.51 亿元，同比增长 2.7%。种植业、畜牧业平稳增长，花卉产值增长 3.8%，蔬菜、水果产量分别增长 3.1% 和 0.3%；禽蛋、牛奶、海水产品、淡水产品产量分别增长 14.6%、7.0%、5.1% 和 4.2%；肉类总产量增长 2.1%。

工业生产稳中提质，支柱产业支撑有力。广州市出台加快十大重点产业发展方案，明确战略定位，推进产业转型升级，工业经济运行质量进一步提升。2013 年，全市完成规模以上工业总产值 17310.24 亿元，同比增长 12.9%，增速比上年提高 1.4 个百分点，2013 年各月累计增速呈逐步回升态势（见图3）。工业生产呈现以下特点：一是汽车制造业带动有力，支柱产业壮大发展。全市规模以上三大支柱产业工业总产值 8089.49 亿元，增长 16.3%，增速从 2013 年三季度起呈较快提升态势。受产能恢复及上年同期基数较低影响，汽车制造业增速提升较快，完成工业总产值 3346.84 亿元，增长 24.0%，累计增速自 1~9 月扭降为升后月均提升 7.0 个百分点，对全市工业增长的贡献率达

25.9%；石油化工制造业、电子产品制造业分别增长 7.3% 和 16.6%。二是民营工业贡献率保持在两位数水平上。民营企业完成工业总产值 2916.19 亿元，增长 17.8%，对全市规模以上工业增长的贡献率为 19.4%。三是高新技术产品产值增长较快。完成工业总产值 7443.40 亿元，增长 14.6%。

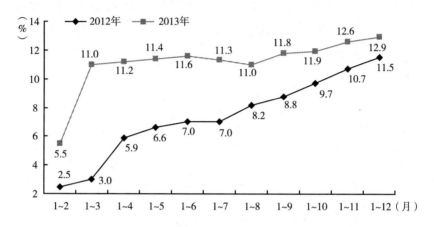

图 3　2012～2013 年广州市规模以上工业总产值各月累计增速

第三产业保持较快增长，形成多点支撑格局。2013 年，全市第三产业增加值增速比 GDP 高 1.7 个百分点，服务业对经济增长的贡献率为 70.6%。其中金融、交通运输、旅游保持较快增长。民间金融街进驻机构 102 家，国际金融城建设启动，金融业发展成效明显。12 月末，全市金融机构本外币存款余额 33838.20 亿元，同比增长 12.1%；金融机构本外币贷款余额 22016.18 亿元，增长 10.4%，其中中长期贷款增长 8.2%。交通运输业持续较快发展，货运量和货物周转量保持快速增长，增速分别为 19.6% 和 41.2%；港口货物吞吐量 47266.86 万吨，机场货邮吞吐量 172.77 万吨，分别增长 4.8% 和 5.7%。旅游业平稳发展，白云国际机场旅客吞吐量突破 5000 万人次，达 5246.42 万人次，首次跻身全球"五千万级"机场行列；全年旅游总收入达 2202.39 亿元，增长 15.2%。

4. 消费市场保持畅旺，投资较快增长，外贸出口有所回升

消费市场保持畅旺，新型业态表现突出。全市着力促进传统商贸业转型升级，加快十大商圈建设，加快发展现代化购物中心，大力推动电子商务等新业态的培育发展，现代商贸的引领作用得到进一步强化。2013 年，全市实现社会消费品零售总额 6882.85 亿元，同比增长 15.2%，增速与上年持平（见图4）。汽车销售额回升，占限额以上商品零售额 26.0% 的汽车类零售额增长 30.2%，增速比上年提高 19.8 个百分点。电商企业呈现出集聚发展态势，带动网络消费飞速发展，限额以上网上商店零售额（316.85 亿元）增长 64.5%。市民追捧扎堆上市的新款智能时尚手机，进而限额以上通信器材类商品畅销，零售额增速达 61.4%。

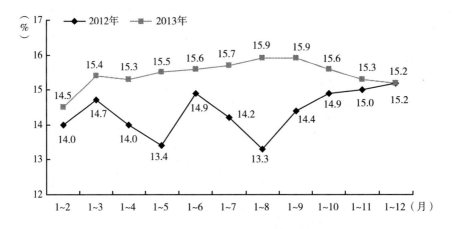

图4 2012～2013 年广州市社会消费品零售总额各月累计增速

投资增长较快，民间投资活跃。全市实施投资倍增计划，大力推进重大项目建设，加快南沙新区、中新广州知识城等重大平台建设。2013 年，全市完成固定资产投资 4454.55 亿元，同比增长 18.5%，增速比上年提高 8.4 个百分点（见图5）。主要特点：一是民间投资增长强劲，全年民间固定资产投资完成 1512.92 亿元，增长 31.6%，对全市固定资产投资增长的贡献率达 52.2%。二是工业投资提速。全市完成工业投资 682.86 亿元，增长 18.2%，增速比上年提升 6.5 个百分点。三是对房地产开发投资的依赖有所降低，房地产开发投资 1579.68 亿元，增长 15.3%；从对全市固定资产投资增长的贡献率看，2013年一季度、上半年、前三季度和全年分别为 59.8%、39.0%、34.9% 和 30.1%，呈逐步回落态势。四是建设改造投资增长较快，全市完成建设改造投资 2874.87 亿元，增长 20.4%，增速比上年提高 7.1 个百分点。

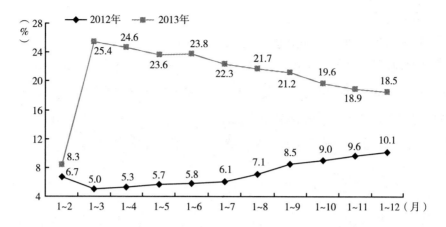

图5　2012～2013 年广州市固定资产投资各月累计增速

外贸出口有所回升，出口结构不断优化。全市加快转变外经贸发展方式，启动跨境贸易电子商务，扩展国际营销网络，外贸结构进一步优化，货物贸易和利用外资稳步增长。2013 年，全市完成商品进出口总值 1188.88 亿美元，同比增长 1.5%，增速比上年提高 0.6 个百分点，扭转了第一至第三季度下降 0.8%的负增长局面；其中，出口总值 628.06 亿美元，增长 6.6%，增速比上年提升 2.3 个百分点（见图6）；进口总值 560.82 亿美元，下降 3.7%，降幅比上年扩大 1.3 个百分点。在出口总值中，一般贸易出口增长较快、占比提高，外贸结构进一步优化。一般贸易出口增速为 12.3%，占全市出口总值的 46.5%，比重比上年提高 2.3 个百分点。外商投资保持增长，外商直接投资实

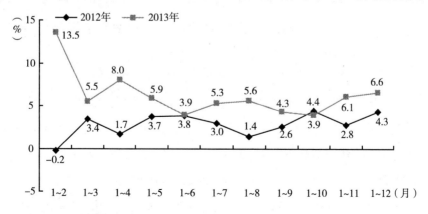

图6　2012～2013 年广州市出口总值各月累计增速

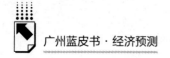

际使用金额 48.04 亿元，增长 5.0%。

5. 财政收入质量进一步提升，工业企业利润增长较快

财政收入质量进一步提升，财政实力不断增强。2013 年，全市地方公共财政预算收入 1141.79 亿元，同比增长 10.8%（见图 7）。其中，税收收入 905.70 亿元，增长 9.7%，增幅比上年提高 1.1 个百分点；税收收入占比达 79.3%，比上年提高 4.4 个百分点，收入质量进一步提升。

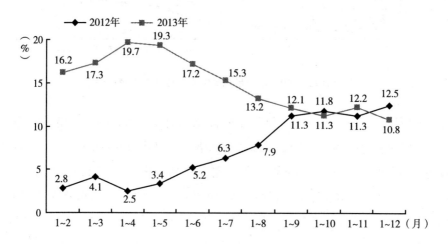

图 7　2012～2013 年广州市地方公共财政收入各月累计增速

工业企业利润增长较快，经营效益不断好转。全市规模以上工业企业实现利税总额 1861.73 亿元，同比增长 24.7%；实现利润总额 1043.54 亿元，同比增长 32.9%，连续 9 个月保持正增长。亏损企业亏损额下降 50.6%；企业亏损面 15.9%，同比收窄 1.1 个百分点。

6. 物价水平稳定，工业用电量呈现积极变化，社会保障水平不断提高

消费价格涨幅平稳回落，物价调控取得积极成效。2013 年，广州市城市居民消费价格（CPI）同比上涨 2.6%，涨幅比上年回落 0.4 个百分点（见图 8）；工业生产者出厂价格（PPI）同比下降 2.0%，降幅比上年扩大 1.7 个百分点；购进价格（IPI）下降 1.8%，降幅比上年增大 0.2 个百分点。

工业用电量呈现积极变化。2013 年，全社会用电量增长 2.5%。其中，工业用电量增长 2.3%，增速比上年提高 1.0 个百分点；各月累计增速自 2013 年

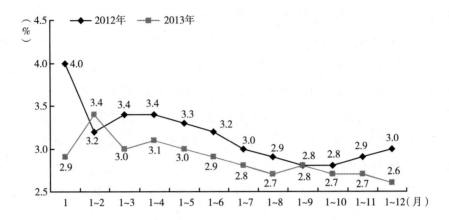

图 8　2012 ～ 2013 年广州市城市居民消费价格各月累计涨幅

1 ～ 9 月转降为升后连续 4 个月保持正增长且增速呈逐月回升态势。

民生领域投入持续增长，社会保障水平不断提高。2013 年，地方公共财政预算支出 1384.72 亿元，增长 8.9%，其中，用于社会保障和就业、医疗卫生、教育等民生领域的支出分别增长 18.8%、16.5% 和 6.7%。社会保障标准不断提高，城乡居民社会月均养老保险基础养老金标准从 130 元提高到 150元，企业退休人员基本养老金从月均 2614 元提高到 2833 元，失业保险金标准从每月 1040 元提高到 1240 元，最低工资标准 1550 元/月。城镇低保标准从530 元/月提高到 540 元/月，农村从 467 元/月提高到 505 元/月。

（二）经济运行中值得关注的问题

2013 年广州市经济运行总体平稳，但也要清醒地看到，仍然存在一些值得关注和需要解决的矛盾和问题，部分企业生产经营困难，内生动力仍显不足，外贸形势不容乐观，转型压力依然较大，经济平稳增长的基础和可持续性仍需巩固和增强。

1. 工业生产仍面临困难

工业生产面临成本快速上升、融资困难、新增动力不足等问题。一是外商及港澳台投资企业增速较低。2013 年，占全市规模以上工业总产值比重六成多的外商及港澳台投资企业总产值增长 11.4%，低于全市工业平均增速 1.5

个百分点。二是部分大企业生产下降。2012 年广州市产值超百亿元的重点工业企业共有 17 家，2013 年生产出现下降的企业有 4 家，合计减少产值 161.86 亿元，直接拉低规模以上工业生产增速 1.1 个百分点。三是企业经营成本上升压力增大。2013 年 1～11 月规模以上工业企业劳动报酬支出增长 12.7%，增幅比上年同期提高 3.3 个百分点；自 2012 年 5 月起月度工业生产者出厂价格指数同比负增长已持续 20 个月，企业生产经营仍面临较大压力。四是新增工业项目拉动力不明显。2013 年，新增规模以上工业企业 15 家，完成产值 36.34 亿元，仅拉动全市规模以上工业总产值增长 0.2 个百分点，工业增长后劲乏力。

2. 内需增长动力有待增强

一方面，消费需求略显疲弱、增速呈回落态势。2013 年，社会消费品零售总额增长 15.2%，分别比上半年和第一至第三季度回落 0.4 个和 0.7 个百分点。住宿业增长缓慢，增速为 4.7%，低于全市平均水平 10.5 个百分点；高档餐饮消费下降显著，五星级酒店餐费收入下降 6.2%，连锁餐饮企业餐费收入增速比上年回落 9.2 个百分点。另一方面，受房地产开发投资和工业投资增速逐季下滑影响，投资增速有所放缓。一季度、上半年、第一至第三季度和全年，房地产开发投资增速分别为 37.8%、23.4%、19.3% 和 15.3%，工业投资增速分别为 41.1%、28.2%、24.6% 和 18.2%。基础设施投资低速增长，全市完成基础设施投资 1156.66 亿元，增长 8.7%，增速低于全市固定资产投资 9.8 个百分点。

3. 外贸形势仍不容乐观

2013 年，全市商品出口总值增速分别低于全国和全省 1.3 个和 4.3 个百分点，也低于深圳（12.7%）和东莞（6.8%）。全市商品进口总值连续两年负增长，显示国内需求依然疲软。第 114 届广交会境内外参展企业比上届减少 223 家，到会客商总数下降一成多，新兴市场需求不旺。此外，国内企业的外贸成本不断增大，劳动密集型产品的竞争力有所减弱，当前外贸形势跌宕起伏、复苏压力犹存。

4. 高新技术产业需要进一步加快发展

尽管高新技术产品产值以及全市专利申请量、专利授权受理量在 2013 年进步明显，但是高新技术产业的发展状况与广州市的整体经济实力、城市地位仍然不相称。从研发能力来看，广州市每年发明专利的授权量与国内同类型大城市相比，甚至是远远落后的（见表 1、表 2），这种状况严重制约了广州市产业升级和结构优化的深度和广度，导致产业整体层次不高，产业的创新驱动与内生增长动力不足。

表 1　近三年我国部分城市发明专利申请状况统计

单位：件

城市	2011 年	2012 年	2013 年
北京	45057	52720	67554
上海	32142	37139	39157
广州	8172	9822	12174
深圳	28823	31087	32200
杭州	9719	11974	14054
南京	11598	16409	22482
西安	11689	15029	23534
成都	8644	11957	17327
武汉	6362	8071	9735

资料来源：根据国家知识产权局统计数据整理。

表 2　近三年我国部分城市发明专利授权受理状况统计

单位：件

城市	2011 年	2012 年	2013 年
北京	15880	20140	20695
上海	9160	11379	10644
广州	3146	4382	4057
深圳	11826	13139	10987
杭州	4509	5513	4915
南京	3457	4408	4735
西安	2738	3475	3708
成都	2403	3112	3196
武汉	2585	3233	3171

资料来源：根据国家知识产权局统计数据整理。

二 2014 年广州市经济发展环境分析

2014 年是落实十八届三中全会精神的开局之年，中国经济企稳蓄势，财政政策重在减税节支，货币政策重在盘活存量，经济主体预期稳定。全面深化改革将进一步激发经济增长的动力和活力，拉动国内有效需求，给实体经济带来制度红利。

从国际来看，世界经济回暖有助于推动外需回升。美国经济稳步复苏：2013 年 12 月，消费者信心反弹至 78.1；制造业采购经理指数（PMI）为 54% 创 7 个月新高；工业生产环比上升 0.3%，为连续第 5 个月上升；失业率降至 6.7%，为 2008 年 10 月以来的最低水平。欧元区经济正在好转：12 月，制造业 PMI 达 52.1，为两年半时间以来的最高水平，经济景气指数上升至 100.0 点，为连续第 8 个月上升。日本经济正缓慢复苏：12 月，制造业 PMI 升至 55.2，创 7 年来最高；服务业现况指数升至 55.7，为第 2 个月首次加快；日本出口增速逐月提高，11 月达 18.4%。总的来看，尽管 2014 年全球实体经济复苏并不十分稳定，新兴市场经济增长调整的状态估计还会延续，但美、欧、日等主要经济体增长恢复态势逐渐趋于明朗，世界经济有从危机的泥潭中逐渐走出的态势，世界银行在《全球经济展望》报告中预计 2014 年全球经济增长率将上升至 3.3%。

从国内来看，宏观经济稳中有升，2013 年 12 月制造业 PMI 为 51%，连续 15 个月保持扩张；2013 年全社会用电量增长 7.5%，同比回升 2.0 个百分点，结束了自 2010 年以来增速逐年回落的局面。从增长速度来看，2013 年底的中央经济工作会议明确了 2014 年要在保持国内生产总值合理增长、推进经济结构调整的同时，通过改革创新化解产能过剩，着力防控地方债风险，实现经济发展质量和效益得到提高又不会带来后遗症的速度，而世界银行预计 2014 年中国经济增长率将维持在 7.7% 的水平。

从广州市来看，主要经济指标增速均同比提升，近年来市委、市政府采取的一系列举措成效正在不断显现。2014 年，全市将继续加大重点项目建设力度，136 个重点项目年度总投资 1093 亿元，如汽车新项目、乐金显示、阿里巴巴华南中心、腾讯华南总部等优质产业项目为发展积蓄后劲力量；继续优化消费环境，打造 16 个都会级商圈、开拓"21 世纪海上丝绸之路"通道；十大重点产业将全力推进发展，以重大发展平台加快招商引资、落地建设，南沙新区建设迈出新步伐，总体来看，支撑广州市经济增长的积极因素有所增加。

但当前全球经济总体低迷，不确定性因素依然较多，经济增长隐忧仍存。美国退出量化宽松政策及其溢出效应、区域贸易谈判进展、新兴经济体如何摆脱硬着陆风险等诸多因素值得关注；欧元区失业率高企，11 月失业率为12.1%，经济疲软长期化的风险仍然存在，全球经济将延续缓慢增长态势。国内工业产能过剩、产业空心化、影子银行急剧扩张、地方政府债务高企、银行间借贷利率提高、劳动力成本上升、房地产市场可能出现的潜在风险，都为整体经济增长带来诸多不可预知的影响。此外，如何处理广州深化改革与经济增长速度之间的矛盾，城乡基础设施承载力不适应快速发展需要的矛盾以及面临的区域和城市间竞争压力越来越大的问题，这些不利因素都应当引起广州市的高度关注。综合来看，预计 2014 年广州市经济仍将保持平稳增长。

三 对策建议

2014 年，广州要以十八届三中全会精神为指引，抓住机遇，迎接挑战，改革攻坚，坚持不懈调结构、促转型、增后劲，增创发展新优势，建设经济低碳、城市智慧、生活幸福的美丽广州，推动经济持续健康发展。

（一）大力推动经济领域深化改革，以改革红利促进经济增长

1. 深化国有企业改革，大力发展混合经济

推进国有企业改革，健全"大国资"监管模式，优化国资布局，加快市属国有企业股权多元化，完善法人治理结构，增强国有企业活力和竞争力。通过大力发展混合所有制经济，促进国有资本放大功能、保值增值、提高竞争力，推动各种所有制资本取长补短、相互促进、共同发展。

积极引入民间资本参与国有企业改制重组，鼓励民间投资主体通过出资入股、收购股权、认购可转债、融资租赁等多种形式参与市属国有企业的改制重

组或国有控股上市公司增发股票。允许非国有资本投资国有企业项目，在资源开发、公用事业等领域加快向民间资本推出一批符合产业导向、有利于转型升级的项目。

积极探索运用股权投资基金，允许市属国有资本与创业投资基金、产业投资基金、政府引导基金等各类资本共同设立股权投资基金，参与市属国有企业改制上市、重组整合以及对外并购，支持混合经济主体投资战略性新兴产业、创新性研发等高收益、高风险业务，切实推动产业升级转型。

2. 提升开放合作水平，促进国内外交流

创新外商投资管理体制，争取服务业对外开放先行先试，推进中新知识城中欧区域政策合作试点。改革对外投资管理体制，放开企业和个人对外投资。推进外贸结构调整，培育外贸新业态，加快发展服务贸易。加强与友城交流合作，办好第二届"广州奖"和中国国际友城大会暨广州国际城市创新大会，提升广州国际影响力。

完善穗港、穗澳合作机制，加快南沙新区粤港澳全面合作示范区建设。依托航空枢纽、高铁和高速公路，拓展桂、黔、湘、赣、闽腹地，推进珠江—西江经济带建设。发挥省会龙头作用，加大与周边城市的融合力度，加强与粤东西北地区的经济合作，深化广佛同城、广佛肇经济圈合作，加快推进广清一体化进程。

3. 拓展民营企业生存空间，推动民营企业快速发展

发挥市场在资源配置中的决定性作用，在投资领域探索设立负面清单，向社会资本全面开放。消除各种制约民营经济发展的隐性壁垒和政策障碍，改善政务环境和营商环境，落实加快民营经济发展"1+9"政策文件，提供全方位政府公共服务，建立中小企业服务分中心或代办机构，遴选一批高成长性中小微企业纳入重点库，促进民营企业和中小微企业发展。激发民间资本活力，拓宽准入范围，积极推动民间资本进入城市基础设施、高技术产业以及电子商务等领域。

鼓励广州股权交易中心为民营企业开展股权登记、托管、查询等服务，发展小额贷款公司、融资性担保公司和民营银行，缓解企业融资难问题，积极支持有条件的民营企业在中小企业板和创业板上市。

（二）全力聚焦转型升级，提高经济增长质量效益

1. 全力发展十大重点产业，推动制造业提档升级

认真落实十大重点产业发展行动方案，全力发展汽车、精细化工、重大装备、新一代信息技术、生物医药、新材料、新能源与节能环保、商贸会展、金融保险、现代物流十大重点产业。加强对重点产业发展的支持引导和统筹协调，创新产业集群招商、联合攻关、聚集发展思路。加强平台招商，创新开发模式，实施分类扶持政策，以"2+3+11"平台为支撑，引导重点产业向重大发展平台集聚，打造产业转型升级示范区，增强产业发展能力，抢占经济制高点。

2. 大力支持高端服务业发展

一是大力支持金融业发展。一方面，以《关于全面建设广州区域金融中心的决定》为引导，重点落实"1348"，即 1 个总体建设目标；3 个金融市场交易平台，加快发展广州股权交易中心、广州碳排放权交易所、广州期货交易所；4 个金融功能区，全力建设广州国际金融城、广州民间金融街、广州金融创新服务区、南沙现代金融服务区；8 个金融工程项目，实施打造金融机构做优做强工程、企业上市"双百工程"、产业金融发展工程、民生金融服务工程、金融生态优化工程、金融文化提升工程、金融人才建设工程、金融合作深化工程。做大做强广州金融业，实现建设区域金融中心的目标。另一方面，深化广州地方金融机构改革，发展企业股权交易、金融资产交易、碳排放权交易和航运交易市场，完善广州金融服务体系。

二是大力发展现代服务业。加快建设国际商贸中心，特别是利用南沙新区建设的契机，大力发展商业服务、航运物流等产业，鼓励融资租赁、健康服务、游艇业等新兴产业发展。

三是加快发展总部经济和楼宇经济。一方面，瞄准全球 1000 家行业龙头、国内 1000 家知名企业，建立招商引资目标库，争取更多的跨国公司、重大产业项目落户广州；另一方面，积极推动中心城区楼宇经济发展，把楼宇经济和整体城市环境提升相结合，通过老城区的更新改造和城市 CBD 功能优化，使楼宇经济和周边产业发展、环境建设、城市文化品位提升互融互通。同时坚持高起点、外向型和开放原则，以信息化和智慧城市建设为基础，以金融、现代

物流、文化创意等为重点，以发展现代服务业集聚区为突破口，吸引国内外大型企业和跨国公司的总部进驻，吸引高端人才流、技术流和信息流，提升楼宇经济整体层次。

3. 紧跟全球新兴产业发展态势，重点推动相关产业发展

一是大力支持信息消费产业发展。信息消费一方面是产品，如智能手机、Pad（平板电脑）等；另一方面是服务，如电子商务、视频、游戏等应用。目前，二者在中国均已进入高速增长期。2013年11月11日，电子商务网站淘宝网的支付宝交易额达350亿元人民币，相当于沃尔玛在中国市场7个月的销售额之和。预计，到2015年，信息消费产业将达3.2万亿元人民币。信息消费有望成为继住房、汽车之后的新一个经济增长动力。广州市必须未雨绸缪，密切跟踪这一新兴产业发展趋势，结合广州实际加快信息基础设施演进升级，增强信息产品供给能力，培育信息消费需求，提升公共服务信息化水平，加强信息消费环境建设。

二是积极推动3D打印产业发展。目前，这种建立在互联网和新材料、新能源相结合基础上的工业革命，以"制造业数字化"为核心，将使全球技术要素和市场要素配置方式发生革命性变化。全球范围内工业领域正在经历第三次革命，3D打印产业则是此次新工业革命的重要标志。广州应积极主动地针对国内不管是国家层面还是地方政府层面目前都没有真正意义上的3D产业发展规划出台的现状，适度超前，以3D打印产业的研发设计、制造和服务中心为目标，尽快制订全市发展规划，对广州市3D打印产业的发展现状、面临的机遇与挑战、指导思想、发展目标、基本原则、发展重点、产业布局、政策措施进行整体谋划，并制定相关优惠政策，以3D打印产业作为推动广州市原始创新与协同创新的重要突破口，并推动3D打印产业为传统产业升级服务。

（三）挖掘内需增长潜力，增强经济发展动力

1. 合理提升投资水平，加快基础设施建设

发挥投资对促进经济增长的关键作用，争取国家、省重大项目落户广州。大力推进136个重点项目建设，力争实现年度投资1090亿元。推进汽车新项目、液晶显示、电子商务、互联网、通信导航等一批优质产业项目建设。

加快推进白云机场第三跑道、第二航站楼建设和噪音区治理，开展商务机场前期工作。加快南沙港区集装箱三期、深水航道拓宽、散货码头等工程建设，推进南沙疏港铁路建设。完成贵广、南广铁路广州枢纽工程。加快地铁5条续建线路、6条新开工线路建设。完成海珠环岛新型有轨电车试验段工程。推进大广、广明、凤凰山隧道等一批高速公路项目建设；推进同德围南北高架路、洲头咀隧道、流花湖隧道、空港大道二期、花城大道东延线、猎德大道北延线、黄埔疏港道路、海珠环岛路等市政项目。加强城市交通综合治理，建成2个公交站场和100座公交候车亭，完成15个交通拥堵点整治，加强公交与地铁、BRT线路衔接。强化中心区与高快速路网及周边城市的无缝对接。推进3座50万伏变电站等电网工程落地，加快输气工程建设。

2. 培育消费潜力，挖掘消费热点，大力拓展消费市场

进一步扩大养老消费、健康消费，促进新型电子产品、智能家电、节能汽车等热点商品消费，鼓励发展新的消费方式；整合提升专业批发市场，加快推进传统零售业转型升级，促进线上线下深度融合；促进移动电子商务、跨境电子商务发展，推动电子商务与传统贸易有机结合，扶持培育新业态发展。继续打造和改造核心商圈，重视高铁经济的带动作用，大力拓展高铁沿线消费市场，促进广州消费、旅游、高端商务发展。继续推动广货营销升级，重点整合和打造广州老字号，提升广货的品牌影响力和商誉价值，拓展国内外市场空间。

（四）加快外贸转型升级，提升外贸竞争优势

1. 大力发展高端贸易，鼓励贸易方式和业态创新

国内电子商务快速发展的成功经验，充分显示了贸易方式和业态创新所产生的巨大市场效应。以建设跨境贸易电子商务服务试点城市为契机，推动传统外贸方式与新商业模式的结合，鼓励更多的市场资源向跨境电子商务集聚，为产业发展提供可持续的动力。

2. 推动外贸企业转型升级，增强国际竞争力

强化外贸发展载体和平台建设，进一步优化外贸市场结构、商品结构、主体结构和贸易方式结构，加快形成技术、品牌、质量、服务为核心的出口竞争新优势。

3. 以项目"引进来"和"走出去"培育外贸新增长点

狠抓招商引资、"新广州新商机"项目履约契机,加快引进世界500强和大型跨国公司地区总部;推动企业"走出去",赴境外投资设厂、建立营销网络、开展研发设计、品牌并购等,增强广州外贸国际融合度,拓展对外贸易发展空间。

(五)增强创新驱动能力,实施人才兴市战略

1. 深化科技体制改革,积极实施创新驱动战略

建立健全鼓励原始创新、集成创新、引进消化吸收再创新的体制机制。改革科技服务与管理体制机制,建立产学研协同创新机制,发挥校地协同创新联盟的作用,建设一批协同创新平台。发挥政府主导作用,加大科技研发投入,设立重大科技成果转化专项资金,提升 R&D 经费支出占 GDP 的比重,推进中乌巴顿焊接研究院等重大科技创新平台建设,力争使国家重点实验室、工程中心、质检中心、技术中心和工程实验室等达到 70 个。建立以企业为主体的技术创新体系,重视发挥民营企业和高新企业的主体力量,力争新增 20 家创新型企业和 100 家科技"小巨人"企业。启动实施科技企业孵化器倍增发展计划,争取孵化器数量达 85 家、面积 500 万平方米。抓好广州国际创新城、中新知识城、超算中心等创新平台建设,促进科技成果的创造和转化。

2. 实施人才兴市战略,全力构筑创新人才高地

推进"创新创业领军人才百人计划"和"万名海外人才集聚工程",推动高技能人才精工项目和人才资源服务产业园建设,构筑创新创业人才高地。通过教育和科技投入的逐步提高,使全市受高等教育的人口比重、研发人员的比重、经费投入比重达到合理水平,以有效支撑研发与创新。加大对人才引进的资金投入和培养力度,提高广州对优秀人才的吸引力。支持广州高校加强基础文化和基础能力的教学、非技能性应用能力的教育以及对大学生合作能力、公关能力、创业精神、企业家精神的培育,使广州高校成为前沿教育理念的实验地、高素质人才的聚集区和科技创新的发源地,以应对新工业革命和广州产业升级对创新型人才的要求。

(审稿　陈浩钿　彭诗升　彭建国)

转型升级篇

Transformation Transition

B.2

广州市建设低碳城市的
进展与对策研究

高 玮

摘 要：

本文回顾梳理了广州建设低碳城市和节能减排工作的主要成效，
对未来一段时间广州的碳排放趋势做出了初步预测，并提出了
2014 年促进广州建设低碳城市的六条具体对策建议。

关键词：

低碳城市 节能减排 碳交易

一 广州建设低碳城市的主要成效

"十二五"时期以来，广州市在全面完成"十一五"时期节能减排目标任
务的基础上，以控制能源消费和污染物排放为目标，以加快经济发展方式转变

和推动城市低碳化发展为主线，加快体制机制创新，探索具有广州特色的低碳城市发展道路。2013 年广州市单位 GDP 能耗为 0.480 吨标准煤/万元（2010年可比价），比 2010 年下降 14.25%，超额完成"十二五"时期进度目标 10个百分点。全市化学需氧量、氨氮、二氧化硫、氮氧化物排放量为分别比2010 年减少 16.7%、13.1%、13.7%、19.2%，连续三年完成广东省下达给广州的减排任务。主要成效和做法如下。

（一）节能减排和低碳管理体制机制不断完善

一是成立节能减排及低碳经济发展工作领导小组。由市政府主要领导担任领导小组组长，各市直部门和各区（县级市）政府主要领导作为成员，办公室设在市发展改革委，负责统筹推进节能减排相关的日常协调工作。

二是加强建章立制。先后出台《广州市建设现代产业体系规划纲要（2009~2015 年）》、《关于加快经济发展方式转变的实施意见》、《关于大力发展低碳经济的指导意见》、《广州市发展绿色建筑指导意见》、《广州市"十二五"节能减排工作方案》、《广州市"十二五"主要污染物总量减排实施方案》、《中共广州市委广州市人民政府关于推进低碳发展建设生态城市的实施意见》等一系列政策文件。

三是不断加大财政支持力度。从 2010 年开始广州节能专项资金从原来的2000 万元增加至 6000 万元，用于支持工业、建筑、交通、公共机构及其他领域的各项节能改造项目、课题研究等工作；市战略性新兴产业发展资金每年安排 20 亿元，大力支持包括新能源和节能环保产业等在内的六个新兴产业的发展。

四是探索建立碳排放权交易市场机制。2012 年 9 月 11 日，广州碳排放权交易所挂牌成立，碳排放权交易试点正式启动，成为全国最大的碳交易平台。2013 年底开始首次 300 万吨有偿配额竞价发放，广州共有 12 家电力企业、3 家水泥企业、4 家钢铁企业、2 家石化企业纳入首批控排企业名单。截至目前，广州碳排放权交易所共完成配额有偿发放 689.3 万吨，成交金额4.13 亿元；完成配额市场交易 120129 吨，成交金额 722.7 万元，可交易配额潜力总量全国第一。

（二）结构节能成效显著

一是产业结构不断优化。三次产业结构由 2010 年的 1.8∶37.2∶61.0 调整为 2013 年的 1.5∶33.9∶64.6，规模以上工业高技术产值增长 16.5%，占规模以上工业总产值的 43%；广州重点监管的 188 家工业用能企业 2013 年综合能源消费总量为 1287.7 万吨标准煤，同比下降 5.49%，规模以上工业增加值能耗下降幅度达 10.89%。

二是城区产业空间布局调整稳步推进。大力实施"退二进三"战略，截至 2012 年底全市完成 224 家"退二"企业关闭搬迁工作。"一带六区"的产业布局基本形成。

三是大力推进能源结构调整。推进电力行业"上大压小"工作，广州已累计关停 19 家企业 195 万千瓦小火电机组。推广使用天然气等清洁能源，全市建成天然气接收门站 5 座，输气管线 6300 公里，天然气用户 140 万户，2013 年天然气消费量 16 亿立方米，到 2016 年，力争全市天然气消费总量达到约 50 亿立方米，占一次能源消费总量比重由 2010 年的 3.5% 提高到 10% 以上。推进太阳能光伏应用，广州已建成 11 个光伏发电项目，太阳能集热板安装面积超过 40 万平方米。广州已制定太阳能分布式发电建设规划，2014 ~ 2016 年每年将新增太阳能发电 40 万千瓦机组，到 2020 年，全市太阳能发电机组达到 200 万千瓦。

（三）重点领域节能效果不断增强

一是工业领域方面。2013 年，规模以上工业单位增加值能耗比 2010 年下降 33.46%，能效提升显著；年综合能源消费量 1 万吨以上的 100 多家重点用能单位节能约 646197.4 吨标准煤，实施节能技术改造项目超过 1000 个；70 家企业 83 个重大节能技术改造项目获得国家、省、市节能专项资金支持，共计资金 3490.14 万元，项目节能量超过 133404.8 吨标准煤。

二是建筑领域方面。新建建筑全面执行节能强制性标准，设计阶段执行率达到 100%，施工阶段执行率达到 98%；以政府令出台《广州市绿色建筑和建筑节能管理规定》，在立项、规划、施工和验收全过程中进行闭合管理，保障了建筑节能和绿色建筑各项政策规定、技术标准的贯彻落实。2013年累计1100万平方米项目已按绿色建筑标准设计,国家级绿色建筑示范项目11个,建筑面积178万平方米;清华科技园广州创新基地等31项工程取得了国家绿色建筑评价标识,建筑面积超过312万平方米。

三是交通领域方面。广州市获批成为国家低碳交通运输体系建设试点城市,BRT项目获得美国交通运输研究委员会"2011年可持续交通奖"和14064工作小组主席英国标准协会(BSI)颁发的温室气体核证证书,并作为中国唯一入选项目,荣获联合国2012年应对气候变化环保"灯塔奖"的殊荣;2013年,共淘汰黄标营运车1.02万辆;大力推广节能和新能源汽车,截至2013年,广州市已示范应用2819辆节能与新能源公交车辆,其中纯电动公交车76辆、混合动力公交车1684辆、LNG公交车1059辆;在花都区投入运营纯电动出租车100辆。

四是公共机构领域方面。公共机构资源能源消耗统计制度不断完善,全市公共机构名录库基本搭建,为下阶段的全面开展公共机构能耗限额管理打下良好基础;支持16个公共机构节能改造项目共2040万元进行节能改造示范,开展节约型公共机构示范单位创建工作;举办多期公共机构节能知识培训会和工作座谈会,开展公共机构节能宣传周和低碳体验日活动,公共机构节能环保意识不断增强。

(四)城市生态环境显著改善

一是切实抓好空气整治。实施"空气整治50条"和"新31条"等措施,出台《广州市2012~2016年空气污染综合防治工作方案》,空气质量连续6年优于国家二级标准,并摘掉戴了十多年的重酸雨区"帽子"。

二是着力落实水污染治理。采取截污、水体治理、河道清淤、堤岸建设、景观创建等措施,珠江广州段水质稳定在Ⅳ类水平,集中式饮用水水源地水质达标率保持100%,对总长度408.77公里的144条河涌进行了系统整治。建成污水处理厂47座,市政污水管网4358公里,全市城镇生活污水处理能力达470.18万吨/日,城镇生活污水处理率达90.88%。

三是加快垃圾分类和无害化处置。2012年底全市推广生活垃圾分类社区达 1220 个，占社区总数的 87.1%，配置分类收集容器 21 万多个，建成大型废品分拣中心 20 个、小型餐厨垃圾资源化处理示范站 31 个、有害垃圾贮存库 39 个；全市生活垃圾清运处理总量为 498 万吨，日均处理 13656 吨，无害化处理率为 92%，回收废弃物 210 万吨，资源化回收率为 35%，2013 年底全市垃圾处理设施发电装机容量 81 兆瓦，发电 1.78 亿度。全市建成主要大型生活垃圾处理设施共 7 座，包括 5 座填埋场和 2 座焚烧厂。全市建制镇和自然村全部建成垃圾转运站，农村垃圾处理及环境改善率为100%。

四是加强林业碳汇建设。先后获国家园林城市、国家森林城市、国家环境保护模范城市、国家卫生城市等荣誉称号。全市森林覆盖率达 41.8%，完善以绿道网、生态景观带为重点的绿色生态体系建设，建成区绿地率达35.65%、绿化覆盖率 40.5%，人均公园绿地面积 15.5 平方米，全市绿道总里程达 2136 公里，覆盖面积 3600 平方公里，服务人口 600 多万。

二　广州低碳城市建设存在的问题和趋势预测

广州作为省会城市、国家中心城市，在全国发展大局中具有举足轻重的作用，需要坚决贯彻国家低碳试点的部署和要求。我们认为，低碳是广州破解资源能源环境瓶颈的必然之路，低碳要与发展紧密结合，低碳不是不发展，而是为发展找寻新机遇、新动力、新增长极。近年来广州全市上下全力以赴推进低碳相关工作，单位 GDP 能耗大幅下降，较好地完成了节能、减排等约束性指标，在国家和省的考核中成绩突出。但是广州的综合指标与国际先进城市相比仍有较大差距，与广大市民的要求仍有一定距离。下一步，广州低碳发展将会进入攻坚阶段，既面临机遇，又面临挑战。

一是低碳认识不完全到位。数据显示，广州碳排放总量和人均碳排放量现状远超过发达国家在同等经济发展水平下的排放水平。而对气候变暖的质疑以及经济增长和环境保护的关系等问题由于认识、意见不统一，亦会直接影响低碳各项工作的推进和落实。

二是能源消费及碳排放增长刚性强。传统高耗能发展模式的惯性短期内难以扭转，污染减排压力仍然较大。"十二五"时期是广州市产业结构调整优化的关键时期，预计经济发展方式难以在短期内彻底转型，广州市仍将处于工业化中后期和城镇化快速发展阶段，GDP将以年均11%左右的速度快速增长，常住人口基数较大且将继续增加，重化工业仍将较快发展，能源的刚性需求较大，土地、能源、水资源等供给需求持续增长，都将使广州保持较大的污染物增量，污染减排形势依然严峻，环境质量进一步改善面临较大压力。"十二五"时期，除了要完成二氧化硫和化学需氧量持续减排任务，还要完成氮氧化物和氨氮减排任务，减排治污任务十分艰巨。在过去的发展历程中，广州形成了一批石化、钢铁、电力、水泥等高耗能产业，整体能耗水平相对偏高，而这些高耗能行业都具有投资规模大、搬迁难、技术改造成本高的特点，短期内难以转变。

三是消费升级对广州低碳发展构成新的挑战。广州市人均GDP已超过12000美元，正处于居民消费结构加快转变与消费模式加快升级的阶段，能源消费呈现加速上升的趋势。2005~2010年，居民能源消费占整个社会能源消费总量的比重从9.71%提高到10.89%，生活用电量增长速度明显高于全社会用电总量增长速度。广州人均生活用能与发达国家尚存在较大差距，今后，随着居民对住宅、私家车、家用电器等需求的快速增长，人均生活能源消费水平将会继续提高，从而将加大整个城市的碳排放总量。通过查阅近10年来广州能源消费、产业结构、产业布局的基础数据，结合对未来一段时间经济发展和产业结构调整优化的预计，我们初步估算了广州未来一段时间的能源及碳排放预测基础数据，广州的碳排放总量应该在2020年左右初步达到峰值和顶部区域（见表1）。

表1　能源及碳排放预测基础数据表

基本指标	2005年	2010年	2015年	2020年
GDP(亿元)(2005年价)	5154.23	9713.26	16367	26351
常住人口(万人)	949.68	1270.96	1409.7	1544.2
人均GDP(元/人)	54273	76425	116103	170644
三次产业比重	2.4:40.7:56.9	1.8:37.2:61.0	1.3:33.7:65	0.8:29.2:70
能源消费总量(万吨标准煤)	4029.29	6034.39	8167	10540

续表

基本指标	2005 年	2010 年	2015 年	2020 年
一次能源消费总量(万吨标准煤)	3322	4980	6745	8224
其中:煤炭(万吨标准煤)	1913	2134	2196	2180
石油(万吨标准煤)	987	1684	1786	1628
天然气(亿立方米)	0	12.9	80	150
外购电(万吨标准煤)	259	969	1699	2010
煤炭占一次能源总量比重(%)	57.6	42.9	33	28
天然气占一次能源比重(%)		3.5	16	25
外购电占一次能源比重(%)	12.7	19.5	22.2	24.4
非化石能源占一次能源比重(%)		0.3	3	5
能源碳排放总量(万吨 CO_2)	8409	12005	15627	19276
单位 GDP 能耗(万元 GDP/吨标准煤)	0.78	0.62	0.50	0.40
单位 GDP 碳排放量(万元 GDP/吨 CO_2)	1.63	1.24	0.95	0.73
人均能源碳排放量(吨 CO_2/人)	8.85	9.45	11.09	12.48
能源碳排放强度	2.09	1.99	1.91	1.83

三 2014 年广州建设低碳城市的对策建议

下一阶段,国家和广东省对低碳工作的重视程度、工作力度和投入强度都将进一步增强。从 2011 年起,广东省财政设立低碳发展专项资金,每年安排 3000 万元重点支持低碳发展基础性和示范性工作,省人大将促进碳交易立法,省编办已经批复同意成立专门机构推动低碳相关工作。广州市应紧紧抓住国家加大工作力度的有利时机,进行全面部署和动员,积极争取国家政策和资金支持广州低碳发展。建议 2014 年重点开展以下几项工作。

(一)以节能低碳工作统筹生态文明,完善管理机制

低碳工作涉及节能减排、环境保护、清洁生产、循环经济、固体废弃物处理、资源综合利用等多个领域,既有源头控制,又有过程管理、末端治理。因二氧化碳的流动影响全球气候,具有与其他地区、国家接轨交换排放权的可行性,利用市场机制来控制二氧化碳排放,将是一场全新的、变革性的探索和实

践。据联合国和世界银行预测，全球碳交易市场规模 2012 年为 1500 亿美元，2020 年或超过石油市场成为世界第一大能源市场，因此低碳试点是生态文明建设的最佳载体，既是保护又是发展。

目前，广州各项具体工作分别由发展改革、经贸、环保、水务、城管等部门负责。尽管总体方向和目标一致，但由于牵头部门不同，分工边界不清晰，经常会导致责任不明确，工作之间缺乏衔接，直接影响整体工作成效。对末端治理的重视远大于源头控制和过程监管，忽视资源能源的节约高效利用，对行政性管制和财政投入的惯性依赖远大于市场机制配置资源。建议切实发挥广州市节能减排及低碳经济发展工作领导小组的作用，明确低碳试点在生态文明建设中的引领作用，尽快研究推进生态文明建设的制度建议。探索生态文明建设的有效模式，整合人员、资金、加强部门之间相关工作的统筹和协调，从而使广州各项工作能更好地形成合力。

（二）以节能和能源结构调整为重点，促进大气污染防治

能源结构优化和高效利用是减少碳排放的核心抓手，也对本地区的空气污染具有巨大的治理协同效应，是从源头控制上解决市民高度关注的大气污染的治本之道。

一是推动能源结构清洁化。出台《广州市能源结构调整工作方案》，在工业、服务业集聚区等能源负荷中心规划、建设一批热电联产和热电冷三联供分布式能源项目；采取最严格的环保手段，实施燃煤电厂的改造；实施《广州市天然气（LNG）加气站发展规划（2013～2020 年）》，促进天然气在交通领域的应用；印发《广州市分布式太阳能光伏发展规划（2013～2020 年）》，推进分布式太阳能光伏电站建设。切实解决可再生能源优先上网问题。控制煤炭消费量，制订重点区域煤炭消费总量控制方案。

二是探索实行能源消费总量和能耗强度"双控"考核。强化节能评估审查，对能源消费增量超出控制目标地区的新上高耗能项目，实行能耗等量或减量置换。推进工业、建筑、交通和公共机构等重点领域节能，深入开展万家企业节能低碳行动，加快重点用能单位能耗在线监测系统建设。积极推行能效领跑者制度，建立和实施节能量交易制度。加强能效标准制（修）订工作，完

善节能监察执法机制，依法查处违法用能行为。

三是探索价格改革引导能源结构调整。由于煤炭价格较低，新能源价格较高，企业不愿意应用新能源。建议加大对煤炭消费的费用征收，对新能源应用予以补贴，压减清洁能源与煤炭的价格差，鼓励企业选用清洁能源。

（三）加强平台能力建设，尽快形成集聚优势

一是依托广州碳排放权交易所，逐步扩大碳交易的覆盖范围。促进广州与国内其他地区进行试点合作，使得相关排放企业在广州碳排放权交易平台上交易，将广州碳排放权交易所打造成全国性的碳交易市场。扩展交易品种，在交通、建筑等领域试行碳排放权配额制度，探索推进节能交易以及排污权、水权交易等，充分发挥市场配置资源的决定性作用。

二是细化低碳城市试点工作实施方案。编制城市温室气体排放清单和低碳城市发展规划，研究低碳发展指标和统计体系，制订具体实施计划，加强与国家在低碳产品认证方面的沟通衔接。

三是支持低碳节能共性和关键技术研发。结合500万平方米孵化器建设工作，围绕低碳支持组建灵活高效的新型产学研结合机制和发展模式。组织攻克一批重大关键技术，重点在核电装备、垃圾焚烧发电、太阳能利用、风能发电装备、智能电网、新型动力电池、半导体照明、新能源汽车、工业高效节能等领域，集中力量突破一批具有自主知识产权的重大关键技术，设立低碳技术专项资金重点支持定点企业技术研发。

（四）扶持节能环保产业发展，开启新经济增长引擎

一是促进节能环保产业集聚发展。以广州中新知识城和南沙新区建设为龙头，加快建设广东光电科技产业基地、广州市节能和新能源（白云）产业基地、广州市科学城节能环保产业区、广州市番禺节能科技园、广州国际科技合作产业园以及花都光电子产业基地、南沙LED产业基地、广州国际商品展贸城"广州光谷"、增城经济技术开发区广东省太阳能光伏产业园等低碳产业基地。

二是尽快出台相关产业政策。国家将加大对节能环保产业的支持力度，目

前国家和省都印发了《"十二五"节能环保产业发展规划》，广州节能环保产品需求旺盛，且有较好的产业发展基础。建议由发展改革委牵头，尽快编制出台《节能环保产业规划》，引导和扶持节能环保产业发展；加快培育节能服务产业，加快出台《关于加快推行合同能源管理促进节能服务产业发展的意见》广州实施细则，落实财税等优惠政策，重点扶持节能咨询、节能评估、节能审计、能耗检测、合同能源管理等节能服务产业发展。

三是探索建立多元化投资机制。以广州产业投资基金为龙头，鼓励各类金融、担保机构和创业投资基金加大对低碳产业的投入，推动企业实现上市融资，形成政府、企业、社会相结合的多元化投资格局。加大对资质好、管理规范、有竞争优势的中小企业信用担保机构的支持力度。支持符合条件的企业发行企业债券、中小企业集合债券等。

（五）探索建立广州生态补偿机制

生态补偿机制是推进科学发展，实现公平正义的重要举措。我国在生态补偿方面的工作总体较为薄弱。广州如能将生态红线划定、水源保护区、森林碳汇和财政支付转移、生态扶贫结合起来，建立相关完善公平的生态补偿机制，不仅能解决广州发展道路和模式问题，也能为国家和省的相关工作提供经验和借鉴。建议广州市相关部门对生态补偿机制进行认真研究，探索建立适合广州的生态补偿机制。

（六）推进低碳社区建设，培育低碳文化

广州作为特大型国家中心城市，低碳试点工作要与城市建设相结合，社区是城市结构的细胞，对城市能源及碳排放有关键作用，低碳社区建设必定成为低碳试点工作的载体和关键点。因此广州应在建设低碳社区、低碳园区方面花大力气、下大功夫，广州将在确定首批6个社区为低碳社区试点并安排节能专项资金补助的基础上，编制广州市低碳社区建设标准，建立低碳社区管理组织，包括政府组织机构与管理体系、民间组织机构参与机制等。结合旧城改造开展试点建设，建立旧区低碳化改造技术与政策体系。

此外，广州还可以把珠江新城、白云新城、中新知识城、广州东部交通枢

纽高端商务区等新商务区打造成低碳示范典型，提高区内建筑的绿色标准，切实加强建筑节能；改善能源供应系统，使用分布式能源站进行热电冷联供；积极应用各种节能和环保技术，降低碳排放；优化区内的公共交通，提倡绿色出行。以示范试点为带动，组织实施一批低碳示范园区、商业区的规划建设。推进低碳企业和园区认证工作。企业和园区仍然是污染物排放的主体。广州市发展改革委最近正在研究制定低碳企业和园区标准，建议可以以市政府名义开展评价认证工作，对相应企业和园区进行授牌，有利于其发挥示范作用，引导其他企业和园区实现绿色、清洁、循环发展。

（审稿　周凌霄）

B.3
以“质量强市”为抓手推进广州
新型城市化发展的对策研究

广州大学广州发展研究院课题组*

摘　要：

实施“质量强市”战略对推进广州新型城市化发展具有重要意义。广州应该把“质量强市”确立为推进新型城市化的重要战略，积极探索具有广州特色的转型升级路径。并进一步强化质量强市工作的组织实施，确立质量服务产业优先发展的战略地位，加大城市质量文化建设力度。

关键词：

广州　质量强市战略　新型城市化

2010 年底，广州市政府根据省政府关于开展质量强省活动的部署出台了《关于开展质量强市工作的意见》，广州的“质量强市战略”正式开始启动。2012 年初，广州市第十次党代会明确提出广州未来要走新型城市化发展道路，提出了经济低碳、城市智慧、社会文明、生态优美、城乡一体、生活幸福的发展要求。以人为本、经济低碳、创新驱动是新型城市化发展的重要理念。而为了全面提升广州经济发展质量，增强产业核心竞争力，广州也由此进一步提出了要全面实施“质量强市”战略，提升“广州质量”、叫响“广州标准”。对“质量强市”战略提出了新目标要求。我们认为，“质量强市”不仅是推进新

---

* 本文是广东省高校人文社科重点研究基地广州大学广州发展研究院、广东省教育厅“广州学”协同创新发展中心、广州市教育局“广州学”协同创新重大项目研究成果。执笔人：涂成林、曾恒皋、蒋年云。

型城市化发展的一个重要抓手，也是新型城市化发展道路需要实现的重要目标之一，应该予以高度重视。

一　实施"质量强市"战略对推进广州新型城市化发展具有重要意义

（一）"质量强市"战略是当前广州经济社会跨越到新的发展阶段的现实需要

经过改革开放 30 多年的努力，广州已成功迈入了"万亿元俱乐部"，具备了从单纯追求速度型向追求质量效益型转变的工业基础和经济条件，跨越了不惜以浪费能源、牺牲环境为代价的，"饥不择食"的粗放型的发展时代，已到了通过产品质量、服务质量、工程质量、环境质量的全面提高来推动城市进一步繁荣、实现可持续化发展的新阶段。同时，广东省已于 2010 年 7 月正式启动了质量强省战略，广州作为国家中心城市和广东省的首善之区，在质量振兴方面应该做到先行一步，走质量、品牌的发展路线，着力于精致制造，做全世界最好的产品，为"质量强省"战略、"质量兴国"战略的实施做出示范。

（二）"质量强市"战略是当前广州产业率先转型升级的核心内容

放弃发展传统产业，着重去发展高新技术产业，这是一种对产业结构升级的片面认识，单纯追求一种名义上的产业升级是毫无意义的，有时甚至是有害的。我们必须看到，我们的传统产业还占广州经济的 70% 左右，而且就我国国情来说，在相当长的历史阶段内，传统产业仍将是我们经济发展的主体。当今世界，市场竞争最重要的还是质量的竞争，无论是技术含量高的高科技产品还是技术含量低的传统产品，只要质量好就会有市场需求，就会有竞争力和生命力。如果不以质量为本，哪怕在高科技领域，也会生产出高科技的垃圾。而且，我们讲传统产业，其实也是一个阶段性的概念。今天的传统产业就是昨天的高新技术产业，今天的高新技术产业是明天的传统产业，过于纠结这些概念性的东西是没有必要的。因此，现阶段我们讲转型升级，讲产业结构调整，其中的关键就是质量振兴，就是要通过产品质量的提升，带动服务质量、工程质量和环境质量的全面升级，最终形成一个享誉国内外的"城市品牌"。

（三）"质量强市"战略是广州作为国家中心城市必须承担起来的振兴中华、民族复兴的神圣使命

质量是民族素质的体现，代表着国家的形象，体现了生产力水平，是一个国家综合国力的重要标志。我国现在虽然是世界制造大国，但近些年接连发生的有毒宠物食品、有毒玩具等产品安全事件，不仅对国家形象造成了直接损害，也成为国际舆论炒作"中国威胁论"的重要由头，国际舆论甚至出现了"中国制造"成为"买家当心"（Buyer Beware）的现象。我们必须看到，产品质量问题不解决，中国大国的形象和地位树立不起来，民族复兴更无从谈起。要生产出优质的产品，那就必须要有高素质的人才作支撑，有严格的质量法律法规体系、标准体系与检测体系作保障，因此就必须把质量问题上升到战略层面来考虑。而质量振兴战略是一项综合性的、影响深远的品质和形象升级工程。质量振兴战略可以推动人才结构升级、生产组织方式转变，而产品质量水平的提高可以推动人们生活水平的提高，提高我们所在的城市的形象和国家的形象，这才是振兴中华民族的重要途径。广州作为国家中心城市，有责任和义务勇于承担起这份崇高责任，率先启动质量强市战略，在振兴中华和民族复兴中发挥表率作用。

（四）国外发展经验证明，质量是赢得国际尊重、城市尊严的一个重要途径和手段

第二次世界大战后的德国、日本，整个工业体系、设施都被摧毁殆尽，其工业基础几乎归为零，最初的产品质量也没有多高，地摊货、大路货居多，但它们都制定了长期的质量振兴战略，并把这种战略作为国策确立起来。通过20年的努力，现在只要说是德国、日本生产的产品，消费者都会认为是优质产品。美国著名的质量管理专家朱兰在考察日本的经济之后曾说过，"日本的经济振兴是一次成功的质量革命"。德国、日本虽然是第二次世界大战的元凶，但在战后这两个国家通过不懈努力，靠它们的制造业形成的国家品牌，赢

得世界上的广泛尊敬。它们的发展经验证明，一个国家、一个民族无论怎样，只要重视质量，仍然能赢得国际上的尊重。广州作为一个国际化的大都市，是我国对外交流的一个重要窗口，时时刻刻代表着国家的国际形象。广州通过推行质量强市战略，可以有效消除国际社会对我们的成见和歧视，提高国际社会对我们的喜爱度，赢得国际尊重和城市尊严。

二 当前广州实施"质量强市"战略存在的主要问题

（一）缺乏对"质量强市"工作的长远发展规划，与推进新型城市化发展的长期性、艰巨性不相适应

推进新型城市化是一个长期的过程，质量强市工作要想真正成为推进新型城市化的重要抓手，就必须针对新型城市化的长期性、艰巨性做出长远的战略安排。同时，质量振兴也有其内在的发展规律，不可能一蹴而就。例如，日本在第二次世界大战后很长一段时间内都是走低端路线，"made in Japan"一度成为劣质产品的代名词。1957 年，日本开展产业合理化运动，提出了"质量救国"口号，从经济全局出发，建立健全质量规范体系，用了二十多年的时间终于彻底改变了东洋货质量低劣的形象，成为高质量、低成本的国家。德国的"以质量推动品牌建设，以品牌助推产品出口"战略、美国的"质量振兴"战略，也是用了近二十年的时间才最终取得成功。虽然广州市目前已对"十二五"期间的质量强市工作做出了若干具体部署，但这更多的是一种战术上的安排，还不是一个长远的战略性规划，致使广州市的质量强市战略归于零碎化、随意化，实施质量强市的效果也大打折扣。

（二）当前"质量强市"政策制定缺乏主动性与前瞻性，与建设国家中心城市与率先实现产业转型升级的要求不完全适应

广州市委市政府主要领导对质量强市工作的重要性有深刻的认识，并根据广东省政府的统一部署及时出台了《关于开展质量强市工作的意见》，2012 年市第十次党大会和市政府工作报告中也明确提出了全面实施质量强市战略的口号。但是，当前广州质量强市工作在政策制定上多为跟随性政策，表现得中规

中矩，鲜有突破性的政策出现，稳重有余而魄力不足。而且，与广东省内其他兄弟城市相比，广州质量强市工作的政策力度也明显偏弱。例如，为配合质量强市活动开展，目前在省内地级以上城市中已有八个城市设立了政府质量奖，其中大部分城市的奖金额度在100万元以上，其中深圳为300万元，而广州仅50万元（2013年提高到100万元）。但从广州的城市定位来说，发展目标是建设国家中心城市和广东省首善之区，肩负着为国家、广东省在产业转型升级方面做出示范的重大责任，肩负着为国家赢得国际尊重、推动民族复兴的神圣使命。走新型城市化道路也同样需要质量强市工作保驾护航。因此，这种缺乏主动性和前瞻性、随大流式的政策力度显然是不能满足新型城市化未来发展需要的。

（三）现行质量强市工作领导体制的设计存在一定缺陷，缺乏发展合力，不利于广州市新型城市化发展战略的实施

广州质量强市领导体制是成立一个由市长牵头的高规格领导小组，由质监局、经贸委、建委、环保局分别牵头负责产品质量、服务质量、工程质量、环境质量工作，办公室设在质监局，由市质监局负责总协调。这种领导体制机制从理论上看是合理的，但由于领导小组办公室在人员配置、经费保障上与其繁重的工作任务不相适应，质监部门对其他三个平级质量强市牵头部门的统筹协调是有心无力，对财政、金融、规划、宣传、文化等相关部门的工作协调更是缺乏号召力，发展合力难以真正落到实处。我们在调研中发现，由于质监部门的权威性和协调能力不足，其他三个部门基本是局限于本部门工作来开展质量强市活动，缺乏从整体上促进四大部门质量提升的主动性和协调性，至于其他相关部门，也因为制度设计缺陷而对质量强市工作的参与度明显不够。

（四）对质量技术机构存在多头监管现象，影响这些机构发挥出应有的技术支撑和产业引领作用

检验检测与认证不仅是一种技术含量高、创新能力强、发展潜力大的高技术现代服务业，而且因为其具有广泛的产业辐射能力，对各行各业的关联度

高，因此是推动产业转型升级、改善产业机构的强大引擎。广州质量检验检测与认证机构在管理体制上呈条块分割，300多家检测检测机构不仅被划为国家、省属、市属单位，还分属质检、工商、环保等多个主管部门。市（区）质监局至今没有设立认证处（科），认证监管职能分属质量监督处（科）、计量处（科）、标准化处（科）等多个部门。检验检测机构由于缺乏统一的监管与领导，行业管理比较混乱，低水平重复建设现象丛生，资源浪费严重，市场恶性竞争激烈。例如，目前广州与建设工程相关的质量检验检测机构多达84家，占了全市技术机构总量的1/4，市场严重饱和。而市场急需的战略性新兴产业领域的质量技术服务机构却因为投资不足发展严重滞后，不仅机构数量少而且技术力量弱。认证行业由于缺乏统一的监管部门且力量薄弱，致使认证市场竞争无序，地下认证企业禁而不止，使这个本以"传递信任"为己任的行业却因为随意卖证、假证问题而遭到公众质疑。显然，对质量技术机构多头管理问题，已大大削弱了质量技术机构在新型城市化发展中本应有的强大的技术支撑能力和产业引领作用。

（五）全社会质量意识比较淡薄，尚没有形成符合新型城市化发展要求且个性鲜明的城市质量文化

广州市主要领导已明确提出，广州特色的新型城市化发展道路是要实现从城市发展理念、经济发展、文化建设和社会建设四个方面全面"转型升级"，终极目标是打造幸福广州。而建设先进质量文化，形成符合现代城市特点的质量理念和质量精神，就是推动城市发展理念和城市文化建设升级的重要体现。广州市2010年已出台的质量强市实施意见虽然也强调要加强宣传教育，但由于缺乏必要的考核机制和经费保障，对质量宣传教育投入严重不足，这项工作实际上执行得很不到位。而正是因为对城市质量文化建设重视不够，忽视了企业质量主体责任意识的培养与激励，忽视了民众广泛参与的重要性，致使当前广州市质量强市工作成为政府的独角戏，社会总体质量意识始终比较淡薄。同时由于没有营造出一种政府齐抓共管、企业质量生产、市民放心消费的良好社会舆论氛围，民众对政府的质量强市工作不理解、不关心、不配合，对社会的质量满意度也始终不高。

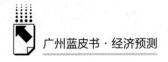
三 进一步实施"质量强市"战略的几点建议

（一）把"质量强市"确立为推进新型城市化的重要战略，积极探索具有广州特色的转型升级路径

新型城市化就是坚持以人为本，以新型工业化为动力，以统筹兼顾为原则，以和谐社会为方向，以全面、协调、和谐、可持续发展为特征，推动城市现代化、城市集群化、城市生态化、农村城市化，全面提升城市化质量和水平，走科学发展、集约高效、功能完善、环境友好、社会和谐、个性鲜明、城乡一体、大中小城市和乡镇协调发展的新型城市化路子。广州要实现经济低碳、城市智慧、社会文明、生态优美、城乡一体、生活幸福的新型城市化发展目标，迅速改变当前这种粗放式增长方式，推动产业快速转型升级，实现经济发展从数量速度型向质量效益型转变是关键。广州作为国家中心城市，中央和广东省对广州率先转型升级，为全国其他城市做出示范有着殷切期盼。因此，基于质量强市战略对广州走新型城市化道路的重要意义，以及广州市作为国家中心城市理应担当起来的国家、民族振兴重大责任和神圣使命，我们认为市委市政府要拿出比一般城市更大的发展气魄和工作力度，将质量强市战略上升为广州市未来发展的核心战略，作为推进新型城市化发展的重要战略平台，集中全社会资源用20年左右的时间来重点抓好这项工作。

同时，广州的产业转型升级比较可靠的两个路径：一是用低能耗、低污染、高附加值的高技术产业和战略型新兴产业逐渐替代高能耗、高污染、低附加值的传统产业；二是用高质量、高品牌的产品和企业逐渐淘汰产品质量差的产品和企业。但不管用哪个模式升级，质量的提升都是关键。因此，广州目前正在进行的产业转型升级战略必须与"质量强市"战略结合起来实施，以节能减排为前提，以质量提升为核心，以科技创新为手段，走出一条具有广州特色的转型升级新路子。

（二）以争创"全国质量强市示范城市"为契机，以打造"中国质量满意之城"和"国际品牌之都"为目标，进一步强化质量强市工作的组织实施

第一，要加强领导小组办公室对各部门之间的统筹协调能力，切实形成发

展合力。其中一种办法是成立一个由市政府直接领导的、在四个质量主管部门之外的独立办公室,专职负责质量强市的日常工作;另一种办法是办公室依然设在市质监局,但必须提高质监局在统筹领导四大质量工作中的权威性与组织协调能力,人员、经费等各种资源的配置必须与其繁重的工作任务相适应。

第二,实施质量强市战略必须坚持规划先行。建议市委市政府根据国务院最近发布的《质量发展纲要(2011~2020年)》,在落实市政府新出台的《关于贯彻质量发展纲要(2011~2020年)的实施意见》的基础上,尽快制定广州市质量强市未来二十年发展战略规划,并责成相关主管部门制定相应的实施方案和配套政策。今后每年四大质量牵头部门要根据战略规划共同制订质量强市工作年度行动计划。

第三,建立市民质量满意度调查机制、定期发布机制和专家诊断机制。市民质量满意度调查不仅可为政府开展质量强市工作提供准确的信息情报,而且也可以切实提高质量强市的民众参与度,从而实现政府、企业、民众之间的多向信息交流。市民质量满意度调查应该委托专业公司进行,每个季度调查一次,调查结果通过媒体及时向社会公布,让民众真实了解广州市的质量状况以及质量强市工作的进展情况。同时成立质量强市专家咨询诊断小组,对调查中反映出来的问题开展专题研究,并将研究成果上报给市委市政府,为下一阶段的质量强市工作提供决策依据。

(三)确立质量服务产业优先发展的战略地位,加快构建质量技术机构统一监管体系

第一,要以打造"华南检验检测与认证中心"为目标,把质量服务产业作为一种新型战略性产业进行重点扶持发展。检验、检测、认证、认可等质量服务产业是监督和提升产品、服务、工程、环境质量的一个重要手段,是打造"广州制造"品牌的孵化器,是促进服务质量、工程质量、环境质量全面提升的技术基础。在德国、美国、日本及我国香港等发达国家和地区,都十分重视发展检测认证产业,质量服务业的优先发展是这些国家和地区赢得国际声誉的不二法宝。因此,广州要把质量服务产业作为实施质量强市战略、推进新型城市化发展的重要技术手段来抓,把质量服务产业作为现代服务业的重要组成部

分，作为一种战略性新兴产业进行优先发展。

第二，要重点扶持服务于战略性新兴产业的质量技术机构的发展。建议市委市政府通过税收优惠、财政扶持、融资担保、办公用房租金减免等多种手段，积极引导社会资本加大对战略性新兴产业领域质量技术机构的投资力度，鼓励现有质量技术机构大力开展对战略性新兴产业产品检验检测能力提升的科技创新活动。"十二五"期间重点建设的国家质检中心项目要有意识地向战略性新兴产业领域倾斜，围绕战略性新兴产业逐步建成一个以国家质检中心为龙头、省级技术机构为骨干、市级技术机构为基础的质量检验检测体系。

第三，要尽快建立统一的质量技术机构市场监管体系。建议市委市政府效仿香港经验，在市质监局下面成立一个副局级广州检测和认证局，有效整合质检、环保、药监、工商等部门的质量技术机构资源，彻底解决多头管理、重复建设的问题。督促质监部门牵头尽快成立市（区）质量检验检测与认证协会，并依托协会尽快建立检验检测和认证机构信用评价机制与诚信保证金制度，严厉打击出具假报告、卖证行为。

（四）加大城市质量文化建设力度，推动广州政府质量管理意识、企业质量经营意识以及市民质量消费意识的整体提高

质量意识简而言之就是对质量的认识与理解。质量意识对质量行为有极其重要的影响和制约作用。质量意识培养不能仅仅局限于企业质量意识一个方面，而应是政府质量管理意识、企业质量生产与服务意识、市民质量消费意识的总体提高。

第一，加快"广州标准"体系建设，为全社会质量意识的养成树立一个较高的标杆。标准既是产品质量的基础，也是引导和促进质量意识提升的重要手段。广州市必须加快建立一套比国家标准更严格的、向国际标准看齐的地方标准体系。在具体运作上可以考虑将标准进行分级管理，符合国家标准的产品只是入门标准，要申请各级名牌的产品必须首先符合广州市的高标准。

第二，要把先进质量文化作为广州城市文化体系的一项重要内容进行重点建设。在城市文化体系建设中，宣传部门要把质量文化建设质纳入其中进行统筹规划，有序推进，并给予足够的经费保障。在争创"全国质量强市示范城

市"期间，参照创建全国文明城市的宣传模式，充分利用广州发达的媒介资源，进行深入的全民先进质量文化教育。质量文化建设及其效果要作为各区（市）宣传部门的一项重要绩效评价指标每年进行检查考核。

第三，加快建设一批高水平中小学质量教育社会实践基地。质量意识培养要从娃娃抓起。2011 年 5 月，教育部、国家质检总局已联合下发《关于建设中小学生质量教育社会实践基地开展质量教育的通知》，决定依托国内质量管理先进企业、质检系统检验检测机构等单位联合建立中小学生质量教育社会实践基地建设，开展质量教育活动。建议广州要以此为契机，把质量意识教育纳入广州中小学教学体系之中进行统一考核。加快创建一批高水平中小学质量教育社会实践基地，并争取由教育部和国家质检总局联合授牌命名。

（审稿　彭诗升）

B.4
关于广州优化提升都会区的研究

广州大学广州发展研究院课题组*

摘　要：

> 本文以广州市"123"城市功能布局规划为指导，借鉴国际先进的城市更新理念和管制模式，围绕地理空间、人口疏散、产业分工、文化传承等基本要素，探索研究了广州都会区优化提升的实现路径和发展对策。

关键词：

> 广州　都会区　优化提升

都会区是一个城市功能组织和控制的核心区域，其功能区块定位、产业特色以及城市禀赋直接决定了一个城市的竞争能力、集聚能力和辐射能力。都会区的优化提升，是广州快速产业转型升级和城市空间优化整合、实现新型城市化发展战略目标的关键一环，对进一步强化广州国家中心城市地位、提升辐射带动全省的能力具有重要意义。

一　近年来广州都会区优化提升的主要成效

（一）近年来广州市实施的城市重大发展战略

早在 2006 年广州市第九次党代会上，广州市委市政府明确广州将优化城

---

* 本文是广东省高校人文社科重点研究基地广州大学广州发展研究院、广东省教育厅"广州学"协同创新发展中心、广州市教育局"广州学"协同创新重大项目研究成果。课题组组长：涂成林，成员：周凌霄、曾恒皋、姚华松、艾尚乐、蒋年云、邓良。

市空间布局，推进"南拓、北优、东进、西联、中调"的城市发展战略。"中调"的区域就是指广州都会区，核心要义是"提升"与"优化"，具体优化都会区的产业结构、人居环境和公共服务。

2008 年，国务院颁布《珠江三角洲地区改革发展规划纲要》，将广州作为国家中心城市、综合性门户城市、国际大都市的发展定位上升到国家战略层面。

此后，广州城市总体规划纲要中指出，广州将建成广东省宜居城乡和现代产业体系的"首善之区"，面向世界、服务全国的国际大都市，主要职能定位是国际商贸中心、世界文化名城、南方经济中心和综合门户城市。

2011 年底，在广州市第十次党大会上，广州市委市政府明确了国家中心城市的核心表现，主要职能被确立为"国际商贸中心、世界文化名城"，毫无疑问，商贸中心和文化名城的核心承载区就是广州的都会区。未来五年，推进新型城市化发展战略，是广州"十二五"时期的首要任务，广州传统都会区如何实现从旧到新的蜕变，实现在新的历史时期都会区的可持续发展，"提升"与"优化"是关键。

在上述城市发展重大战略导向下，广州都会区积极实施"提二优三"策略，大力发展高端服务业，稳妥推进"城中村"改造工程，不断改善自然和人文生态环境，持续改善城市内外的交通通达性，取得了显著成效。

（二）广州都会区发展取得的主要成效

1. 从经济结构看：产业结构不断高级化，低端工业基本外迁

从 2009～2012 年 4 年间都会区的产业结构演进情况看，越秀区、荔湾区、海珠区、天河区四区作为广州老城区，第二产业所占比重持续下降，第三产业所占比重持续上升，"退二进三"步伐稳步推进。2012 年，越秀区第三产业比重高达 97.2%，天河区、海珠区第三产业所占比重也分别达到了 86.34% 和 83.47%。而白云区、番禺区等传统意义上的广州郊区，则顺应上述趋势，第三产业比重分别从 2009 年的 71.45% 和 54.43% 升至 2012 年的 74.51% 和 56.7%。即使是黄埔区、萝岗区等以工业职能为主导的地区，也表现出"二退三进"的总体态势。过去十年，广州都会区大部分不符合中心城区发展的工业项目已外迁至其外围地区或其他省市，很多工业用地转化为商业和居住用地，一些旧厂房正在被改造为文化创意产业园，工业转型和转移步伐加快实施与推进（见表1）。

表1 广州都会区产业结构变化（2009～2012年）

单位：%

地区	第二产业比重				第三产业比重			
	2009年	2010年	2011年	2012年	2009年	2010年	2011年	2012年
越秀	2.79	3.01	3.05	2.80	97.18	96.99	96.95	97.20
海珠	19.25	18.26	17.69	16.18	80.31	81.31	81.95	83.47
荔湾	29.38	28.61	26.49	24.21	69.73	70.60	72.75	75.02
天河	16.53	14.73	14.44	13.56	83.31	85.13	85.45	86.34
白云	25.54	24.62	23.87	22.87	71.45	72.62	73.48	74.51
黄埔	66.54	64.77	64.38	61.30	33.21	35.01	35.41	38.51
番禺	40.96	41.25	40.91	39.38	54.43	54.48	55.08	56.70
萝岗	79.42	79.36	78.62		20.08	20.20	20.97	

2. 从行业发展情况看：金融、总部经济、会展经济等高端服务业发展势头良好

金融、总部经济业态是现代城市的核心职能。随着珠江新城等城市CBD的建设加快，以及CBD沿广州大道南向延伸工程的推进，广州金融业发展势头良好，2009～2012年广州市金融业增加值分别为553.32亿元、615.54亿元、774.6亿元和995.3亿元。总部经济发展方面，以越秀区为例，2012年，该区评定的346家总部（优质）企业，全年实现增加值998.98亿元，同比增长9.5%，占全区GDP的47.09%。其中，从事医药、服装、食品、能源、物流、咨询服务等业务的总部（优质）企业保持较快的增长势头。该区全年现代服务业实现增加值1381.47亿元，同比增长9.8%，占GDP的比重提高至65.12%，占第三产业增加值的比重为67.00%。其中，金融业、租赁和商务服务业两大支柱行业共实现增加值800.63亿元，占现代服务业增加值的57.96%。会展经济方面，2012年，位于海珠区的琶洲地区共举办展会180场，展览面积761万平方米，分别增长30.4%和12.9%，其中10万平方米的大展13场，全年会展业实现增加值42.82亿元，增长11.8%。

3. 从城市交通看：地铁、BRT、广州南站等交通骨架基本搭建

作为国家中心城市的广州，城市内部、城市之间的高效便捷交通网络的构建是保障人流、物流、信息流、资金流、技术流等重要因素。为此，广州市有关部门组织编制《广州 2010～2020 城市交通发展战略规划》，并制定"构建多模式和一体化"的交通优化目标，提出区域交通一体化、土地与交通协调、地区差别化政策、公交优先等具体的发展政策，进一步打通广州的空港、海港、铁路、公路等重大枢纽的对外连接放射通道；地铁、BRT、广州南站等交通骨架基本搭建，规划新增 10 条都会区和副中心和新城的通道，疏解都会区的穿城压力，增强广州作为区域中心城市的集聚辐射功能；规划强化道路交通与城镇体系的紧密衔接，以道路交通建设拉动城镇化建设，尤其注重广州与珠三角其他城市城际轨道交通规划，增强城镇组团间的通勤能力，并逐步实现与珠三角城市群的高效连通。此外，都会区的新型交通系统建设和旧城交通整治也取得了成效。以海珠区为例，7.7 公里环岛轻轨试验段（广州塔—万胜围）已开工，全长 40 多公里的环岛轻轨也已完成立项，计划将其打造成低碳、环保、旅游、客运的公共交通系统。

4. 从城市环境看：河涌整治与绿道建设，生态修复成效显著，"三旧改造"进展顺利

借 2010 年广州举办亚运会之机，广州在整治城区环境方面下足了功夫，河涌等水道、休闲绿道、海珠湖、白云湖等大批市区级环境整治工程陆续推进，"花城、水城、绿城"城市环境建设目标基本达到。截至 2012 年，全市建成区绿地率达 35.6%，绿化覆盖率达 40.5%，城市人均公园绿地面积 15.5 平方米。全市拥有 237 个城市公园 2174 公里绿道。以天河区为例，该区 2012 年顺利完成 44 宗 400 多个图斑，合计面积 1.86 万亩（近 12.5 平方公里）地块的补办历史用地手续；加大用地批后监管力度，全年开展闲置用地调查 8 宗，涉及土地面积 180 亩，共收取闲置费 192.46 万元，作为广东省五个区（县）代表之一，参加全国国土资源节约集约模范区评比；再以荔湾区为例，该区的大坦沙岛地区更新改造规划已由市批复实施，一期安置房工程奠基，连片更新正式启动；恩宁路历史文化街区规划进一步完善，粤剧艺术博物馆和荔枝湾三期相关用地已完成拆迁并启动建设，泮溪地下停车场、西关美食文化博物馆陆续动工。

二 广州都会区存在的主要问题及原因分析

（一）传统商贸业在都会区产业整体格局中比重过高，总部经济、金融等高端服务业集聚度不高

作为"千年商都"，广州都会区以批发市场、专业街为代表的传统商贸服务业发展方兴未艾，有大小批发市场和专业街1000余个，尤其在都会区范围内高度集聚。但整体看，传统商贸的创新和发展模式落后，很多商贸中心仍以传统的现金交易为主，创新程度严重滞后。此外，广州电子商务发展明显落后，网店卖家成交金额占比不到上海的50%（见图1）。

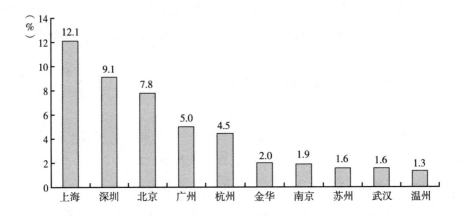

图1　2009~2010年度十大城市中国网店卖家分布（成交金额占比）

资料来源：淘宝网，《2009~2010年度中国网购热门城市报告》。

在打造现代服务业的目标导向下，广州都会区纷纷提出"总部经济"的发展战略，由于都会区在资源整合、信息交流等方面存在明显的比较与竞争优势，金融总部、会展总部、全球和区域性企业研发和销售总部大都选择落户广州都会区。但目前看，广州总部经济规模不足、整体结构与层次偏低。广州的总部资源评分（国内大型企业总部数、跨国公司地区总部数）居全国第5位，落后于北京、上海、杭州和天津（见图2）。

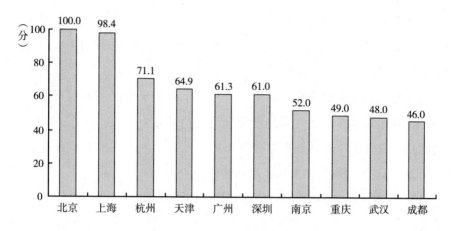

图2　全国十大城市总部资源评分

资料来源：《中国总部经济发展报告（2010～2011）》。

（二）人口、产业与公共服务设施过度集聚于都会区，疏散效果不佳，集聚不经济效应明显

从都会区常住人口看，表2是2009～2011年广州都会区各区的常住人口数量变化情况，不难看出，过去三年，即使在"中调"和积极发展外围新城、副中心的战略部署下，中心城区人口数量变化不大，越秀区、荔湾区略有减少，但天河区、白云区等人口集聚倾向依然强劲。

表2　广州都会区常住人口数量

单位：万人

地区	2009 年	2010 年	2011 年	地区	2009 年	2010 年	2011 年
越秀	104.09	115.73	114.89	黄埔	30.45	45.83	46.1
海珠	136.57	155.92	156.63	番禺	152.57	176.65	177.64
荔湾	73.84	89.82	89.15	萝岗	23.16	37.41	38.06
天河	117.96	143.37	143.65	全市	1033.45	1270.96	1275.14
白云	166.50	222.48	223.67				

分析发现，广州区域人口的分布呈梯度变化。中心城区的人口密度为6626人/平方公里，是新城区（1249人/平方公里）的5.3倍。其中，越秀区

的人口密度最高，达34250人/平方公里，平均每一个常住人口拥有的土地面积仅为29.2平方米，是全市平均水平（585.3平方米）的1/20、中心城区平均水平（150.9平方米）的1/5。以老城区越秀区为例，2000年，越秀区、东山区（合计）常住人口密度为每平方公里2.4万人（全国第五次人口普查数据）；到2005年越秀区常住人口密度升高到每平方公里2.9万人；2010年越秀区常住人口密度升高到每平方公里3.4万人（全国第六次人口普查数据）。可见，过去10年间越秀区人口密度持续提高。

接下来对广州、北京和上海分区常住人口密度进行对比分析，如图3、图4和图5所示。不难发现，相对于北京和上海，广州都会区人口疏散程度远远不够，"单中心"的人口空间结构没有发生根本性改变。

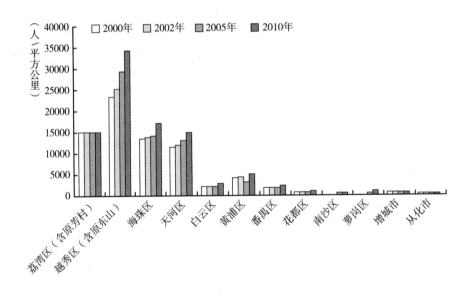

图3　广州市分区县常住人口密度

从产业布局看，图6是广州批发市场的空间布局情况，都会区批发市场过于密集，农产品、工业品、生产资料等批发市场都集中于都会区。

从公共服务设施布局看，以重点中学和医院分布为例，如图7和图8所示，也存在类似特征：市级重点中学几乎全部分布在都会区，三甲医院全部分布在都会区，二甲医院在新城区和副中心有分布，但数量明显不足。

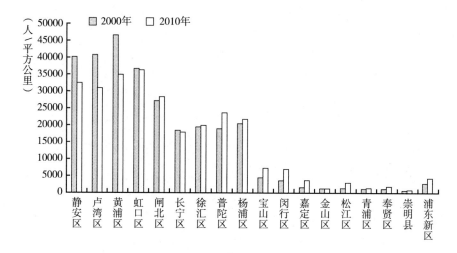

图4 上海市分区常住人口密度

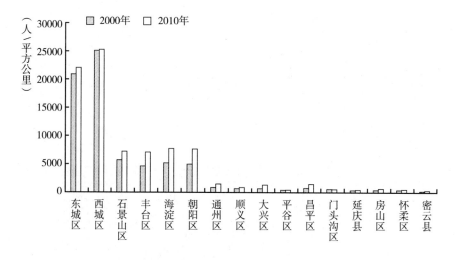

图5 北京市分区常住人口密度

（三）科研创新能力不足，难以适应优化提升的客观需求

作为国家中心城市、国家创新型城市和区域性科教中心城市的广州，在优化提升都会区功能方面，科研创新能力是关键。图9是2011年国内前10位城市的研发评分情况，广州的科研创新能力在全国一线城市排名不甚理想，广州发明专利数仅为北京的1/6、上海的1/4和天津的3/5。和本省的深圳进行比较，图

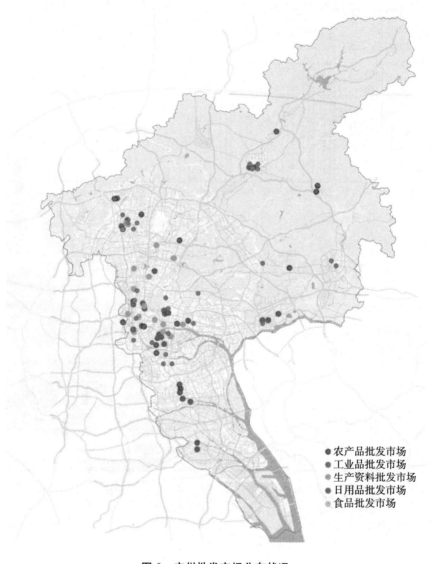

农产品批发市场
工业品批发市场
生产资料批发市场
日用品批发市场
食品批发市场

图6　广州批发市场分布状况

10和图11是广州和深圳的企业研发支出和申请专利数情况。近10年来，广州与深圳的专利申请量从基本相同到相差一倍以上，这表明自主创新能力差距越来越大；近5年来，广州和深圳大中型企业的研发投入差距拉大，表明大中型企业作为创新的主体，深圳的活力明显强于广州；近5年来，广州和深圳本地的上市公司个数差距拉大，表明上市公司作为各类型产业中的引领带动主体，深圳优于

图例
省级重点中学
市级重点中学

图 7 生活服务业布局（学校）

广州。广州的高校和科研机构主要集中分布在都会区，拥有广州绝大多数的科技创新资源，毫无疑问，广州都会区是城市科研创新能力的核心和主要承载区域，广州市在科技创新方面存在的差距其实就说明了都会区的科技创新能力不足。

（四）在城市快速更新升级的背景下，历史文化遗产保护压力大

与"国际商贸中心"并驾齐驱的广州，定位是"世界文化名城"，毫无疑

图例
三甲医院
二级甲等医院

图8　生活服务业布局（医院）

问，广州都会区是广州历史底蕴最深厚和文化资源禀赋最富裕的空间载体。随
着"三旧改造"、城市形象治理的持续快速推进，广州都会区剩下的可以承载
广州老城区记忆的可见和不可见载体越来越少了。在城市建设的单位面积
GDP 高产出目标引导下，工业用地大肆商业化背景下，都会区原有历史文化
遗产遭遇巨大压力，大量具有悠久历史的古村、古木、古屋、古宅被轻易抹去，

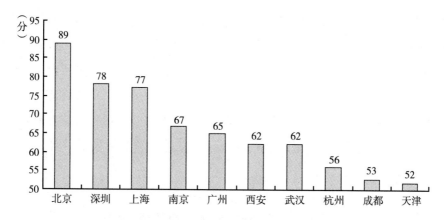

图9 2011年国内前10位城市研发能力评分

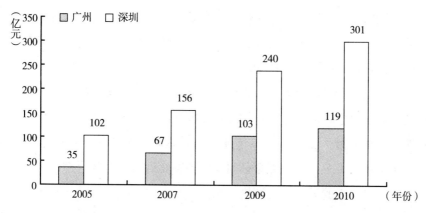

图10 广州和深圳大中型工业企业内部研发支出比较

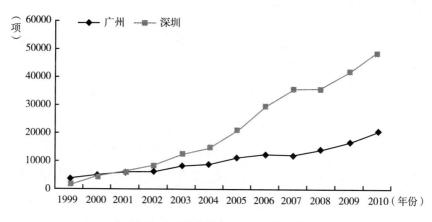

图11 广州和深圳专利申请量对比

对近现代广州工业发展有标志性意义的大量工厂、厂房消失殆尽。文化让位于经济发展的现象不在少数，对于文化的尊重和文化遗产的保持，任重道远。毫无疑问，这与广州建设世界文化名城的初衷相背离。一座有历史意识和文化素养的城市，应该对城市的历史、印记、故事有着深刻的人文关怀和传承惯习。众所周知，现代文化发祥地欧洲的很多城市，火车站、几百年甚至上千年的古建筑（群）、博物馆、图书馆，举目皆是。这是广州都会区发展需要反思和反省的重要问题。

三 广州都会区优化提升发展对策

都会区出现的种种问题，我们认为，既是广州从工业化走向后工业化、工业文明走向后工业文化的时代变迁的大背景下的客观产物，具有某种意义上的必然性；也是长期以来广州都会区整体规划缺乏前瞻性、统筹性弊端的自然反映。因此，未来都会区发展，一方面，应该站在广州都会区的整体角度，引导和协调都会区内部各区域进行合理的功能区分，强化各区发展特色化，都会区要按照"双增双减"的要求——增加基础设施和公共空间，减少居住人口和规划建筑总量。另一方面，都会区问题的解决要跳出都会区论都会区，要真正落实好城市多中心的城市空间结构，在人、财、物、交通、公共服务等方面进行相对均衡的空间布配，在外围打造人口和产业分布相一致的次中心，真正形成疏离都会区人口和产业的提升与优化机制。

（一）树立可持续、多目标的综合城市更新理念，构建多方参与的决策与运行机制

1. 建立可持续、多目标的综合城市更新理念

西方城市更新政策演变过程中的经验与教训表明，城市更新的本质不仅仅是旧建筑、旧设施的翻新，不仅仅是一种从城市建设的技术手段，不仅仅是一种以房地产开发为导向的经济行为，它还具有深刻的社会和人文内涵。忽略社区利益、缺乏人文关怀、离散社会脉络的更新改造并不是真正意义上的城市更新。城市更新目标和内容是多元化且具综合性的，必须同时兼顾经济、社会和

环境效益，它不仅仅是单纯地对城市物质环境的改善，更是经济、社会、环境等系统的同时更新。因此，必须树立可持续、多元化的综合城市更新理念，用一种综合的、整体性的观念和行为来解决都会区所面临的各种各样的城市问题，应该致力于在经济、社会、物质环境等各个方面对处于变化中的都会区做出长远的、持续性的优化和提升。

2. 建立能兼顾效率与公平的都会区优化提升决策体系与管治模式

西方城市更新的成功经验表明，一个包容的、开放的决策体系，一个多方参与、凝聚共识的决策过程，既能理解更新社区的真正需求，也能在更新决策主体间，形成政府、开发商权力的制衡，同时增进社区与地方政府之间的信任与社会凝聚力，才能保证更新效率与公平的统一，最终有益于城市更新多维综合目标的实现。因此，在广州都会区优化提升中，必须建立起由政府、开发商和社区居民共同参与的开放性决策体系，建立"自上而下"与"自下而上"相结合的决策模式。在这种决策体系与管治模式中，必须有保证各方意见得以充分表达的渠道和机制来进行保障。为了使各方意见在城市更新中能够综合考虑，要建立面向社区的沟通对话机制、举行听证会、建立和完善复议和申诉制度等，提高社区居民在都会区城市更新项目决策过程中的参与程度。公众参与城市更新不仅体现在对规划方案提出建议方面，而且为防止项目中断或拖延，在项目实施的初期，就应该有社区团体的参与，同时也要看到，在兼顾了效率与公平的新型城市更新模式中，政府的积极作用不容忽视。城市更新涉及多元利益主体，其中最重要的是政府、市场（企业）和公众，三者的利益往往并不一致，但是成功的城市更新必须依靠三者的互相制约和平衡。

3. 建立协调的、合作的都会区优化提升运行机制

都会区优化提升牵涉到六个行政区和两个行政区的部分区域，虽然各区都依据"123"功能布局规划制定了各自的发展战略和建设方案，而且也比较全面。但从全局来看，各区域建设方案之间的衔接与有机联系还十分有限，存在各自从自身角度争项目、争利益的问题。同时，都会区的优化提升仅仅靠区内8个行政区的行动是无法实现的，高端产业集聚、人口疏解、公共服务设施外迁都需要区外地方政府的积极配合。因此，必须在都会区内地方政府之间、都会区与区域外政府之间建立一个有效的协调合作运行机制。以便从更高层次和全局的角度出发，综合考虑区域之间的产业关联、基础设施等公共资源的共享、文化旅游等产业链条的衔接与延伸、人口和公共服务设施的分区域有序外迁，以及与新城区、副中心的产业分工与协调。

另外，都会区优化提升还牵涉到多方利益，除了地方政府与私人企业之外，还有地方社区的根本利益。各方利益冲突也需要建立政府、开发商、社区团体三方利益主体之间的沟通协商机制。广州市政府可以考虑建立一个三方利益主体平等参与的、互动的公共平台。并考虑出台都会区城市改造项目公众参与相关政策，明确规定开发商必须先就开发方案与当地社区居民进行沟通协商，只有取得社区居民的认可后，开发方案才有资格参与都会区城市改造项目招标。

（二）加快推进都会区空间资源整合，优化提升都会区城市公共系统综合服务职能

在都会区的空间资源整合工作中，首先需要准确定位城市公共系统中的薄弱或关键环节，好似中医寻找到"穴位"，继而才能通过城市设计的手法激活这些关键环节，使其能发挥整合空间和链接城市功能的积极作用，然后才能沿着"整合空间资源—改善空间品质—提升服务标准—重塑投资环境—激发城市活力—升级城市功能"的路径，逐步实现都会区功能优化提升的目标。公共开放空间、公共交通、步行交通、地下空间和空中连廊等都是空间资源整合的重要途径。

1. 改造和拓展都会区公共开放空间

在城市公共系统中，公共开放空间直接承载了市民的公共生活，是市民最直接感知的公共服务之一。拓展城市公共开放空间对改善冷漠的人际关系，推动社会秩序的重建具有重要意义。广州城市建设现在已从高速发展期进入了调整期，要利用调整期的机会加快都会区城市公共开放空间的优化，拉大人均城市公共空间拥有量。广州都会区开放空间改造的重点应放在以下四个方面：一是全面推进海珠湿地保护建设；二是加快完善都会区亲水岸线公共空间系统；三是加快完善生态绿色廊道空间系统；四是借鉴巴塞罗那的"城市针灸疗法"，采取小规模渐进式开发模式，改造与拓展都会区内小尺度城市开放

空间。

2. 构建多样化选择的便捷交通系统

一是大力发展集约化交通方式，持续推进公交优先发展政策。加快以轨道交通为主体的公共交通体系建设，大力建设综合性交通枢纽和公交专用道，构建点面结合的交通体系，实现公共交通与枢纽体系协调发展。发展智能交通信息服务，实现公交信号优先。

二是通过对交通空间资源的重新分配，积极改善都会区北部、东部和南部的交通出行环境。在都会区北部，重点优化白云区区域内的道路规划，加快白云三线、白云五线、白云六线、广从路快速化改造等主次规划干道的建设工作，增加区内的东西向轨道交通，形成网络化的综合交通体系。在都会区东部，重点优化琶洲区域的道路规划，加快建设琶洲二级交通枢纽，提升琶洲会展功能区、黄埔开发区与珠三角城市群之间的交通能力。在都会区南部，建设7 条轨道交通线路，加快高速路网和快速路系统建设，建立城市主干道路网体系。同时以国家铁路客运主枢纽广州南站建设为契机，积极推动珠三角城际轨道交通网建设，以快速轨道交通支撑和引导城市发展。

三是积极发展新型公共交通模式，为市民提供多样化的交通出行选择。在能够整合区域交通和休闲旅游观光资源的线路积极发展中运量的公交模式——轻轨电车，将海珠区环岛路、环岛新型轻轨电车公交系统建成集交通、观光、文化功能于一体的低碳出行样板路线。大力发展水上快速客运系统和河涌水道旅游交通系统，形成都会区航道网络布局。

四是加大优化区域慢行交通系统的建设力度，打造舒适宜人的慢行空间。合理利用岭南特色的骑楼街区的交通功能，禁止非法占用人行道，创造优质的步行环境。改善自行车通行条件，发挥自行车短距离出行和接驳公共交通的功能。完善公交枢纽站点与步行、骑自行车出行等慢行交通系统的无缝接驳。积极引导长距离的助动车、自行车出行向公共交通转移，维护交通安全。

3. 构建都会区立体空间资源开发模式

一是构建地下交通、地下商业服务、地下管网等一体化的地下空间复合型开发利用模式。合理的地下空间节点布局，对引导和提升地下空间开发有重要影响。在建设密集的城市都会区方面，政府可掌控的地下空间资源更多地位于主要市政道路和主要公共开放空间地下，这些资源虽然有限，但却是激活和整合市场性地下空间资源的重要媒介。应充分考虑地铁站在地下空间体系中的重要作用，尽量结合地铁站点布置综合开发的地下空间形态。在没有轨道交通经过的区域，则应将大型商业街或广场作为节点，通过与周边地块连通，形成辐射状地下空间形态。

二是有条件地加强空中连廊空间的开发利用。空中连廊空间过去一直被作为建筑和城市简单功能的附属空间，主要起到交通联系的作用，但随着空中连廊在城市局部地区成规模的出现，这种简单功能空间已逐渐展现出交通联系、休息停留、空中景观等复合功能空间的特征，显现出作为城市中独立空间体系和独立空间元素的规模与作用。但要注意的是，空间连廊的发展一般只适合于街块较小、建筑密集的城市区域，像其他很多大街区、低密度的地区、单一功能的区域并不一定适宜发展空中连廊空间。

（三）实施都会区产业高端化发展策略，构建"中央双核、六区环绕"型产业空间格局

1. 建立以高端服务业为主导、以都市型工业为支撑、以都市型农业为有益补充的低碳型现代产业体系

（1）优先发展高端服务业。按照产业发展高端化、集群化方向，依托珠江新城—员村地区、琶洲地区、白鹅潭地区、白云新城、新中轴线南段地区、黄埔临港商务区、越秀核心产业功能提升区、广州南站商务区等现代服务业功能区建设，大力促进金融业、会展业、商务服务、总部经济、现代商贸业、文化创意产业、科技服务业、电子商务和都市休闲旅游等高端要素逐渐向都会区集聚。到2020年，都会区服务业在第一、二、三产业中的比重要超过80%，现代服务业在第三产业中的比重要超过60%。

（2）积极发展都市型工业。积极发展适宜在城市中发展，与居民生活密切相关，可提供较多就业机会，以及能够满足居民消费多元化发展及其升级需要的都市型工业。都市型工业主要依托萝岗东区、萝岗西区、广州国际生物岛、广州国家数字家庭应用示范产业基地、番禺现代产业基地、番禺节能科技园等现有高科技产业基地，重点发展电子信息、生物医药、智能制造、新材料等战略性新兴产业。积极利用高技术手段对传统工业进行改造，鼓励大型工业企业积极发展总部经济，推动工业产业链向高端延伸。但考虑到都会区土地资源的稀缺性和广州市的产业总体布局，都会区新增用地不支持用于发展第二产业。

（3）因地制宜发展都市型农业。都市型农业通常是在发展到一定阶段的城郊型农业的基础上转化发展而来，以绿色、环保为特点的与城市融为一体的新型农业类型，是城郊型农业发展的高级阶段与高级形态。都市型农业已经具有第二、第三产业的特点与功能，对激活都会区城市活力、丰富市民生活、优化城市生态环境、提升城市吸引力等具有重要作用。广州都会区可依托海珠区万亩果园、荔湾区万亩花田、番禺区莲花山世界名花园等林果和花卉资源，将都市农业发展与生态环境保护、都市休闲旅游有机结合起来，因地制宜地发展种植、采摘、加工、销售、体验等全产业链式的都市休闲农业。

2. 构建"中央双核、六区环绕"都会区产业发展空间格局，不断优化都会区产业布局

根据都会区功能组团布局和各区域产业发展基础条件，构建"中央双核、六区环绕"的都会区产业发展空间格局。

（1）"一江两岸，都市双核"型中央商务区。珠江北岸以"珠江新城—员村"、"天河北—环市东—东风路"为核心，南岸以"广州塔—琶洲"为核心，构建双核型中央商务区（CBD）。北核为金融商贸型CBD，重点发展金融保险、现代商贸、总部经济等高端商务服务业；南核为会展创意型CBD，重点发展会展、商务服务、总部经济、文化创意、科技服务等高端服务业。

（2）北部商贸文化产业片区。以白云新城商贸文化功能区、白云湖公园休闲功能区为核心，在白云区所属都会区范围内，重点发展商贸博览、商业服务、生态休闲、体育文化等现代服务产业。将此区域建成面向国际的会展商贸区，面向区域的商业、创意文化区，面向广州的都市休闲区，广州宜居宜业新城区。

（3）西部商贸创意产业片区。充分利用白鹅潭三江汇聚的地理优势，以花地生态城白鹅潭商业中心区、花地河新经济带为核心，重点发展现代商贸、总部经济、花卉产业、时尚创意、技术研发、电子商务和文化旅游等产业，将此区域建成广州西部并辐射珠三角地区的现代商贸中心及创意产业基地，富有

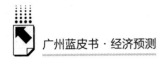

岭南文化特色的旅游名区。

（4）东部高技术产业片区。在天河区北部（天河智慧城）、黄埔区、萝岗区东区和西区、广州国际生物岛所属区域内，依托天河智慧城、广州滨江新城、广州（黄埔）临港商务区和国家电子商务示范基地等重要发展平台，重点发展软件、智能机械、电子信息、生物医药、新材料、电子商务、总部经济等高端产业形态，将此区域打造成为广州先进制造业集聚区和电子商务示范区。

（5）南部创意创新产业片区。在番禺区时尚创意功能组团和时尚休闲及高端服务功能组团范围内，以广州国际创新城、大学城和亚运城为核心，重点发展先进制造业、科技服务业、时尚创意产业、时尚休闲产业等高端产业形态，将此区域建成产学研一体化创意创新产业基地。

（6）南部休闲商务产业片区。在番禺区时尚购物功能组团和时尚生活功能组团范围内，以广州南站、市桥中心区为核心，以番禺大道和地铁3号线为主轴，依托区域内的生态旅游资源和广州南站交通枢纽，重点发展现代商贸、都市休闲、时尚旅游、时尚创意等现代服务业，将此区域建设成为高品质的休闲商务中心。

（四）建立都会区人口综合调控体系和目标管理制度，构建综合性人口疏解模式

从东京、首尔、中国香港、纽约、巴黎等国际大都市人口疏解政策实施效果看，目前比较成功的政策包括：产业转移带动人口转移；快速交通建设扩大人口分布和职业通勤范围；以卫星城、次中心城区的住宅规划吸纳人口；公共资源分配向郊区倾斜，完善配套基础设施；防止低效益的传统第三产业过度膨胀。广州都会区可以根据自身实际情况，借鉴先进城市的成功经验，构建一种综合性的人口疏解模式。

1. 建立都会区人口综合调控体系，协调各区域、各部门利益

人口调控手段涉及各方面的利益关系，各种主体的利益诉求不同，相互不配合。就某一城区来说，在控制人口的过程中必然会损害辖区内的国家机关、事业单位的利益，一个城区单方面的人口疏解政策会遭遇重重阻

力。因此，都会区要有效控制人口，行动主体的步调要一致。这就必须要有一个由利益主体共同组成的权威机构，建议成立都会区人口发展委员会，统一领导协调都会区的人口管理调控工作，来协调各方面的利益，对人口控制做出联合行动。

2. 确定各区域人口控制目标，将人口控制纳入地方政府考核指标

都会区在疏解人口的过程中，需要改变资源要素集中的状况，这必然需要割舍地方利益。那么，疏解人口要顺利进行，就需要改变地方政府的考核机制，至少要在考核指标中增加人口控制的相关指标。根据都会区各区域人口密集程度和城市人口承载能力，常住人口密度最高的越秀区、荔湾区、海珠区和天河区四区为需要进行人口外迁的主要区域，要适度降低人口密度。黄埔区、白云区南部、萝岗区南部和番禺区四个区域为人口规模增大控制区，可允许人口规模适度增大。由此确定各区域每年的人口控制目标，并将其作为一个重要指标纳入地方政府年度考核体系。

3. 大力推动传统批发市场的外迁与转型升级，积极发挥产业政策对人口配置和分布的引导作用

一定的产业结构需要相应的人口结构相匹配，同时又对人口结构产生引导作用。当劳动密集型产业、技术含量低的低端产业在经济结构中占一定比例时，就会吸引大量外来人口就业，引起外来人口规模的增大。因此，要高度重视产业对于人口的引导作用，通过产业结构升级和空间布局优化带动人口结构升级和人口向外围城区的疏解。广州都会区传统商贸业比重过大，尤其是专业批发市场众多，占地面积大，雇用了大量的低端劳动力就业，对经济的贡献却非常小。因此，要限期外迁或关停不具备区域竞争优势、安全隐患大的低端专业市场。同时，加快推进对具有明显区域竞争优势的传统批发市场的改造升级，支持传统批发市场建立电子商务网络交易平台，实现有形市场与无形市场的有机结合，引导传统市场向展贸型市场转型。

4. 加大对"城中村"的改造力度，发挥土地资源对人口分布的作用

广州市"城中村"有 308 平方公里，占了全市低效用地的一半，"城中村"居民超过 700 万人，约占全市常住人口的一半。而广州市"城中村"大部分分布在都会区内。要加快"城中村"改造进程，规范城中村房屋出租制度,改变"城中村"是"为城市流动人口提供廉租房的低收入社区"的定位,逐步消除"城中村"对相关人口政策的稀释作用,在必要区域提高企业用人和人口迁入门槛,在核心城区推行以生活成本控制外来人口无序流入。但在"城中村"改造过程中要避免因改造及规划模式的单一带来规模化的社会排斥,并最终造成居住空间和集聚人口阶层的同质化和弱势群体的边缘化。

5. 疏解中心城区穿城交通,引导都会区人口向新城区和副中心城区迁移

根据"123"功能布局规划,两个新城区和三个副中心是都会区人口疏解的主要承载区,到2020年需承接广州市新增长的480万人口。为了引导都会区人口向新城区和副中心城区迁移,就必须构建都会区与各功能区间的快速联系。向北规划新增和改造8条通道,加强都会区与花都副中心、从化副中心的联系;向东规划新增和改造8条通道,加强都会区与东部山水新城、增城副中心的联系;向南规划新增和改造5条通道,加强都会区与南沙滨海新城的联系。

6. 鼓励教育、医疗等优质公共服务资源外迁,带动都会区人口向外围城区疏散

积极发挥教育、医疗、文化和体育等优质公共资源分配向郊区倾斜在中心城区人口疏散中的积极作用,严格限制都会区优化区域(老城区)新建和扩建大型教育、医疗等大型公共服务设施,鼓励重点中小学、三级医院等单位在都会区完善与培育区域、外围城区的分支机构,引导都会区各类优质公共服务资源向都会区外围、两个新城区、三个副中心覆盖延伸。采取人口疏散与优质公共服务资源外迁捆绑协同推进模式,出台区外定向安置地块供给与都会区优质教育、医疗资源同步配套外迁政策,稳步推进都会区居住、教育和医疗等功能向外转移。

(五)高度重视历史文化传承和文化再生,切实加强城市生态文化的底蕴挖掘与城市品位提升

历史文化遗产和生态文化资源营造出的特有的场所感和认同感构成城市魅力和活力的重要部分。如今文化被认为是一种全球性的财富资源,一种传递财富利益和营造地区精神的方式，并越来越多地作为城市的一种标志、一种符号利用。西方国家在城市更新历程中最大的变革在于从推土机运动到文化再生理念的转变，特别是《华盛顿宪章》所彰显的文化再生理念变革，成为其后各国城市更新和城市文化意象塑造的行动指南。"储存文化、流传文化和创造文化"已被称为城市的三个基本使命。

都会区是广州历史底蕴最深厚和文化资源禀赋最富裕的空间载体，是广州建设"世界文化名城"的核心区域。因此，在进行都会区优化提升过程中，要吸取过去中心城区大规模拆除重建的教训，树立文化再生理念，有效地保护、传承城市文化，并且使之再生，从而激发城市活力，增强城市认同，提升城市品位。

1. 进一步加强历史文化遗产保护利用

重点是完善对历史城区、历史文化街区、骑楼街、文物保护单位及历史建筑的保护，规划建设岭南风貌展示区。要走出单一的博物馆式文化保护模式的误区，突破单纯历史文物保护和历史街区保护的局限，扩展到社区文化氛围的保护上。将旧城更新与岭南风貌的恢复、保护结合起来，营造岭南特色城市风貌，提升空间品质和环境品质，寻求可持续发展意义上的文化传承。历史文化遗产保护利用重点区域为越秀区、荔湾区、天河区、海珠区和黄埔区。其中，要重点依托越秀区、荔湾区、海珠区和黄埔区打造广州历史文化保护利用示范区。主要依托珠江后航道近现代工业遗产资源打造广州工业文化遗产保护利用示范带。

2. 进一步加强森林文化、水文化、花文化等生态文化的挖掘与利用

充分利用广州为全国城乡统筹土地管理制度创新试点城市的政策优势，重点加强"火龙凤"生态休闲区、万亩果园、万亩花田等生态绿地资源的保护与建设。尽快将水系规划纳入广州城市总体规划，进一步加强都会区内密集水系网络的整治力度。围绕"花城、绿城、水城"这个战略目标，加强都会区生态文化建设，建设具有岭南特色的生态城市。重点建设五大生态文化示范区：一是主要依托白云山、火炉山、龙眼洞、凤凰山等生态景观资源，打造北部山水文化示范区；二是重点加强珠江黄金岸线亮点工程建设以及河涌水环境治理，打造中部水文化示范区；三是以海珠生态城为龙头，以湿地一期、二期等重点项目为依托，打造中央湿地文化示范区；四是依托荔湾区"百里河涌、千年花乡、万亩花地"资源优势，全力推进花地生态城建设，打造西部花文化示范区；五是利用番禺区丰富的历史文化和山水资源，建设国家级主题文化生态旅游基地，打造南部山水文化示范区。

（审稿　栾俪云）

新型城市化背景下推进越秀区
产业转型升级研究

广州市越秀区发展和改革局

摘　要：

本文在总结越秀区产业发展现状的基础上，阐述了越秀区产业转型升级的路径、空间布局和发展重点，以及相应的政策保障措施。

关键词：

新型城市化　产业　转型升级

2012年9月，广州市委、市政府做出全面推进新型城市化发展的决定，要求深入贯彻落实科学发展观，坚定不移地推进新型城市化发展，率先转型升级、建设幸福广州。广州建设国家中心城市步伐的不断深入，走新型城市化道路的不断推进，对越秀区进一步加快产业发展，提升产业核心竞争力提出了新的要求。

一　越秀区产业发展现状

（一）越秀区产业发展基础

2013年，越秀区实现地区生产总值2384.71亿元，居广州市各区（县）的第二位，同时，经济密度达到70.55亿元/平方公里，是广州市经济密度（2.07亿元/平方公里）的34倍，居全市各区（县）首位。

1. 产业结构持续优化

在"提升总部"战略带动下，越秀区加快整合辖内优质写字楼资源，环市东 CBD、东风路商务带等一批总部经济集聚区的功能不断提升，总部经济发展环境更加完善。2013 年，越秀区认定的 355 家优质企业实现增加值 1139.18 亿元，增长 10.8%，占全区 GDP 的 47.8%，其中 64 家被认定为 2013 年度市总部企业，占全市总量的 1/4。现代服务业主体地位进一步巩固，2013 年越秀区现代服务业实现增加值 1554.31 亿元，增长 10.6%，占全区地区生产总值的比重达到 65.2%，占第三产业增加值比重达到 66.74%，第三产业内部结构逐渐优化（见图 1）。

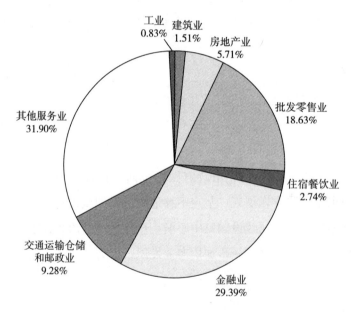

工业 0.83%
建筑业 1.51%
房地产业 5.71%
批发零售业 18.63%
住宿餐饮业 2.74%
金融业 29.39%
交通运输仓储和邮政业 9.28%
其他服务业 31.90%

图 1 2013 年越秀区各行业增加值占地区生产总值的比重

2. 产业集群效应更加凸显

越秀区产业发展形成了从企业集聚向产业集群转变的特色，初步形成了流花地区国际采购产业、环市东—东风路总部和国际商务产业、黄花岗科技（信息）园区创意及网络经济产业、东山口周边区域健康产业、北京路广府文化核心区文化旅游和沿江路金融产业六个现代服务业特色产业集聚区，规模集聚效应逐步显现（见图 2）。

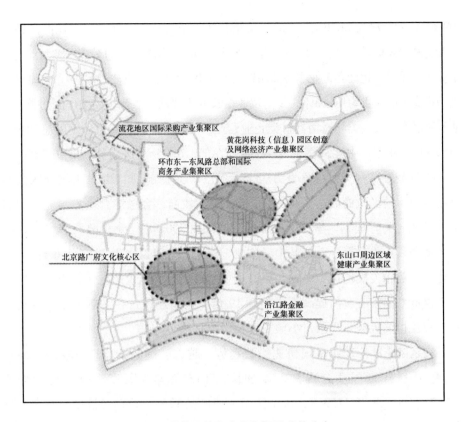

图 2　越秀区特色产业集聚区现状分布

3. 主导产业竞争力不断提升

立足越秀区的核心资源禀赋、产业规模与优势、产业发展重点项目、国内外产业发展的最新趋势，为进一步聚焦越秀区主导产业重点领域，完善产业链，并结合广州市十大关键产业发展重点，2013 年，区委、区政府制定了《越秀区新型城市化产业发展规划》，从越秀区核心产业中明确商贸业、金融业、文化创意产业和健康医疗产业四大主导产业作为未来的重点发展领域，引领带动全市相关产业的发展。四大主导产业持续发挥经济增长稳定器的作用，在全市区位优势明显，集中度较高，具有明显的发展优势和竞争能力。2013年四大主导产业在广州的区位商都大于 1，实现增加值 1598.06 亿元，增长11.8%，拉动经济增长 7.8 个百分点，占地区生产总值的比重为 67.01%。

一是商贸规模企业拉动效应显著。2013 年，越秀区商贸业实现增加值

509.66 亿元，增长 11.2%，拉动经济增长 2.2 个百分点。其中，实现商品销售总额 7992.88 亿元，增长 22.9%，增速比上年同期下降 4.1 个百分点。商贸业龙头企业实力雄厚，超亿元企业实现商品销售额 5119.95 亿元，增长 30.7%，占全区商品销售总额的比重为 64.06%，是商贸业增长的主要动力。化妆品类、医药类、石油及制品类、服装类和通信器材类企业营业情况较好。区内经市认定的总部企业（越秀区共 64 家）中有 35 家属龙头型商贸总部，在全市各区（县）中位列第一。

二是金融综合实力与竞争力居全市各区（县）前列。2013 年越秀区金融业在广州市的区位商高达 3.9，在全市集中度较高，金融综合实力与竞争力居全市各区（县）前列。全区金融业实现增加值 700.98 亿元，增长 15.6%，拉动经济增长 4.4 个百分点，其中，广州金融街二期建设已于 2013 年 6 月完成，入驻金融及相关机构达 102 家，累计贷款超百亿元，纳税超亿元，土地利用率和税收贡献率较改造前提高近 2 倍和 19 倍。三期建设正在编制方案，计划入驻金融及相关机构 200 家，小额贷款公司 100 家。

三是健康医疗产业呈现快速增长趋势。越秀区健康医疗产业规模不断扩大，优质医疗资源整合提升力度加快，2013 年健康医疗产业实现增加值 217.54 亿元，增长 11.3%，占全区增加值的 9.12%，拉动经济增长 0.8 个百分点；实现营业收入 561.43 亿元，同比增长 14.8%，其中，医药领域增速最大，同比增长 24.5%；医药领域规模最大，实现销售额 279.65 亿元；广东省人民医院、中山大学附属肿瘤医院、中山大学附属第一医院等三家医疗领域核心医院共实现营业收入 70.34 亿元，同比增长 11.9%，占广州健康医疗中心医疗领域营业收入的 56.80%。广州健康医疗中心成为健康产业发展的重要平台。

四是文化创意项目稳步推进。通过文化资源整合与载体建设，坚持以中央文化商务区建设为抓手，精心规划实施文化有脉、商业有魂、旅游有景、品牌有名的文商旅融合项目，全区的"三个重大突破"项目超过 60% 与文化产业相关。2013 年，文化产业实现增加值 169.88 亿元，增长 9.0%，拉动经济增长 0.4 个百分点。

（二）越秀区产业发展存在的问题

虽然越秀区产业转型升级发展取得了一定进步，但对照新型城市化发展的要求，产业转型升级存在明显的问题。

一是越秀区百货业和住宿业表现低迷。受天河区、番禺区、白云区等新商圈分流消费、电子商务的迅猛发展和中央"八项规定"造成公务消费骤减等因素影响，辖区内百货销售和住宿业与前几年相比均呈一定程度的下降。

二是投资持续快速发展能力有待增强。受区域发展空间饱和和规模企业的外迁势头仍未得到有效遏制等不利因素影响，越秀区新增的投资项目数量不多，且投资额小，投资发展后劲不足。

三是优质企业外迁持续。地税局反映，2013 年全区外迁 53 家重点企业，涉及税收基数 6.4 亿元，其中省级收入 1.5 亿元，区级收入 1.2 亿元，高于历年外迁规模。对此，下一阶段，越秀区要采取有力措施加快产业转型升级，全面提升城区核心竞争力、文化软实力和综合影响力，增强可持续发展后劲。

二 推进越秀区产业转型升级的下一步思路

按照广州市走新型城市化发展道路对越秀区的要求，越秀区全面实施新型城市化发展的总体部署，必须以加快发展促转型为主线，以全面推进"三个重大突破"为抓手，以实施优化提升都会区功能布局规划为契机，以产业政策体系为纲领。

（一）产业升级转型路径

紧紧抓住产业的价值链高端环节，着力构建以总部经济为龙头，以四大主导产业为主体的越秀区特色产业体系，提升产业核心竞争力。进一步提高越秀区商贸业参与国际竞争、推动全市加快国际商贸中心建设步伐的能力；通过支持广州民间金融街等重点项目做大做强，进一步带动越秀区金融业的发展；围绕广州建设世界文化名城、新岭南文化中心的目标，积极发展文化创意产业，引领带动全区经济发展。依托广州健康医疗中心等重点项目，进一步强化越秀区健康医疗产业在全市的核心地位（见表 1）。

表1 越秀区主导产业转型升级发展方向

主导产业	产业发展方向
商贸业	电子商务、时尚休闲购物、现代交易平台、特色餐饮
金融业	国有金融、民间金融、产业金融、产权交易
健康医疗产业	健康管理服务、保健品、健康照护、数字医疗、药品交易所
文化创意产业	新闻出版、信息媒体、动漫网游、设计服务外包、版权交易、文化旅游

（二）产业空间布局

根据区域资源特色，进一步优化产业结构，科学谋划、统筹建设"一核五区"的产业发展格局。"一核"是指北京路文化核心区；"五区"是指环市东智力总部区、流花时尚品牌运营区、黄花岗科技园创意及网络经济区、东山口健康医疗区、沿江路金融商务区（见图3）。

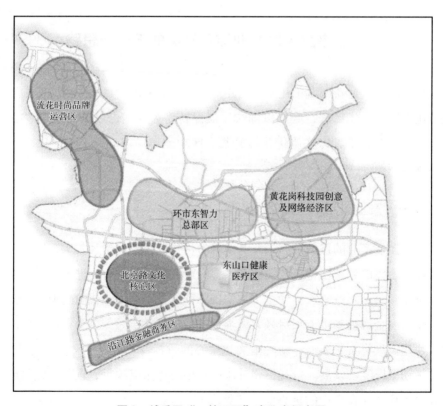

图3 越秀区"一核五区"产业空间布局

1. 北京路文化核心区

北京路文化核心区东起东濠涌（临至二沙岛），西至人民路，北接环市路，南到沿江路，总面积约 11 平方公里。重点发展文化创意产业、金融业、商贸业、旅游业。按照广州市打造广府文化核心区和规划建设历史文化功能区的要求，以广东省非物质文化遗产馆暨书院街复建为重点，以文德路文化街及周边历史文化街区复兴为支撑，依托广州民间金融街项目，推动民间金融机构的集聚，重点发展现代文化、金融、商贸、旅游等现代服务业，进一步实现对广州市文化引领功能的提升，形成以"广州原点，都市之心，千年商都"为标志的国家中心城市文化核心区，发挥中心城区强大的文化凝聚力。

2. 环市东智力总部区

重点发展总部经济、财务服务、法律服务、市场调查、咨询服务、投资与资产管理服务、高端人力资源服务。以环市东国际中央商务区为核心，重点发展知识密集型服务业，同时巩固提升环市东商圈作为广州核心商务区和高端消费区的优势与地位，强化环市东智力总部区的服务功能。通过大力发展公共交通、城中村改造、文化保护建筑功能置换，打造集聚高端总部的生态人文型CBD。

3. 流花时尚品牌运营区

重点发展时尚展贸、服装设计、电子商务等产业。以广州国际服装展贸中心项目的建设为契机，加快专业市场信息化、高端化改造，依托该地专业市场群长期以来积累的集聚资源，重点发展国际采购、高端展贸，培育特色商贸行业总部，鼓励品牌自主创新，通过对各市场采取"企业化＋电子商务"的方式提升改造，积极借助中国流花国际服装节等载体，扩大国际影响力，建设成为国内外时尚品牌的展示、贸易、营销、电子商务、运营管理中心。

4. 黄花岗科技园创意及网络经济区

重点发展物联网、云计算和互联网服务、数字内容、动漫游戏。依托中国科学院广州分院的科研力量和国家高新技术园区黄花岗科技园成熟的管理架构，拓展创意及信息服务业发展载体，完善公共服务平台建设，加强优质企业集聚力度，打造高端化、国际化的黄花岗创意及信息技术区，促使越秀区北部、东部逐渐与天河北对接发展，实现广州中央商务区由目前的"L"型向一

体化的"Z"型空间格局转变。

5. 东山口健康医疗区

重点发展医疗卫生、生物医药产业。优化以东山口片区为核心的全市优质医疗卫生资源，建立资源共享、高效协作的医疗平台，提升城市医疗服务功能，打造具有全国示范带动作用的健康医疗服务示范区。

(三)产业转型升级发展重点

1. 坚持总部经济发展

一是打造华南地区总部经济聚集地。落实市、区加快发展总部经济的有关政策，充分发挥越秀区文化中心、商贸中心、服务中心的资源优势，针对越秀区现代服务业发展方向开展招商引资，重点吸引世界500强企业和中国500强企业总部落户。做强批发零售贸易业总部经济，巩固金融业总部经济优势地位，积极培育信息技术及研发总部经济，大力发展商务服务和创意产业的总部经济，建设华南地区总部经济聚集地及现代服务业核心功能区。

二是拓展总部经济发展载体。通过"三旧"改造、传统批发业改造、盘活闲置用地和烂尾楼，规划建设一批高档商务楼宇，有效释放土地价值与完善城市功能，推动总部空间扩容，对友谊大厦、南方铁道大厦等重点楼宇进行改造升级，新增一批总部楼宇，增强楼宇物业管理服务水平，最大限度地扩充总部经济发展的承载空间。革新传统办公模式，推进主题总部大厦建设，打造花园式办公环境，提高对国际和国内知名企业在本区域设立企业总部的吸引力。

三是持续优化总部经济发展软环境。进一步完善和落实扶持总部经济发展的政策与服务措施。加大对发展总部经济政策的有效宣传，扩大政策影响力。探索实施优质服务再升级工程，加强与总部企业的沟通，简化总部企业行政审批手续与程序，完善总部服务机制，有机集成政府部门、街道和社会专业机构等服务资源，打造"总部企业综合服务平台"，保持总部企业绿色通道服务的畅通，为总部企业高层人员的工作和生活提供便捷服务，增强总部企业的根植性和归属感。

四是全力推进平台经济建设。加快广州健康医疗中心、广州民间金融街、黄花岗科技园创意及网络经济区、北京路文化核心区和广州移动互联网（越秀）产业园等平台建设。争取广东省药品交易中心、珠宝玉石交易中心、国家版权交易基地等重大交易平台尽快落户。依托久邦数码、珠江移动等平台类行业龙头企业，进一步推进物联网和云计算应用体验示范基地建设。

2. 打造楼宇经济引领区

一是加快推进楼宇经济多元化发展。加快楼宇资源整合，将城市建设与产业项目有机融合，引导和培育一批"金融特色楼"、"中介服务特色楼"、"文化创意特色楼"、"外贸特色楼"和"电子商务特色楼"等"特色经济楼"和"亿元楼"，实现都市型楼宇经济聚集发展。同时，正确处理好政府、中介、业主和物业的参与角色和责任定位，实现多方联动。

二是加强楼宇服务精细化管理。在全区各街道设立楼宇服务窗口，实行一门受理、限期办结，为企业落户提供更优质的"一站式"服务。定期联系走访楼宇企业，协调解决在楼宇规划、楼宇建设、招商引资等方面遇到的各类困难。加强停车设施改造与整治，解决商务楼宇的停车问题，着力解决静态交通压力，加大楼宇周边环境整治和道路两侧立面整洁力度，营造舒适的商务环境。

3. 加快传统产业转型升级

一是进一步改造提升传统消费商圈。在流花地区重点建设吸引国际采购、高端展贸服务业集聚的时尚品牌展示、贸易、营销、电子商务及运营管理中心，在北京路步行街、中华广场、农林下路等区域重点建设集旅游、休闲、娱乐、购物于一体的特色商贸旅游街区，围绕环市东智力总部区重点建设高端消费品服务区。鼓励重点商贸区域引入高端消费品牌，发展行业总部、品牌总经销、总代理等高端业态，着力打造高端商贸业、新兴消费业和特色文化休闲产业发展平台。

二是加快商贸业转型升级。以重点企业的供应链和价值链为核心，重点突破电子商务在金融业务、即时支付、电子订购、便捷购物等商务领域的应用。发展药品、贵金属等商品电子交易平台，促进贸易要素市场向专业电子商务营运中心转型，打造服务全国、面向国际的电子商务高端服务平台，争创国家电子商务示范基地。大力发展主题商城、体验店、目录商店等新型业态，促进新型业态与本地消费需求融合，以大型购物商场为抓手，优化多层次商圈体系，打造购物天堂。以广州本地美食为依托，结合中西特色，强化菜品创新，倡导营养健康消费、绿色消费。强化企业品牌意识，加快规模扩张，推动"老字号"餐饮企业的振兴发展。引导支持社会力量发展传统技艺、地方美食、非物质文化遗产，建设惠福美食花街二期，打造主题式的美食体验。加快餐饮业与旅游业的互动发展，推动美食街区的发展，打造美食之都。

三是全面加快专业市场升级改造。采取有效措施鼓励引导市场经营模式的转型，促进现有专业市场向交易品牌集聚化、交易方式电子化、市场服务一体化、统一结算和统一管理的现代展贸型专业市场和研发设计创新中心转变。采取控制发展的策略，淘汰一批规模小、档次低、业态落后的小商户和小批发市场，释放发展空间。发挥越秀区流花服装市场集群、永福路汽配市场集群、一德路海味干果市场集群、海印电器市场集群、矿泉外贸市场集群等专业市场的规模优势，每年选取 2~3 个专业市场集聚区，结合各专业市场集群自身发展特点和行业实际需求，与行业商会联手打造以传统商贸业转型发展为特点的专业市场电子商务集聚区，实现"线上市场"和"线下市场"的良性互动。强化专业市场功能创新，发展电子商务、现代物流、会展经济，推动流花服装、海印电器、一德路海味干果等商圈向国际采购中心、时尚展示中心和展贸型电子交易平台升级发展。鼓励专业市场集群发布原材料指数、价格指数和交易指数，丰富市场内涵，提升专业市场的行业影响力。

4. 促进现代服务业向高端发展

依托周边发达的工业体系和研发需求，借助区内丰富的科研资源和完善配套的公共服务环境，大力发展具有高增加值的金融、文化、创意、设计等生产性服务业，重点发展咨询、会计、审计、评估、认证以及服务外包、电子商务等知识型新兴商务服务业，积极发展教育信息技术、教育培训、社区教育、国际教育、职业教育等公共服务业。继续推进广州民间金融街二期等一批现代服务业集聚区的建设，通过发展以民间金融为代表的各类服务产业，使越秀区成为广州建设国家服务业中心的有力支撑。

一是着重多层次发展金融业。重点发展银行、保险、投资咨询、资产评估、产权交易、风险投资、债券、期货等行业。依托良好的沿江景观和休闲氛围，吸引国内外金融机构到越秀区设立总部或分支机构。以广州民间金融街建设为契机，支持融资担保机构、小额贷款机构等民间金融机构的发展壮大，做大做强民间融资产业，形成民间融资"广州价格"，同时解决商贸业企业融资难问题。重点吸引私募基金、风险投资、信托、担保等新型金融企业或机构集聚，加快期货、产权等金融要素市场建设，大力发展以绿色金融、文化金融和消费金融为核心的产业金融。以广州产权交易所为依托，重点开展大宗商品的期货期权交易，丰富金融融资手段，为市场提供良好的风险避风港。

二是全力加快文化创意产业发展。把握广东建设文化强省和广州培育世界文化名城、打造新岭南文化中心的机遇，做大做强新闻出版业、广播影视业、演艺娱乐业等文化支柱产业；积极发展数字出版、网络出版、手机出版等战略性新兴新闻出版业态；按照"政府引导、市场运作、扶优扶强、集群发展"模式，以园区为依托、创意为核心、科技为支撑、产业化为方向，大力培育创意产业，将越秀区发展成为广州市文化创意产业的核心区和华南地区的文化创意产业聚集中心、文化创意产业展示交流中心、文化创意产业辐射中心和文化创意生活消费中心，打响"创意越秀"品牌；鼓励和培育网络游戏、网上书店、网络购物等网络文化消费新模式，拓展艺术培训、文化旅游、休闲娱乐等与文化相结合的服务性消费，提高文化消费在居民日常消费中的比重。

5. 推动战略性新兴产业快速发展

实施"创新驱动，率先转型，升级发展"战略，促进高端产业、高端要素、高端人才的"三高"聚集，推动以健康医疗产业、科技金融、信息服务业等为主导的战略性新兴产业健康持续发展，产业规模不断扩大，为越秀区加快转型升级、建设幸福越秀增添新动力。

一是提高自主创新能力。设立区工程技术研究中心专项，支持建立实验室和工程技术研究开发中心。设立区创新型企业建设专项，加大对企业自主创新的引导和支持。抓紧建设省产学研合作中心和产学研公共服务平台，为企业争取更多科技资源。依托"千人计划"南方创业服务中心，引进高端专业创新人才。

二是大力引导健康医疗产业做大做强。依托越秀区丰富的医疗资源，大力发展中医药保健健康咨询服务、营养保健指导、健身美容等非医疗性健康管理服务产业，构建健康服务体系。充分利用黄花岗科技园的科研力量，加强与广州各大医院的合作，发展医疗电子化技术研发科技产业，构建数字医疗研发平台和数字医疗总部经济，推进重大和关键技术研发突破，打造一批数字科技孵化基地。

三是大力发展科技金融。在黄花岗科技园建设科技金融大厦，组建中小企业科技金融投资基金，推动天使基金、创业投资资金等相关科技金融机构入驻，争取新三板业务受理窗口落户园区，利用资本市场支持创新型企业做大做强，辐射带动发展科技金融，为科技企业与金融、风险投资机构对接项目牵线搭桥，促进高新技术产业、创意产业与金融业互动发展。

四是广告创意产业发展。加快东风东广告创意产业基地建设，扶持广告创意企业，加强广告科技研发，加速科技成果转化，提高运用新设备、新技术、新材料、新媒体的水平。促进数字、网络等新技术在广告服务领域的应用。鼓励环保型、节能型广告材料的推广使用。支持广告创意产业专用硬件和软件的研发，促进广告创意产业优化升级。实施扶持企业上市专项，辅导和支持一批高新科技企业上市。联合社会力量共建新兴产业研究院，聘请一批高层次专家为广告创意产业学科理论的研究发展出谋献策。

三 推进越秀区产业转型升级的保障措施

（一）全面提升政务服务水平

认真进一步落实区领导挂点重点企业制度，通过上门服务、集中服务、个别服务等"暖企行动"，继续积极主动为企业送温暖、送服务，切实解决企业发展中的融资难、用工难、用电难等问题，扩宽企业诉求渠道，继续发挥企业人士参与政治生活和社会事务的作用，继续完善和创新政府服务企业方式。

（二）完善商事登记制度

在越秀区商事登记管理信息平台完成建设的基础上，加快组建对外咨询机构，加强改革内容和办事指南等信息的宣传普及。进一步完善越秀区网上办事大厅，整合商事登记、网上办事、投资审批等平台，实现一体化的网上办事大厅。加强对商事登记各环节的效能监察，进一步完善商事主体信息平台。针对窗口工作人员和技术人员，不断做好岗位技能、专业技术等培训工作。

（三）积极谋划招商稳商

建立和完善招商联络机制，发挥好中国流花国际服装节、中国国际漫画节、华语动漫"金龙奖"等国际性重大活动平台的宣传和招商功能。通过贯彻落实《越秀区街道经济发展考核方案》，充分激活街道力量，提高公共服务效率，依托区政务服务中心和企业服务中心，完善统筹服务机制，创新招商方式方法，建立规模以上企业、重大投资项目绿色通道制度，重点做好大型外资项目的服务，建立招商引资的服务跟踪机制，对重大投资项目等实行贴身服务和个性化服务、代办代跑行政审批业务，集中精力服务于高税源重点企业，进一步完善越秀区税源服务工作，提高协税护税效率。强化物业租赁动态管理，高度关注重点企业租约期限，共享税源企业工商税务信息，有针对性地做好安商留商工作。完善部门、街道与物业的联动机制，切实抓好二次招商工作，提高入驻企业行业集聚度。

（四）保障产业用地需求

抓紧推进"三规合一"工作，实现"一张图"整合，为产业布局、指标落地奠定基础。在符合规划的前提下，对重点产业项目和重大基础设施，优先保障用地指标、优先报批、优先供地。大力推进"三旧改造"和闲置土地处理，释放土地存量，促进土地节约集约高效利用，将更多地块用于公共设施和安置房项目。鼓励地下空间开发建设，在建设期内减免或缓缴地铁走廊、接口、人防、土地出让金等费用。根据重大平台发展规划功能和产业布局，优化调整物业使用功能。

（五）健全人才培养机制

采取政府主导原则，加大政策倾斜力度，安排专项资金，做好人才培养和储备计划。健全创新创业人才引进培养政策体系，做好人才培养和储备计划，深化绿色通道和"一对一"贴身服务，吸引更多人才集聚越秀创业。重点引进一批具有较高专业造诣的高级专家顾问，一批具有先进管理理念和丰富市场运作经验的企业家团队，一批拥有自主创新能力和前沿科研成果的创新型人才。积极构建经济发展与扩大就业、扶持创业与增加就业、产业转型与素质提升相互促进的创业就业导向机制。完善面向区内全体劳动者的动态跟踪服务系统，促进人力资源合理流动和有效配置。

（六）继续优化交通组织体系

加快落实《辖区交通专项规划及商圈交通改善方案》，加强市区相关职能部门的沟通和协调力度，努力改善总部企业周边交通停车环境。继续通过开展路内联合审批，挖掘立体停车位、规范小区停车场等多种措施缓解停车难问题。继续做好一德路等专业市场区域的交通秩序改善、金融街三期建设交通停车保障、北京路老字号一条街交通保障、东山口健康医疗中心、流花地区交通综合枢纽中心建设等相关工作。

（审稿　闵飞）

B.6

广州市经济发展结构分析

广州市统计局课题组*

摘 要： 为了更好地反映广州市经济发展情况，本文通过对广州市产业结构、用电结构、效益结构和投资结构进行分析，为广州市实现产业结构调整、加快发展促转型提供参考。

关键词： 广州 经济发展 结构

一 产业结构分析

广州市第三产业增加值占地区生产总值（GDP）的比重从 1998 年首次超过 50% 之后稳步提高，第三产业对 GDP 增长的贡献率从 2007 年开始保持在 60% 以上。2012 年，广州市第三产业增加值占 GDP 的比重为 63.6%，比重在全国各大中城市中仅次于北京排在第二位。

2013 年上半年，广州实现地区生产总值 7052 亿元，三次产业增加值占 GDP 的比重分别为 1.4%、34.8% 和 63.8%，与上年同期相比，第三产业增加值占 GDP 的比重同比提升了 2.1 个百分点，表明广州市产业结构调整取得了明显成效（见表 1）。

---

* 课题组组长：郭志勇；副组长：吴永红、李华、黄平湘、沈妙芬；成员：罗志雄、冯俊、欧小平、陈幸华、肖兴文、陈电雄、郑振威、方越峦、陈婉清、莫广礼、杨俊辉、肖鹏、杨志勇、杨晓峰。

表1　1998～2012年广州市三次产业结构情况

单位：%

年份	产业结构			三次产业对GDP增长的贡献率		
	第一产业	第二产业	第三产业	第一产业	第二产业	第三产业
1998	4.7	43.3	52.0	1.2	51.1	47.7
1999	4.4	43.5	52.1	2.9	62.3	34.8
2000	3.8	41.0	55.2	0.5	49.7	49.8
2001	3.4	39.2	57.4	0.7	35.0	64.3
2002	3.2	37.8	59.0	2.5	37.8	59.7
2003	2.9	39.5	57.6	1.0	56.7	42.3
2004	2.6	40.2	57.2	1.1	48.3	50.6
2005	2.5	39.7	57.8	1.2	43.2	55.6
2006	2.1	40.1	57.8	-0.7	43.9	56.8
2007	2.1	39.6	58.3	0.4	36.4	63.2
2008	2.0	39.0	59.0	0.4	35.1	64.5
2009	1.9	37.3	60.8	0.5	31.4	68.1
2010	1.8	37.2	61.0	0.4	38.1	61.5
2011	1.6	36.9	61.5	0.5	38.6	60.9
2012	1.6	34.8	63.6	0.5	30.2	69.3

（一）从工业行业结构来看，汽车制造业、计算机、通信和其他电子设备制造业、化学原料及化学制品制造业实现工业总产值占比均超10%

从各行业占全市规模以上工业的比重来看，汽车制造业居首位，2013年上半年其占全市规模以上工业总产值的比重为18.3%。排名前5位的行业还有计算机、通信和其他电子设备制造业（12.5%），化学原料及化学制品制造业（10.0%），电力、热力生产和供应业（6.0%），电气机械及器材制造业（5.4%）。这5个行业合计实现工业总产值4174.17亿元，占全市规模以上总产值的52.2%。5个行业的发展趋势在很大程度上决定了广州市规模以上工业生产增速的走势（见表2）。

表2　2013年上半年全市规模以上工业总产值比重前10位的行业

单位：亿元，%

行　业	工业总产值	比重	排名
汽车制造业	1459.77	18.3	1
计算机、通信和其他电子设备制造业	998.99	12.5	2
化学原料和化学制品制造业	799.62	10.0	3
电力、热力生产和供应业	483.13	6.0	4
电气机械及器材制造业	432.66	5.4	5
石油加工、炼焦及核燃料加工业	337.72	4.2	6
通用设备制造业	318.08	4.0	7
黑色金属冶炼及压延加工业	295.07	3.7	8
铁路、船舶、航空航天和其他运输设备制造业	250.44	3.1	9
农副食品加工业	225.50	2.8	10

（二）从几个产业划分来看，高技术制造业占比稳步提升，先进制造业、重大装备制造业保持一定规模

2013年，受汽车制造业负增长的影响，三大支柱产业持续低位运行，上半年实现工业总产值3659.67亿元，同比增长4.5%，增速低于全市规模以上工业7.1个百分点。从比重来看，2013年上半年三大支柱产业实现工业总产值占全市规模以上工业总产值的45.8%，与近几年的比重相比，呈小幅下降。从三大支柱产业对全市工业增长的拉动作用来看，上半年，三大支柱产业对全市规模以上工业增长的贡献率为14.9%，比上年同期大幅降低71.2个百分点，成为拉低全市工业生产增速的主要因素（见表3）。

表3　2009年以来各大产业占规模以上工业总产值比重变化

单位：%

产　业	2009年	2010年	2011年	2012年	2013年上半年
三大支柱产业	46.5	48.0	48.2	46.8	45.8
高技术制造业	13.1	13.9	14.1	14.2	14.8
先进制造业	60.1	61.4	61.0	60.4	60.1
重大装备制造业	20.8	21.5	21.4	22.1	21.9

注：各产业间有重复计算。

从 2013 年上半年情况看，高技术制造业实现工业总产值 970.34 亿元，同比增长 23.7%，仍然保持高速增长；占全市规模以上工业总产值的比重为 14.8%，比上年同期提高 1.0 个百分点，比 2012 年全年提高 0.6 个百分点。2009 年以来高技术制造业比重呈稳步上升态势。

2013 年上半年，先进制造业实现工业总产值 4804.30 亿元，同比增长 8.6%，占全市规模以上工业总产值的比重为 60.1%，比上年同期下降 3.6 个百分点，比 2012 年全年小幅下降 0.3 个百分点。但从近年来广州市先进制造业的比重变化来看，变化较小。

2013 年上半年，重大装备制造业实现工业总产值 1751.67 亿元，同比增长 15.2%，比全市规模以上工业增速高 3.6 个百分点，所占比重与上年同期基本持平。

（三）第三产业中五大行业增加值合计占比近七成，对第三产业增加值增长的贡献率近八成

从占第三产业增加值比重来看，2012 年，占比最大的行业为批发和零售业，其占比达 22.01%；其次为租赁和商务服务业（12.63%）、房地产业（11.87%）、金融业（11.27%）和交通运输、仓储和邮政业（10.80%）。该五大行业合计占第三产业增加值的比重达 68.58%。2013 年上半年，批发和零售业增加值占第三产业增加值的比重虽有所回落，但仍保持超 1/5（20.09%）的份额。

2012 年，广州市第三产业增加值增速为 12.0%，比全市 GDP 增速高出 1.5 个百分点。其中，对第三产业增加值增长贡献率最大的行业为批发和零售业（29.94%），其次为交通运输、仓储和邮政业（16.99%），房地产业（13.83%），金融业（10.46%），租赁和商务服务业（7.62%）。以上五大行业对第三产业增加值增长的贡献率达 78.84%（见表 4）。2013 年上半年，批发和零售业增加值对第三产业增加值增长的贡献率仍超 1/4（25.92%）（见表 5）。

表4 2012 年广州市第三产业增加值构成

单位：亿元，%

行　　业	总量	占第三产业增加值比重	对第三产业增长贡献率
第三产业	8616.79	100.00	100.00
交通运输、仓储和邮政业	930.59	10.80	16.99
信息传输、计算机服务和软件业	519.16	6.03	6.24
批发和零售业	1896.83	22.01	29.94
住宿和餐饮业	383.74	4.45	1.82
金融业	971.27	11.27	10.46
房地产业	1022.55	11.87	13.83
租赁和商务服务业	1088.56	12.63	7.62
科学研究、技术服务和地质勘查业	288.00	3.34	2.82
水利、环境和公共设施管理业	73.45	0.85	-0.23
居民服务和其他服务业	128.08	1.49	-1.73
教育	434.42	5.04	5.68
卫生、社会保障和社会福利业	316.11	3.67	4.28
文化、体育和娱乐业	225.99	2.62	1.73
国家、政党机关和社会团体	338.04	3.92	0.58

表5 2013 年上半年广州市第三产业增加值构成情况

单位：亿元，%

行　　业	总量	占第三产业增加值比重	对第三产业增长贡献率
第三产业	4502.69	100.00	100.00
交通运输、仓储和邮政业	442.68	9.83	6.21
批发和零售业	904.39	20.09	25.92
住宿和餐饮业	181.89	4.04	2.30
金融业	518.55	11.52	10.01
房地产业	547.76	12.17	19.13
其他服务业	1907.43	42.36	36.43

注：季度 GDP 行业分组只能分到主要行业，无法细分到小行业。

二 用电结构分析

2012 年，三次产业用电量占全社会用电量的比重分别为 0.82%、52.85% 和 25.85%（另外，城乡居民用电量占比为 20.48%），其中工业用电量占比为 51.71%。2013 年上半年，三次产业用电量占比分别为 0.75%、56.74% 和 24.71%（另外，城乡居民用电量占比为 17.80%），其中工业用电量占比为 55.65%。工业用电仍是广州市目前电力消费的主体，其增长变化情况将显著影响广州电力消费总量变化。

（一）从工业行业用电结构来看：燃气生产和供应业、废弃资源综合利用业、烟草制品业、汽车制造业以及通用设备制造业单位用电产出较高

2012 年广州市规模以上工业每消耗一万千瓦时电可带来产值 48.71 万元，其中单位用电产出居前五位的行业为燃气生产和供应业（597.35 万元）、废弃资源综合利用业（539.63 万元）、烟草制品业（220.36 万元）、汽车制造业（129.84 万元）以及通用设备制造业（111.07 万元），以上五行业合计实现工业总产值 3669.44 亿元，占规模以上工业企业总产值的 24.7%（见表 6）。

表 6　2012 年广州市单位用电产出居前 10 位的工业行业

行　　　业	工业总产值(亿元)	单位用电产出(万元)
燃气生产和供应业	157.10	597.35
废弃资源综合利用业	54.60	539.63
烟草制品业	176.95	220.36
汽车制造业	2721.29	129.84
通用设备制造业	559.50	111.07
农副食品加工业	432.48	103.33
食品制造业	421.50	84.28
计算机、通信和其他电子设备制造业	1783.90	77.98
铁路、船舶、航空航天和其他运输设备制造业	531.60	74.92
化学原料和化学制品制造业	1585.47	74.53

（二）从第三产业内部用电结构来看，金融业、批发和零售业、科学研究和技术服务业、房地产业单位用电产出较高

2012 年，全市第三产业用电量合计 179.46 亿千瓦时。用电量占第三产业比重前 4 位的分别是：租赁和商务服务业、居民服务和其他服务业（29.38%），交通运输、仓储和邮政业（12.48%），房地产业（9.12%），批发和零售业（9.08%），四项合计占第三产业用电量的 60.06%。金融业，科学研究和技术服务业，文化、体育和娱乐业占第三产业用电量的比重较小，分别为 1.47%、1.62% 和 2.32%。

从每消耗一万千瓦时电带来增加值（现价）情况看，2012 年单位用电产出水平较高的行业分别是：金融业（368.46 万元）、批发和零售业（116.40 万元）、科学研究和技术服务业（99.27 万元）、房地产业（62.48 万元）。"水利、环境和公共设施管理业"及"公共管理、社会保障和社会组织"两个行业的每消耗一万千瓦时电带来的增加值较低，分别为第三产业单位用电产出平均水平的 20.7% 和 54.6%（见表7）。

表7　2012 年广州市第三产业单位用电产出情况

行　业	用电量(亿千瓦时)	占比(%)	单位用电产出(万元)
第三产业	179.46	100.00	48.02
批发和零售业	16.30	9.08	116.40
交通运输、仓储和邮政业	22.39	12.48	41.56
住宿和餐饮业	13.29	7.40	28.88
信息传输、软件和信息技术服务业	9.73	5.42	53.36
金融业	2.64	1.47	368.46
房地产业	16.37	9.12	62.48
租赁和商务服务业、居民服务和其他服务业	52.72	29.38	20.65
科学研究和技术服务业	2.90	1.62	99.27
水利、环境和公共设施管理业	7.38	4.11	9.95
教　育	9.87	5.50	44.02
卫生和社会工作	8.81	4.91	35.89
文化、体育和娱乐业	4.16	2.32	54.31
公共管理、社会保障和社会组织	12.90	7.19	26.20

三　效益结构分析

（一）从工业效益来看：食品制造业、医药制造业、烟草制品业、化学原料和化学制品制造业以及汽车制造业产值利润率较高

2012 年广州市规模以上工业行业每万元产值利润为 556 元。其中，每万元产值利润居前五位的行业为食品制造业（1578 元）、医药制造业（1208元）、化学原料和化学制品制造业（1101 元）、烟草制品业（1073 元）以及汽车制造业（1072 元），合计实现工业总产值 5106.41 亿元，占规模以上工业总产值的 34.4%（见表 8）。

表 8　2012 年单位产值利润率居前 10 位的工业行业

行业名称	工业总产值(亿元)	利润总额(亿元)	每万元产值利润(元)
食品制造业	421.50	66.52	1578
医药制造业	201.20	24.30	1208
化学原料和化学制品制造业	1585.47	174.48	1101
烟草制品业	176.95	18.99	1073
汽车制造业	2721.29	291.62	1072
仪器仪表制造业	64.91	6.54	1007
家具制造业	102.44	6.85	669
电力、热力生产和供应业	1045.09	68.42	655
文教、工美、体育和娱乐用品制造业	208.76	12.69	608
木材加工和木、竹、藤、棕、草制品业	25.08	1.48	591
食品制造业	421.50	66.52	1578

（二）从服务业效益来看：现代服务业劳动效率高、税收贡献率较高，传统服务业效益稳定、提升空间较大

1. 现代服务业劳动效率高、税收贡献率较高

2012 年，广州现代服务业中的信息传输、计算机服务和软件业、金融业、房地产业、商务服务业合计实现增加值占第三产业增加值的比重为 41.8%。以上四个行业的平均人均劳动生产率为 58.0 万元/人，比上年提高 8.4 万元/

人，劳动效率高、提升快。实现企业所得税（地税计划口径）36.35亿元，占全市第三产业企业所得税的比重为53.9%，2013年上半年比重提升为63.8%，税收贡献率较高。

金融业在国民经济中的地位逐年提升，劳动效率及效益领先各行业。2012年，广州金融业劳动生产率为78.2万元/人，为各行业之首，高于第三产业平均水平21.5万元/人；2013年上半年，广州金融业实现企业所得税（地税计划口径）1.59亿元，同比增长81.0%，延续2012年增长1.3倍的高增长态势，增速在各行业中居首位（见表9）。

表9 2012年广州市分行业增加值、劳动生产率及企业所得税情况

项　　目	增加值（亿元）	占GDP比重（%）	劳动生产率（万元/人）	实现企业所得税（亿元）	占全市企业所得税比重（%）
第一产业	213.76	1.6	3.3	0.07	0.1
第二产业	4720.65	34.8	16.7	27.92	29.2
工业	4264.16	31.5	16.7	15.63	16.4
建筑业	456.49	3.4	17.1	12.30	12.9
第三产业	8616.79	63.6	21.5	67.49	70.7
批发和零售业	1896.83	14.0	12.4	12.54	13.1
交通运输、仓储及邮政业	930.59	6.9	23.3	4.64	4.9
住宿和餐饮业	383.74	2.8	8.6	1.49	1.6
信息传输、软件和信息技术服务业	519.16	3.8	34.8	2.51	2.6
金融业	971.27	7.2	78.2	1.59	1.7
房地产业	1022.55	7.5	53.6	21.86	22.9
租赁和商务服务业	1088.56	8.0	69.2	10.38	10.9
居民服务、修理和其他服务业	128.08	0.9	5.3	2.53	2.6
教育	434.42	3.2	16.6	0.72	0.8
卫生和社会工作	316.11	2.3	22.8	0.11	0.1
文化、体育和娱乐业	225.99	1.7	40.1	1.69	1.8
公共管理、社会保障和社会组织	338.04	2.5	18.8	0.55	0.6
其他行业	361.45	2.7	26.5	6.88	7.2
合　　计	13551.21	100.0	18.1	95.48	100.0

注：实现企业所得税为地税计划口径，全市口径无法分到第三产业的细分行业。

商务服务业效益显著，税收贡献率高。2012 年，在 4543 家重点服务业企业中，商务服务业重点企业为 1489 家，占调查样本量的 32.7%；实现利润总额为 355.76 亿元，占总体利润总额的近五成；同比增长 26.5%（见表 10），增速高于重点服务业企业 26.2 个百分点；缴纳营业税金及附加 25.92 亿元，对总体的贡献率为 34.2%。商务服务业人均创造营业收入为 66.85 万元，比重点服务业企业平均水平（48.96 万元）高出 17.89 万元。租赁和商务服务业劳动生产率为 69.2 万元/人，居各行业第二位。

表 10   2012 年重点服务业企业调查情况

单位：亿元，%

项目	单位个数	从业人员数（万人）	营业收入		利润总额	
			规模	同比增减	规模	同比增长
重点企业总计	4543	112.82	5524.05	11.5	718.83	0.3
商务服务业	1489	20.09	1343.05	12.0	355.76	26.5

电子商务快速发展。2012 年全市零售业态为"网上商店"的限额以上法人企业 16 家，比 2011 年（8 家）增长 1 倍。全年限额以上网上商店实现销售额 207.17 亿元，同比增长 4.3 倍。2013 年上半年，限额以上网上商店实现销售额 161.49 亿元，同比增长 1.3 倍。其中网上商店人均创造年营业收入为 299.08 万元，高于限额以上零售业平均水平（150.92 万元）148.16 万元。据有关机构预测，2013 年上半年，我国网络零售额达 8798 亿元，同比增长 79.8%，增速远高于商务部重点监测零售企业中的百货店（10.6%）、专业店（6.8%）和超市（8.1%），这表明电子商务具有广阔的市场发展前景。

2. 传统服务业效益稳定，提升空间较大

2012 年，传统服务业中的批发和零售业、住宿和餐饮业、居民服务业合计实现增加值占第三产业增加值的比重为 28.0%。以上三个行业的人均劳动生产率为 10.86 万元/人，比上年提高 1.1 万元/人，劳动生产率虽低于全市平均水平，但提升较大。实现企业所得税（地税计划口径）16.56 亿元，占第三产业企业所得税的比重为 24.5%，比上年提升 1.0 个百分点。

四 投资结构分析

2012 年，全市固定资产投资三次产业比重分别为 0.2%、16.0% 和 83.8%，2010～2012 年三年间总体呈现第二产业投资比重逐步减小，第三产业投资比重不断增大的态势。2013 年上半年，全市固定资产投资三次产业比重分别为 0.3%、16.6% 和 83.1%（见表 11），第二产业比重比上年同期提高了 0.4 个百分点。

表 11 广州市固定资产投资三次产业构成

单位：亿元，%

年 份	完成投资			所占比重		
	第一产业	第二产业	第三产业	第一产业	第二产业	第三产业
2010 年	3.43	626.27	2633.87	0.1	19.2	80.7
2011 年	3.92	553.00	2855.28	0.1	16.2	83.7
2012 年	7.19	599.87	3151.33	0.2	16.0	83.8
2013 年上半年	4.93	269.78	1348.26	0.3	16.6	83.1

（一）工业投资比重偏低、结构有待优化

2012 年，广州完成工业投资 577.56 亿元，规模不足天津的 1/6、重庆的 1/5，约为南京、苏州的 1/4，亦低于上海和北京；工业投资占全市固定资产投资的 15.4%，占比分别低于上海、重庆、天津、苏州、南京 9.2 个、17.3 个、26.7 个、26.9 个和 35.9 个百分点，2013 年上半年，虽然广州市工业投资增速较高，增速达 28.2%，占比提升为 15.8%，但总量仍然不高，对工业增长的支撑力不足（见表 12）。

先进制造业投资、三大支柱产业投资有提升的空间。2012 年，广州市先进制造业、三大支柱产业总产值占全市工业总产值的比重分别为 60.4% 和 46.8%（二者行业会有重复，故合计有可能大于 100%，下同）；而先进制造业投资、三大支柱产业投资占全市工业投资的比重分别为 54.1% 和 34.4%，行业的投资占比分别低于产值占比 6.3 个和 12.4 个百分点，还有较大的上升空间。

表12 2012 年及 2013 年上半年国内几大城市工业投资完成情况

单位：亿元，%

城市	2012 年		2013 年上半年	
	工业投资	工业投资占全市投资比重	工业投资	工业投资占全市投资比重
广州	577. 56	15. 4	255. 92	15. 8
北京	707. 81	11. 0	292. 66	10. 4
上海	1292. 61	24. 6	483. 33	20. 9
天津	3730. 87	42. 1	1783. 5	34. 3
重庆	3064. 18	32. 7	1425. 35	31. 5
南京	2400. 93	51. 3	1286. 97	48. 2
苏州	2176. 43	42. 3	1159. 6	41. 2

（二）投资增长主要靠第三产业带动，房地产业投资比重大

2012 年，第三产业投资同比增长 10.4%，对全市固定资产投资增长的贡献率达 85.5%；2013 年上半年，第三产业投资增长 23.1%，对全市固定资产投资的贡献率达 81.1%。其中，房地产业投资占第三产业投资比重偏高，2012 年和 2013 年上半年分别达到 52.9% 和 54.8%（见表 13）。

表13 2012 年及 2013 年上半年第三产业投资完成情况

单位：亿元，%

产 业	2012 年		2013 年上半年	
	投资额	占比	投资额	占比
第三产业	3151. 33	100	1348. 26	100
交通运输、仓储和邮政业	498. 43	15. 8	209. 86	15. 6
批发和零售业	120. 34	3. 8	60. 88	4. 5
住宿餐饮业	55. 3	1. 8	32. 41	2. 4
金融业	9. 66	0. 3	1. 03	0. 1
房地产业	1667. 36	52. 9	739. 06	54. 8
其他服务业	800. 24	25. 4	305. 02	22. 6

综合广州市行业规模、电力消耗水平、市场前景、经济效益等因素，从工业来看，汽车制造业、化学原料和化学制品制造业、医药制造业、食品制造业具有低能耗、高效益、行业前景乐观等优势。计算机、通信和其他电子设备制造业规模大、能耗低、增长快，但单位产值利润率等较低；而烟草制品业，燃气生产和供应业具有低能耗、高效益等优势，但受需求或生产计划等方面的限制，发展空间有限；石油加工、炼焦和核燃料加工业，电力、热力生产和供应业生产规模大、税金总额大，但能耗水平高，污染重，在未能明显降低能耗水平的条件下，不宜发展过快。从第三产业来看，应在提升传统服务业的基础上，加快发展现代服务业，尤其是金融业劳动效率高、经济效益高、能耗低；商务服务业效益显著、税收贡献率高；电子商务发展速度大、市场前景广阔。

五　几点建议

（一）加快工业结构调整，提升工业核心竞争力

新型工业化对资源约束、能源利用、科研开发和生产技术提升提出了更高的要求，因此，广州市工业产业结构深度调整和优化，必须契合新工业革命的要求，加大对汽车制造业、化学原料和化学制品制造业、医药制造业、食品制造业等行业的扶持力度，以建设现代制造业聚集区和高新技术发展区为方式，强力推进新型工业化，整体提升工业核心竞争力。

（二）加大工业投资力度，推进新型城市化建设

加大工业投资力度，重点需关注先进制造业、三大支柱产业的投资。积极培育一批辐射带动力强、科技含量高的重大项目，强化创新驱动，引领上中下游产业投资发展，以投资的增量调整带动存量调整，促进经济长效发展。加大力度支持发展节能与新能源汽车，发展资源消耗低、环境污染小的新型工业，在每年的重点项目中，要保证一定比例的工业投资项目，同时，在每年的用地计划中，也要保证相当规模的工业项目用地，为经济持续发展提供动力。通过

积极提高工业投资效能，促进产业结构转型升级，推动全市新型城市化发展道路不断向前。

（三）加快发展金融业，以产业金融助推转型升级

重点建设交易平台和金融功能区，着力发展国际金融、科技金融、产业金融、农村金融和民生金融，大力支持金融机构做优做强，积极发展和利用资本市场，努力营造良好的金融文化和生态环境，促进产融对接，为广州市重大平台和项目建设提供多渠道融资，加快集聚金融高端人才，不断提升广州区域金融中心的竞争力、集聚力、辐射力、影响力和软实力，为广州市经济社会发展提供强有力的资金支持。

（四）加快商务服务业高端化发展

商务服务业的行业相互依存度较高，集聚效应强。应通过政府规划推动、行业商会的大力推介和总部企业的示范带动，进一步优化商务投资环境，营造广州作为华南总部企业集聚中心的良好氛围，大力吸引跨国公司和国内外知名大企业集团来广州设立总部，进一步完善优势产业链条，提高总部机构业务与本地产业的融合度。大力引进和发展企业管理、法律、咨询、广告设计、策划等商务服务业，强化城市综合服务功能，优化产业配套环境。同时，扩大总部经济对周边地区的辐射作用，带动相关产业协调发展。

（五）优先发展电子商务

一是加大电子商务企业的引进力度。通过制定优惠政策和提高服务质量，优先引进先进电子商务国际企业来广州设立总部或地区总部。在大力引进外资企业的同时，积极吸引国内优秀电子商务企业总部"迁驻广州"，如国内具有影响力的大型企业，或者具有巨大发展前景的成长性企业。二是加强引导扶持，加快推动企业转型升级。鼓励传统批发零售企业建立或应用现有网络购物平台，发展线上线下联动的新型营销模式。加强对电子商务企业技术改造和产业升级的扶持力度，提供更多技术和资金的支持帮扶，加快电子商务企业的发展。三是加强宣传推广，创造良好的市场环境。通过电视、电台、报纸、大型

广告牌等多种渠道，以及广交会、广州创新奖、留交会和各类境外经济技术展览会、推介会等多种形式，大力宣传广州电子商务的各类平台。政府有关部门要规范市场秩序，为电子商务企业创造更多发展与合作机会，促进产业配套体系的形成，培育新的增长点。

（审稿　陈婉清）

B.7
2013 年广州市与主要城市经济发展比较分析

广州市统计局综合处课题组*

摘　要：

本文通过比较 2013 年国内 7 个主要城市的主要经济指标，进一步分析广州市与京、津、沪、渝、深、苏六城市的经济发展变化，为广州市未来经济决策提供参考建议。

关键词：

广州　主要城市　经济发展比较

2013 年，面对复杂严峻的国内外经济形势，广州市委、市政府认真贯彻党的十八大和十八届三中全会精神，坚持稳中求进的总基调，以推进新型城市化、加快发展促转型为抓手，努力推进稳增长、调结构、促改革、惠民生，扎实推进"三个重大突破"，正视产业转型升级坎，打造城市发展制高点，多措并举促进广州市经济稳定增长。本文通过对上海、北京、广州、深圳、苏州、天津和重庆七个城市（以下简称七城市）2013 年主要经济指标进行对比分析，从中透视目前广州市各项主要经济指标在七城市中的位置，进一步跟踪广州市与其他六城市经济发展的变化，为广州市未来经济决策提供建议。

一　2013 年七城市经济运行情况比较

1. 广州地区生产总值（GDP）增速稳居前列，产业结构进一步优化提升

从经济总量看，2013 年，广州市实现地区生产总值（GDP）15420.14 亿

---

* 课题组组长：冯俊；成员：区海鹏、喻松涛。

元，低于上海（21602.12 亿元）和北京（19500.60 亿元），高于天津（14370.16 亿元）、苏州（13015.70 亿元）、深圳（14500.23 亿元）和重庆（12656.69 亿元）。与上年比，广州 GDP 与上海和北京的差距分别缩小 448.53 亿元和 247.73 亿元；领先天津的优势略有扩大，达 1049.98 亿元，领先优势比上年扩大了 392.65 亿元。

从增长速度看，2013 年，广州 GDP 增长 11.6%，低于天津（12.5%）、重庆（12.3%），高于深圳（10.5%）、苏州（9.6%）、北京（7.7%）和上海（7.7%）。与上年比，广州市 GDP 增速提升 1.1 个百分点，提升幅度最大；深圳提升 0.5 个百分点，上海提升 0.2 个百分点，北京持平，苏州回落 0.5 个百分点，天津、重庆则均回落 1.3 个百分点（见表 1）。

从产业结构看，广州第三产业产值占 GDP 比重仅次于北京。2013 年，广州第三产业产值占地区生产总值的比重达 64.6%，比 2012 年提高 1.0 个百分点；第三产业对全市 GDP 的贡献率达到 70.6%，拉动 GDP 增长 8.2 个百分点。七城市中，第三产业产值占 GDP 比重超过 60% 的有北京（76.9%）、广州（64.6%）和上海（62.6%），超过 50% 的有深圳（56.5%）。

表 1　七城市地区生产总值（GDP）比较

单位：亿元，%

城市	2013 年			2012 年		
	总量	与广州的差距	增速	总量	与广州的差距	增速
上海	21602.12	6181.98	7.7	20181.72	6630.51	7.5
北京	19500.60	4080.46	7.7	17879.40	4328.19	7.7
广州	15420.14	0.00	11.6	13551.21	0.00	10.5
深圳	14500.23	-919.91	10.5	12950.06	-601.15	10.0
苏州	13015.70	-2404.44	9.6	12011.65	-1539.56	10.1
天津	14370.16	-1049.98	12.5	12893.88	-657.33	13.8
重庆	12656.69	-2763.45	12.3	11409.60	-2141.61	13.6

2. 新业态升级步伐加快，广州消费市场持续畅旺，扩大内需潜力较大

2013 年，广州进一步推进商贸集市改造升级，加快十大商圈建设，大力发展电子商务，继续开展"广货网上行"、国际购物节等商贸活动，汽车消费逐步回暖，时尚消费品持续热销，网上消费增长迅猛，"千年商都"的消费集聚功能进一步增强。广州全年实现社会消费品零售总额6882.85亿元，增长15.2%，重庆、天津均增长14.0%，苏州增长12.9%。北京、上海消费规模位居前列，分别达到8375.12亿元和8019.05亿元。广州与北京、上海的消费规模差距由上年同期的1：1.29：1.24进一步缩小为1：1.22：1.17，显示广州在扩大内需方面潜力较大，内需对经济增长的拉动作用明显增强。

表2　七城市社会消费品零售总额比较

单位：亿元，%

城市	2013年			2012年		
	总量	与广州之比	增速	总量	与广州之比	增速
上海	8019.05	1.17	8.6	7412.30	1.24	8.8
北京	8375.12	1.22	8.7	7702.80	1.29	11.6
广州	6882.85	1.00	15.2	5977.27	1.00	15.2
深圳	4433.59	0.64	10.6	4008.78	0.67	16.5
苏州	3627.60	0.53	12.9	3240.97	0.54	14.5
天津	4470.43	0.65	14.0	3921.43	0.66	12.1
重庆	4511.77	0.66	14.0	4033.70	0.67	15.7

3. 三大支柱产业发力推动广州工业提质，工业投资有效提速，投资占比和增幅均领先其他城市

2013年，全市工业三大支柱产业发力：汽车制造业增速年内成功"转正"、石油化工制造业增速回升、电子产品制造业保持快速增长，共同推动广州工业稳步增长，为全市经济"稳增长"打下坚实基础。

从生产规模看，2013年，广州实现规模以上工业总产值17310.24亿元，总量和其他六城市相比偏低，低于上海（32088.88亿元）、苏州（30392.90亿元）、天津（26400.37亿元）、深圳（22177.91亿元），高于北京（17209.27亿元）、重庆（15824.86亿元）。广州和上海、苏州、天津、深圳、北京规模以上工业总产值之比为1：1.85：1.76：1.53：1.28：0.99，与上年相比，广州与上海、苏州、深圳的差距有所缩小。值得注意的是，2013年广州汽车制造业打赢了"翻身仗"，增速实现"转正"，达到16.3%，高于全市规模以上工业增速 3.4 个百分点。但相比其他同样把汽车制造业作为工业发展支柱产业的上海、天津、北京等城市，广州三大日系汽车品牌在过去一年受各种因素影响市场占有率已开始略有下降，必须尽快采取有力措施挽回"人气"，恢复市场信心。

从增长速度看，2013 年，广州市规模以上工业总产值增长 12.9%，低于重庆（14.5%）和天津（13.1%）。与上年相比，除上海、广州外其余五城市增速均有不同程度的回落，其中上海提升 4.8 个百分点，广州提升 1.4 个百分点。工业生产回暖，直接加快了经济增长的步伐。2013 年，广州工业拉动经济增长 3.3 个百分点，较上年提高了 0.2 个百分点（见表 3）。

表 3　七城市规模以上工业总产值比较

单位：亿元，%

城市	2013 年			2012 年		
	总量	与广州之比	增速	总量	与广州之比	增速
上海	32088.88	1.85	4.4	31548.41	1.96	-0.4
北京	17209.27	0.99	6.9	15596.20	0.97	7.5
广州	17310.24	1.00	12.9	16066.43	1.00	11.5
深圳	22177.91	1.28	6.6	21363.74	1.33	7.8
苏州	30392.90	1.76	4.1	28745.54	1.79	5.2
天津	26400.37	1.53	13.1	23427.50	1.46	14.9
重庆	15824.86	0.91	14.5	13095.12	0.82	18.0

从企业效益看，2013 年 1~11 月，广州市规模以上工业企业累计实现利润总额（盈亏相抵后）866.13 亿元，比上年增长 23.2%，增速高于全市规模以上工业企业主营业务收入增速 12.5 个百分点。

从投资力度看，受北汽（广州）汽车有限公司首期 10 万辆产能项目、东风汽车有限公司花都工厂 60 万辆/年产能扩建项目建成投产、LG8.5 代液晶面板等大项目投资带动影响，2013 年广州完成工业投资 682.86 亿元，比上年增长 18.2%（见表 4）。广州工业投资总额占全市固定资产投资总额的比重为 15.3%，与上年基本持平。深圳、上海、重庆、天津、北京五城市工业投资比重均有所回落，回落幅度分别为 8.4 个、2.7 个、1.2 个、0.6 个和 0.3 个百分点。

表4 七城市工业固定资产投资比较

单位：亿元，%

城市	2013年			2012年		
	总量	与广州之比	增速	总量	与广州之比	增速
上海	1236.35	1.81	-4.4	1292.61	2.24	1.1
北京	747.30	1.09	5.6	707.80	1.23	-5.9
广州	682.86	1.00	18.2	577.56	1.00	11.7
深圳	377.28	0.55	-22.4	514.96	0.89	9.6
苏州	2431.28	3.56	11.7	2176.43	3.77	15.7
天津	4178.17	6.12	14.2	3716.94	6.44	20.8
重庆	3529.90	5.17	15.2	3064.18	5.31	21.1

4. 固定资产投资保持较快增长，投资结构不断优化，民间投资异军突起

2013年，广州市大力推进企业投资管理体制和建设工程项目优化审批改革，狠抓重大项目建设，引导民间投资加快发展，抓实实业投资，加大交通基础设施投入，有力推动全市固定资产投资保持较快增长。

从增长速度看，2013年，广州固定资产投资增速为18.5%，比上年提高8.4个百分点。在七城市中，除了深圳（14.0%）、上海（7.5%）和苏州（18.1%）增速分别比上年提升7.5个、3.8个和1.1个百分点外，其他城市均有不同程度回落，其中天津回落4.0个百分点、重庆回落2.5个百分点、北京回落0.5个百分点。

从投资规模看，2013年，广州完成固定资产投资4454.55亿元，规模在七城市中偏小，规模偏大的分别是重庆（11205.03亿元）、天津（10121.20亿元）、北京（7032.19亿元）、苏州（5883.90亿元）和上海（5647.79亿元），投资规模分别相当于广州的2.52倍、2.27倍、1.58倍、1.32倍和1.27倍（见表5）。

从投资主体看，受广州市积极实施鼓励和引导民间投资加快发展，推出面向民间投资的重大项目等有利因素的影响，2013年以来，广州民间投资持续快速增长，累计完成固定资产投资1512.92亿元，比上年增长31.6%，增速居各种投资主体之首，分别高于中央省属和市属投资18.1个和11.9个百分点，成为2013年广州市固定资产投资的一大亮点。

表5 七城市固定资产投资比较

单位：亿元，%

城市	2013 年			2012 年		
	总量	与广州之比	增速	总量	与广州之比	增速
上海	5647.79	1.27	7.5	5254.38	1.40	3.7
北京	7032.19	1.58	8.8	6462.80	1.72	9.3
广州	4454.55	1.00	18.5	3758.39	1.00	10.1
深圳	2501.01	0.56	14.0	2194.43	0.58	6.5
苏州	5883.90	1.32	18.1	5266.49	1.40	17.0
天津	10121.20	2.27	14.1	8871.31	2.36	18.1
重庆	11205.03	2.52	19.5	9380.00	2.50	22.0

5. 地方公共财政预算收入增长较快，但总量远小于上海和北京，公共财政预算收入与其他城市之比扩大

2013 年，在宏观经济稳步增长的推动下，广州财政收入保持两位数增长，实现地方公共财政预算收入 1141.79 亿元，同比增长 10.8%（按可比口径增长 14.9%）。但与上海、北京、天津、深圳和苏州的地方公共财政预算收入规模比，差距有所扩大，由上年的 1:3.4:3.0:1.6:1.3:1.1 扩大为 1:3.6:3.2:1.8:1.5:1.2（见表6）。

表6 七城市地方公共财政预算收入比较

单位：亿元，%

城市	2013 年			2012 年		
	总量	与广州之比	增速	总量	与广州之比	增速
上海	4109.51	3.60	9.8	3743.71	3.40	9.2
北京	3661.11	3.21	10.4	3314.90	3.01	10.3
广州	1141.79	1.00	10.8	1102.40	1.00	12.6
深圳	1731.26	1.52	16.8	1482.08	1.34	10.6
苏州	1331.03	1.17	10.5	1204.33	1.09	9.4
天津	2078.30	1.82	18.1	1760.02	1.60	21.0
重庆	1692.92	1.48	15.5	1703.49	1.55	14.5

6. 商品进出口贸易逐步回暖，增速年内实现"转正"，外贸规模仅高于重庆

受成本上升、外需不振、人民币升值、国际商品价格下跌等因素的影响，2013 年广州市进出口面临的形势严峻，外贸运行呈现低位震荡态势。2013 年，全市完成商品进出口总值 1188.88 亿美元,同比增长 1.5%,增速年内终于实现正向增长(前三个季度累计分别下降 2.6%、下降 1.5% 和下降 0.8%)。从增长速度看,其他六城市均有不同程度的增长,其中重庆(29.1%)、深圳(15.1%)、天津(11.2%)居前。从外贸规模看,广州商品进出口总值在七个城市中仅高于重庆(687.04 亿美元),远低于深圳(5373.59 亿美元)、北京(4291.03 亿美元)、上海(4413.98 亿美元)、苏州(3093.48 亿美元)和天津(1285.28 亿美元)(见表 7)。

表 7 七城市商品进出口总值比较

单位:亿美元,%

城市	2013 年			2012 年		
	总量	与广州之比	增速	总量	与广州之比	增速
上海	4413.98	3.71	1.1	4367.58	3.73	-0.2
北京	4291.03	3.61	5.1	4081.10	3.48	4.8
广州	1188.88	1.00	1.5	1171.67	1.00	0.9
深圳	5373.59	4.52	15.1	4668.30	3.98	12.7
苏州	3093.48	2.60	1.2	3056.92	2.61	1.6
天津	1285.28	1.08	11.2	1156.23	0.99	11.8
重庆	687.04	0.58	29.1	532.04	0.45	82.2

从利用外资情况看,广州市利用外资的规模与水平与苏州、上海、天津和北京等城市相比有较大的差距。2013 年,广州市外商直接投资实际使用外资金额为 48.04 亿美元,低于天津(168.29 亿美元)、上海(167.80 亿美元)、苏州(86.98 亿美元)、北京(85.24 亿美元)和深圳(54.64 亿美元),仅略高于重庆(41.44 亿美元)(见表 8)。

表 8 七城市外商直接投资实际使用外资比较

单位:亿美元,%

城市	2013 年			2012 年		
	总量	与广州之比	增速	总量	与广州之比	增速
上海	167.80	3.49	10.5	151.85	3.32	20.5
北京	85.24	1.77	6.0	80.40	1.76	14.0
广州	48.04	1.00	5.0	45.75	1.00	7.1
深圳	54.64	1.14	4.5	52.30	1.14	13.7
苏州	86.98	1.81	-5.1	91.65	2.00	2.8
天津	168.29	3.50	12.1	151.65	3.31	14.5
重庆	41.44	0.86	34.3	105.33	2.30	0.0

7. 本外币存贷款保持稳步增长,增速有所放缓,深圳本外币存贷款均全面超过广州

2013 年以来,广州进一步加快金融中心建设,积极引导小额贷款公司等民间金融机构进驻民间金融街,正式启动国际金融城建设,股权交易中心挂牌企业超过 500 家。2013 年,广州市金融机构本外币存款余额为 33838.20 亿元,低于北京(91660.54 亿元)、上海(69256.32 亿元)和深圳(33943.15 亿元)。广州市金融机构本外币贷款余额为 22016.18 亿元,低于北京(47880.92 亿元)、上海(44357.88 亿元)、深圳(24680.07 亿元)。值得注意的是,深圳本外币存、贷余额均全面超过广州,其中本外币贷款自 2009 年以来超过广州,截至 2013 年末本外币贷款余额超出广州 2663.89 亿元,本外币存款 2013 年 12 月末首次超出广州 104.95 亿元(见表 9)。

表 9　七城市金融机构本外币存、贷款余额比较

单位:亿元

城市	2013 年		2012 年	
	存款余额	贷款余额	存款余额	贷款余额
上海	69256.32	44357.88	63555.25	40982.48
北京	91660.54	47880.92	84837.30	43189.50
广州	33838.20	22016.18	30186.57	19936.52
深圳	33943.15	24680.07	29662.40	21808.34
苏州	21237.59	16675.52	18796.06	14877.84
天津	23316.56	20857.80	20293.79	18396.81
重庆	22789.17	18005.69	19423.90	15594.18

从存、贷款使用情况看,广州市金融机构本外币贷款余额与存款余额之比为 65.1%,低于天津(89.5%)、重庆(79.0%)、苏州(78.5%)和深圳(72.7%),表明广州市金融机构吸收的存款资金资源有相当一部分没有实现优化配置。

8. 物价水平与全国持平,略高于上海、苏州

受政府宏观调控政策影响,七城市的物价总体水平上涨幅度比上年有所回落。2013 年,广州城市居民消费价格总水平(CPI)同比上升 2.6%,与全国平均水平持平，比全省平均水平高0.1个百分点。在七城市中，广州 CPI 略高于上海（2.3%）、苏州（2.1%），低于北京（3.3%）、天津（3.1%）、深圳（2.7%）和重庆（2.7%）。

二 与其他六城市的主要差距

从广州市自身发展的变化情况和城市对比结果来看，广州在经济总量、商业规模等经济指标方面排名在全国大中城市前列，呈现出较好的发展势头，但与其他六城市各自发展特点相比，也存在一些差距，主要体现在以下几方面。

1. 优质的特大项目不多，实体经济有待进一步做强

2013 年，广州市扎实推进"2 + 3 + 9"重大平台建设，在"新广州·新商机"、世界华商 500 强广东（广州）圆桌会等重大项目投资推介会上，努力吸引国内外优质项目进驻，取得了较大的成效。但与天津、苏州等城市相比，广州市引进的优质特大项目不多，特别是产业链长、附加值高的大项目较少。2013 年，天津推出新一批 170 项重大项目，总投资超过 2200 亿元，其中包括比亚迪新能源大客车、中海创北方区总部、中石化 LNG、大众汽车高档自动变速器、忠旺铝业高精度铝深加工材料等重大工业项目，宝坻电子商务与现代物流产业基地、北建工商贸综合体等重大服务业项目，可信计算及技术研究及产业化、医用放射性发生器及配套药物研制等自主创新产业化项目，加上原在建的大航天、大航海、大石化等特大项目，助推天津产业水平的飞速提高。苏州 2013 年前三季度共 409 个重大投资项目，总投资达 6355 亿元，如三星液晶显示项目、奇瑞量子汽车和捷豹路虎汽车项目、张家港康得光学薄膜二期和国望高纤的化学纤维新材料产业项目等，重大项目建设对苏州城市现代化建设和产业转型升级作用明显。从项目的平均投资额看，2013 年，广州 282 个重大项目投资约 1145 亿元，项目平均投资额约 4 亿元，低于苏州（约 15 亿元/项目）和天津（约 13 亿元/项目）。

2. 外贸出口对经济的拉动作用有所削弱，海外市场有待进一步开拓

受外需不振、成本上涨、人民币兑美元汇率不断走高影响出口稳定等的因素影响，广州市 2013 年外贸出口对经济的拉动作用有所削弱。且受外贸生产企业新增大项目少的影响，出口生产增长后劲不足。2013 年，广州规模以上工业企业出口交货值仅增长 4.9%，低于全市规模以上工业产品销售产值增速 7.4 个百分点，对全市规模以上工业增长的贡献率不足 10%。从 2013 年广州市外贸出口情况看，全市外贸出口增速为 6.6%，低于全市 GDP 增速 5.0 个百分点。重庆、深圳外贸出口分别高于全市 GDP 增速 9.0 个和 2.2 个百分点。从 2013 年举办的春季和秋季广交会情况看，境内外参展企业比上届均有所减少。此外由于货币贬值、贸易壁垒高筑、行业竞争加剧等因素影响，往年为企业出口增长做出较大贡献的非洲、南美、中东等新兴市场 2013 年却"不给力"，订单出现明显下滑，不少参展企业表示 2013 年整体出口形势严峻，同行竞争更激烈。

3. 第三产业科技含量略显偏低，高端服务业有待进一步提升

2013 年，广州市继续扎实推进结构调整，加快产业转型升级，三次产业结构由 2012 年的 1.6∶34.8∶63.6 调整为 1.5∶33.9∶64.6，服务经济的主体地位更加稳固。但从第三产业内部构成看，科技含量略显偏低。2012 年，广州第三产业 GDP 排前三位的行业分别是批发和零售业（1896.83 亿元）、租赁和商务服务业（1088.56 亿元）和房地产业（1022.55 亿元），上述三大行业合计 GDP 占全市第三产业 GDP 的 46.5%。而科技含量相对较高的金融业、软件和信息技术服务业、科学研究和技术服务业分别实现 GDP 971.27 亿元、519.16 亿元、288.00 亿元，合计仅占全市第三产业 GDP 的 20.6%。对比其他城市，北京第三产业"含金量"最高，金融业、软件和信息技术服务业、科学研究和技术服务业分别实现 GDP 2536.9 亿元、1621.8 亿元、1268.4 亿元，合计占全市第三产业 GDP 的 39.7%，比重高于广州市 19.3 个百分点。

三　加快广州经济发展的几点建议

广州要在新一轮激烈的城市竞争中保持优势，缩小差距，就必须清晰地看到自己的优势和不足，坚决贯彻落实市委十届五次全会精神，坚定不移地按照市委、市政府关于推进新型城市化、全面落实"12338"发展战略的决策部署，加快发展促转型，抢占经济发展的制高点。

1. 加快优质特大项目引进，切实做强实体经济

实体经济的作用是其他经济形式无法代替的。当前，广州正处于结构转型的关键期，经济发展中暴露出来的矛盾和问题仍很突出，经济增长下行压力和物价上涨压力并存，部分企业经营困难。只有大力发展实体经济，才能有效扩大内需、控制物价涨势、增加社会就业、提高生活水平；才能稳中求进，实现广州市经济平稳可持续发展。广州市自 2002 年把汽车、电子、石化确定为工业三大支柱产业重点发展以来，三大支柱产业逐步挑起了工业经济发展的大梁，成为推动广州经济快速发展的重要动力。但经过近 13 年的发展，广州市工业支柱产业发展已接近平台期，特别是汽车制造业受全国汽车产能扩大、消费市场相对饱和等因素影响遭遇增长困境。因此，要保持广州市经济持续较快发展，要切实把做强做大实体经济作为长期战略，除了继续抓汽车制造、石油化工、电子产品、重大装备等优势高端产业，还要把目光投向战略性新兴产业，在新一代信息技术、生物与健康、新材料与高端制造业、时尚创意、新能源与节能环保、新能源汽车产业方面打造新兴产业群，尽早培育壮大"新支柱"产业。其中重点是要新培育一批产值超十亿、百亿的龙头企业和数量可观的高新技术企业，以带动广州市科技创新能力的提升和产业链的延长，实现更有质量的增长。

2. 加快海外市场拓展，切实推动优势企业跨出国门

一方面，要鼓励企业加快海外新兴出口市场的拓展，努力扩大外部需求，调整出口贸易结构，扩大高新技术产品和名牌产品出口，鼓励企业不断提高自主创新能力，加大产品研发投入，提高出口产品的国际竞争力。另一方面，纵观全球各跨国公司，无不利用覆盖全球市场的海外生产体系，提高自己在全球范围内的市场竞争力。如美国汽车业巨头通用、福特等跨国车企，从最初的整车出口继而在当地投资建厂，进行本土化生产和本土化管理，及时响应市场需求，告别"寄人篱下"的销售模式，成为企业可持续发展的范例。在国内行业竞争激烈、增速放缓的背景下，加速实施国际化战略，加快拓展海外市场步伐，已逐步成为我国实力派企业的共同诉求和突围之路。因此，广州要抢抓机遇，立足国内，放眼全球，重点扶持和鼓励广州市在国内独具领先优势，同时具有国际领先水平的一批优势企业（如广汽乘用车、威创视讯、互太纺织等）

大胆跨出国门，建立海外工厂和发展经销网点，推进本土化生产和管理，完成全球布局，有效实现转型升级。

3. 加快高端服务业发展，切实做优第三产业

与传统服务业相比，高端服务业具有高附加值、高知识含量、高信息技术含量、高开放度、高产业带动力、强辐射、低资源消耗、低环境污染等特征，是国际化大都市经济发展的重要引擎，其发达程度逐步成为衡量一个地区综合竞争力和现代化水平的重要标志之一。广州在推进新型城市化、加快发展促转型进程中，要充分发挥市场化程度和对外开放程度高、制造业基础雄厚、服务业比重较大等优势，切实加快高端服务业发展，进一步优化广州市第三产业结构：①加快金融产业发展。要进一步加快广州金融中心建设，强化区域性金融中心的服务功能，逐步成为粤港澳合作共建国际金融中心的主要支点，大力支持广州民间金融街的发展，把珠江新城金融商务区打造成响亮的金融中心品牌形象，成为广州的"华尔街"。②加快现代物流园区建设。要大力发展空港经济和海港经济，重点建设南沙、空港、黄埔三大国际物流园区，培育一批大型的物流龙头企业，鼓励发展综合物流、专业物流和供应链管理等物流业务，完善物流园区功能，把广州建设成为中国南方国际物流中心。③加快信息服务业创新。充分发挥超算中心落户广州的优势，大力发展电子信息传输服务、计算机服务和软件业以及其他相关信息服务业，加快推进电子政务、电子商务、公众信息网、社区信息网建设，鼓励支持信息服务业自主创新。④加快文化创意产业推进。要依托老城区"中调"和"退二进三"的城市发展机遇，切实推进文化创意产业园区（基地）建设，加快工业设计、动漫游戏研发设计、软件设计、建筑与规划设计、新闻出版创意、广播电影电视及音像制作、广告与咨询策划、文艺创作与表演等领域的发展，构建与完善创意设计产业的发展链条。

（审稿　陈婉清）

B.8
广州市固定资产投资结构研究

广州市统计局投资处课题组*

摘　要：

广州市固定资产投资从投资主体结构看，民间投资表现活跃；从产业结构看，第三产业蓬勃发展；从建设性质结构看，投资逐渐向内涵效益型发展。

关键词：

固定资产投资　规模　结构

一　广州市固定资产投资发展现状

（一）投资规模稳步扩大，持续保持两位数增长速度

近年来，广州市固定资产投资保持了平稳增长态势。从投资规模看，全市固定资产投资由 2008 年的 2105.54 亿元发展到 2012 年的 3758.39 亿元，投资总量每年都保持两位数的增长速度（见图 1）。2008～2012 年，全市累计完成固定资产投资 15199.55 亿元，年均增长 16.8%。

2013 年以来，广州市固定资产投资继续呈现较快增长态势。1～3 月，全市完成固定资产投资累计 638.40 亿元，同比增长 25.4%；1～6 月，全市完成固定资产投资累计 1622.97 亿元，同比增长 23.8%；1～9 月，全市完成固定资产投资累计 2861.88 亿元，同比增长 21.2%。

---

* 课题组组长：沈妙芬；成员：郑振威、周虹、谢卫明、杨晓峰；执笔：杨晓峰。

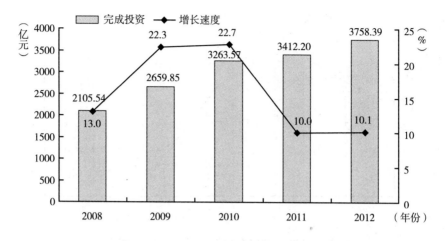

图1 2008～2012年广州市固定资产投资完成情况

（二）三大投资领域固定资产投资全面增长，可持续发展成效显著

广州市抓住经济全球化带来的产业调整和转移的机遇，全市固定资产投资的行业结构发生积极变化，呈现战略性新兴产业投资增长，社会事业投入加大的良性发展态势。2008～2012年，全市工业投资、房地产投资以及基础设施投资占全市固定资产投资的平均比重分别为17.56%、34.48%和33.03%，三者为固定资产投资的三大领域。

1. 工业投资恢复增长，先进制造业发展迅速

2008～2012年，全市累计完成工业投资2669.60亿元，年均增长10.2%。纵观历年数据，工业投资在亚运会后出现下滑，在2012年实现恢复性增长（见图2）。2012年，全市工业完成投资577.56亿元，同比增长11.7%，高于全市固定资产投资增速1.6个百分点，对全市固定资产投资增长的贡献率达17.5%。2013年1～9月，全市工业完成投资累计435.67亿元，同比增长24.6%，高于全市固定资产投资增速3.4个百分点。

制造业是我国经济增长的主导部门和经济转型的基础，是我国城镇就业的主要渠道和国际竞争力的集中体现。2008～2012年，全市累计完成制造业投资1961.93亿元，占工业投资的比重达73.49%。其中，汽车制造业累计完成投资418.37亿元，年均增速达15.9%，比工业投资高5.7个百分点。

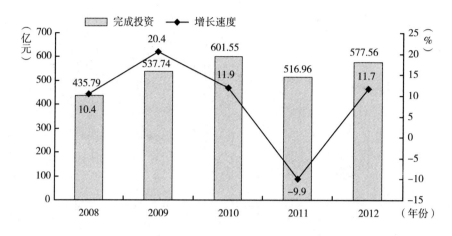

图2 2008~2012年广州市工业投资完成情况

近年来，广州市加快转型升级的步伐，东风日产、广汽丰田、广汽本田、北汽集团等企业纷纷增厂扩建，乐金显示第8.5代液晶面板项目推进顺利，全市三大支柱产业投资蓬勃发展。2013年1~9月，全市制造业投资累计完成373.82亿元，同比增长39.1%，高于全市固定资产投资增速17.9个百分点，对全市固定资产投资增长的贡献率达21.0%。三大支柱产业投资均呈上升态势：汽车制造业投资78.05亿元，同比增长27.6%；电子信息制造业投资70.61亿元，同比增长1.1倍；石油化工制造业投资44.39亿元，同比增长37.0%。

2. 基础设施投资向好，城乡建设步伐加快

以举办亚运会为契机，积极推进空港、海港、陆路交通、信息主枢纽、生态体系、市政设施、能源保障等战略性基础设施建设，提升城市环境和功能，改善民生福祉。2008~2012年，全市累计完成基础设施投资5020.38亿元，年均增长21.5%。2012年，全市完成基础设施投资1064.05亿元，同比增长6.6%，占全市投资的28.31%。白云国际机场扩建工程、广州港出海航道三期、广州港南沙港区三期、贵广和南广铁路广州段等重点项目进展顺利，海珠湿地一期、西郊沙滩泳场建成开放。

2013年1~9月，全市完成基础设施投资累计完成729.96亿元，同比增长12.2%。其中，随着新一轮轨道交通建设项目的陆续破土动工，交通运输业投资增长较快，完成投资391.50亿元，同比增长19.7%，占全市基础设施投资的 53.63%。从投资项目看,轨道交通八号线北延段工程、轨道交通二十一号线工程、轨道交通六号线工程等 6 个轨道交通建设项目完成投资超 10 亿元。

3. 房地产开发投资规模扩大,增长速度高位回落

2008～2012 年,全市累计完成房地产开发投资 5240. 21 亿元,年均增长 13. 6%。近年来,全国房地产市场步入高速发展时期(见图 3)。2010 年,全市完成房地产开发投资 983. 66 亿元,同比增长 20. 3%,比上期提高 13. 2 个百分点;2011 年,全市完成房地产开发投资 1305. 36 亿元,同比增长 32. 7%,比上期提高 12. 4 个百分点。针对部分城市房价上涨过快的现象,国家多次出台宏观调控政策,抑制投机投资性购房,促进房地产市场健康发展。在国家宏观调控政策的影响下,广州市保障性住房的投资力度不断加大,房地产开发投资上涨过快的势头逐步受到遏制,增速在 2012 年呈现高位回落的态势。2012 年,全市完成房地产开发投资 1370. 45 亿元,同比增长 5. 0%,增幅比上期大幅回落 27. 7 个百分点。进入 2013 年后,房地产开发市场表现较好,1～9 月,广州市房地产开发投资累计完成 1080. 58 亿元,同比增长 19. 3%。

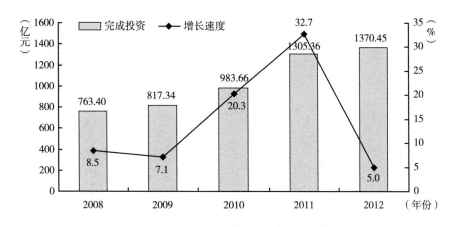

图 3　2008～2012 年广州市房地产开发投资完成情况

住宅投资是房地产开发市场的重心。2008～2012 年,全市累计完成商品房住宅投资 3183. 58 亿元,占房地产开发投资的 60. 75%。2013 年 1～9 月,广州市商品房住宅投资累计完成 675. 61 亿元,同比增长 24. 1%,高于房地产开发投资增速 4. 8 个百分点,占房地产开发投资的 62. 52%。

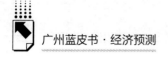

（三）投资到位资金不断增长，紧张情况有所缓解

2008～2012 年，全市累计到位资金 17615.97 亿元，年均增长 14.4%，比全市固定资产投资年均增速低 2.4 个百分点。2008 年、2011 年受国际金融危机、全球经济不景气的影响，投资资金相对紧张，全市资金投资比陷入低谷。2012 年，全市投资到位资金 4367.54 亿元，同比增长 15.7%，资金投资比为 1.16∶1，资金紧张情况有所好转（见图 4）。

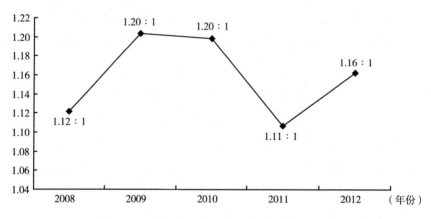

图 4　2008～2012 年广州市资金投资比率变动情况

2013 年 1～9 月，全市到位资金累计完成 3514.76 亿元，同比增长 26.2%，资金投资比为 1.22∶1，高于上年同期的 1.18∶1，表明资金到位情况良好。其中，房地产开发投资到位资金 1555.51 亿元，同比增长 29.6%，资金投资比为 1.44∶1。房地产销售市场火热，资金回笼较快，使房地产开发到位资金相对充裕。从资金来源的构成看，自筹资金占比最大，利用外资增长最快（见表 1）。

表 1　2013 年 1～9 月累计广州市固定资产投资资金到位情况

单位：亿元，%

项　　　　目	到位资金	增长速度	比重
本年实际到位资金小计	3514.76	26.2	100.00
国家预算资金	116.26	50.1	3.31
国内贷款	585.75	13.5	16.66
利用外资	177.84	245.8	5.06
自筹资金	1631.75	13.6	46.43
其他资金来源	1003.16	42.7	28.54

二 投资结构不断优化，转型升级步伐加快

固定资产投资结构可分为投资主体结构、产业结构、建设性质结构等多种。任何一种结构变动都会对经济结构及其发展趋势产生重要的影响。后亚运时期，全市投资增速适度放缓，结构调整先于规模扩大的态势初步显现。

（一）从投资主体结构看，民间投资、外商投资成为增长亮点

投资主体结构是指投资总额按投资执行者（或投资项目承担者）经济性质分类的构成。目前广州市形成了以国有投资、民间投资为主，港澳台投资、外商投资共同繁荣发展的格局。

五年间，全市累计完成国有投资6141.48亿元，比重达40.41%，为全市最主要的投资主体。然而，国有投资比重自2009年起逐年下降（见表2）。2012年国有投资所占比重为32.81%，比2008年减少5.05个百分点，比最高峰2009年减少15.03个百分点。2013年1~9月累计，全市完成国有投资793.73亿元，同比增长9.0%，比全市固定资产投资增速低12.2个百分点；占全市固定资产投资的比重为27.73%，比上年同期减少3.07个百分点。

表2 近年来广州市国有投资完成情况

单位：亿元，%

年 份	全市投资	国有投资	国有投资比重
2008 年	2105.54	797.21	37.86
2009 年	2659.85	1272.48	47.84
2010 年	3263.57	1552.84	47.58
2011 年	3412.20	1285.89	37.69
2012 年	3758.39	1233.06	32.81
2013 年 1~9 月	2861.88	793.73	27.73

近年来，随着《鼓励和引导民间投资健康发展实施细则》、《关于加快发展总部经济的实施意见》等省、市政策文件的出台与落实，广州市民间投资、

外商投资的发展势头不断增大，两者在 2011 年、2012 年都保持较高的增长速度（见表 3），已经成为当前投资增长的新亮点。民间投资自 2010 年突破千亿元关口后发展迅速，2010 年、2011 年和 2012 年民间投资增速分别比全市投资增速高 2.1 个、29.2 个和 9.5 个百分点。2013 年 1～9 月，全市民间投资累计 1045.29 亿元，同比增长 32.3%，高于全市固定资产投资 11.1 个百分点，对全市固定资产投资增长的贡献率达 51.0%。

表 3   近年来广州市民间投资、外商投资完成情况

单位：亿元，%

年　份	民间投资	外商投资	民间投资增速	外商投资增速
2008 年	785.78	270.42	9.5	42.2
2009 年	885.54	225.01	11.3	-16.8
2010 年	1105.18	225.16	24.8	0.1
2011 年	1478.78	268.20	39.2	20.3
2012 年	1149.21	374.25	19.6	39.5
2013 年 1～9 月	1045.29	284.06	32.3	20.6

（二）从产业结构看，第三产业投资蓬勃发展

广州市积极出台关于建设现代产业体系、加快转变发展方式等一系列政策措施，不断推进"三促进一保持"，构建以服务经济为主体，现代服务业为主导，高新技术产业与先进制造业融合发展的现代产业体系。全市第三产业投资规模较大，增长迅速。2008～2012 年，全市第三产业累计完成投资 12404.20 亿元，年均增长 18.2%，高于全市投资年均增速 1.4 个百分点，对拉动全市投资增长起着积极的作用。而第二产业投资增长较为平稳，五年间累计完成投资 2775.69 亿元，年均增长 11.0%。

从三次产业投资的比重看，2008～2012 年，呈现第二产业投资减少、第三产业投资增大的特征。三次产业的投资结构由 2008 年的 0.08：21.42：78.50 调整为 2012 年的 0.19：15.96：83.85。五年间，第一产业投资占全部投资比重一直较低，不超过 0.20%；第二产业投资与第三产业投资占全部投资的比重发生了一定幅度的调整，呈此消彼长的态势（见表 4）。

表4　近年来广州市固定资产投资三次产业构成

单位：亿元，%

年　份	完成投资			比重		
	第一产业	第二产业	第三产业	第一产业	第二产业	第三产业
2008 年	1.63	451.08	1652.83	0.08	21.42	78.50
2009 年	3.49	545.46	2110.90	0.13	20.51	79.36
2010 年	3.43	626.27	2633.87	0.10	19.19	80.71
2011 年	3.92	553.00	2855.28	0.11	16.21	83.68
2012 年	7.19	599.87	3151.33	0.19	15.96	83.85
2013 年 1~9 月	7.85	457.18	2396.85	0.27	15.98	83.75

　　第三产业投资是全市投资增长的强大引擎。2012 年，全市第三产业完成投资 3151.33 亿元，同比增长 10.4%，对全市固定资产投资增长的贡献率达 85.5%。2013 年 1~9 月，全市第三产业累计完成投资 2396.85 亿元，同比增长 20.1%，对全市固定资产投资增长的贡献率达 80.3%。分行业看，房地产业投资以及交通运输仓储和邮政业投资占第三产业投资的比重较大（见表5）。

表5　2012 年、2013 年 1~9 月广州市第三产业投资累计完成情况

单位：亿元，%

行　业	2012 年		2013 年 1~9 月	
	完成投资	比重	完成投资	比重
第三产业	3151.33	100.00	2396.85	100.00
房地产业	1667.36	52.91	1286.34	53.67
交通运输仓储和邮政业	498.43	15.82	423.64	17.67

（三）从建设性质看，投资向内涵效益型发展

　　固定资产投资项目的建设性质，一般分为新建、扩建、改建和技术改造、迁建、恢复及单纯购置等多种形式。其中，新建、扩建、改建和技术改造、单纯购置这四种建设性质尤为常见。2008~2012 年，上述四种建设性质集中了全市 99.39% 的固定资产投资。

　　近年来，随着可利用土地资源的持续减少，土地供需矛盾日益突出，原先

大开放、大投资、大基建带来投资规模总量扩张的模式难以为继，全市固定资产投资（不含房地产开发投资）新建类项目走势出现反向波动苗头（见图5）。2011年、2012年，扩大生产规模的新扩建投资（不含房地产开发投资，下同）占全市投资（不含房地产开发投资）的比重分别为59.58%和61.59%，分别比新扩建投资的五年平均比重低8.03个和6.02个百分点。而通过更新改造、提升技术含量以提高投资效果的改建及单纯购置类投资则以此消彼长的态势表现良好。2011年、2012年，改建及单纯购置投资占全市投资（不含房地产开发投资）的比重分别为39.04%和38.15%，分别比其五年平均比重高7.26个和6.37个百分点。因此从整体上看，建设性质结构的波动，体现了广州市固定资产投资从规模扩张型向内涵效益型的转变。

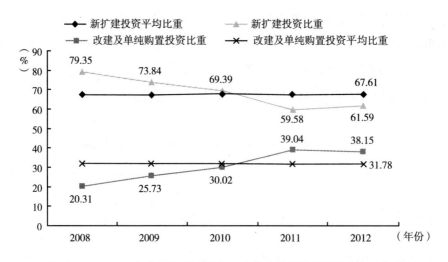

图5　2008~2012年广州市新建投资、改扩建及单纯购置投资比重走势
（不含房地产开发投资）

三　影响投资增长和运行质量的因素

广州市不断优化投资结构，以投资促发展，培育了一批新的经济增长点，对社会经济的可持续发展起到了促进的作用。但纵观这一时期的投资总量和结构，与国内大城市相比，广州市仍存在一些问题和不足。

（一）广州投资规模不大，增速不高

2008～2012 年，广州市累计完成固定资产投资 15199.55 亿元，与北京、上海的差距超过万亿元，不及天津、重庆的一半（见图 6）。

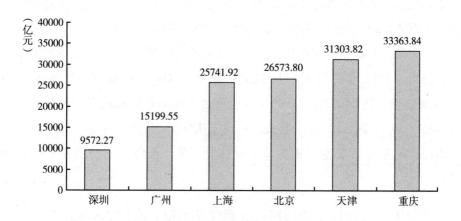

图6　2008～2012 年国内部分城市固定资产投资累计完成情况

近年来，天津固定资产投资发展迅速，广州与天津固定资产投资总量的差额呈逐年扩大的态势（见表6）。天津、广州的固定资产投资总量之比（广州为1），由 2008 年的 1.62∶1，发展为 2012 年的 2.36∶1。2012 年，广州完成固定资产投资 3758.39 亿元，比天津少 5112.92 亿元；同比增长 10.1%，比天津低 8.0 个百分点。

表6　2008～2012 年广州、天津固定资产投资完成情况

单位：亿元，%

年　份	广　州		天　津	
	完成投资	增长速度	完成投资	增长速度
2008	2105.54	13.0	3404.10	42.5
2009	2659.85	26.3	5006.32	47.1
2010	3263.57	22.7	6511.42	30.1
2011	3412.20	4.6	7510.67	15.3
2012	3758.39	10.1	8871.31	18.1

（二）工业投资总量偏小，比重偏低

近五年来，虽然广州工业投资年均增速达到两位数，但存在增长乏力、占固定资产投资的比重下降等问题。工业投资增速在2009年达到20.4%后显露疲态，之后三年平均增速只有2.5%。受此影响，全市工业投资占固定资产投资的比重从2008年的20.70%逐渐下降到2012年的15.37%。

与天津、重庆等城市相比，广州工业投资的总量、比重都存在较大的差距。2008～2012年，广州累计完成工业投资2669.60亿元，仅为天津的20.82%、重庆的24.27%；广州工业投资占全市固定资产投资的平均比重为17.56%，比天津低23.40个百分点，比重庆低15.41个百分点。工业投资与城市经济的持续发展密切相关，工业投资不足，难免影响经济发展的后续动力。

（三）亿元及以上项目投资比重先升后降，支撑力弱化

2008～2012年，全市完成固定资产投资（不含房地产开发投资）9959.34亿元。其中，计划总投资亿元及以上项目完成投资7769.79亿元，所占比重达78.02%。五年间，计划总投资亿元及以上项目占全市固定资产投资（不含房地产开发投资）的比重，呈先升后降的态势（见表7）。2012年，全市计划总投资亿元及以上项目有1132个；完成投资1850.93亿元，占全市固定资产投资（不含房地产开发投资）的77.51%，比重较上期减少3.00个百分点。

表7　近年来广州市计划总投资亿元及以上项目投资完成情况

单位：亿元，%

年　份	固定资产投资（不含房地产开发投资）	其中:亿元及以上项目	
		完成投资	所占比重
2008年	1342.14	951.28	70.88
2009年	1842.51	1429.84	77.60
2010年	2279.91	1841.50	80.77
2011年	2106.84	1696.24	80.51
2012年	2387.94	1850.93	77.51
2013年1～9月	1781.31	1406.48	78.96

（四）房地产开发投资比重偏大

固定资产投资对房地产开发投资的依赖仍然较大。2008～2012 年，房地产开发投资占全市固定资产投资的比重总体呈先降后升的态势（见图 7）。房地产开发投资占全市固定资产投资比重的最小值发生在 2010 年，为 30.14%；最大值发生在 2011 年，为 38.26%。2012 年，全市房地产开发投资占固定资产投资的 36.46%，较 2011 年小幅下降 1.8 个百分点。2013 年 1～9 月累计，房地产开发投资占全市固定资产投资 37.76%，较上年同期小幅下降 0.60 个百分点。尽管比重呈现下行的态势，但依然接近四成。由于房地产开发投资项目建成销售后难以直接形成持续的产出，房地产开发投资对经济的辐射带动力不如工业投资。

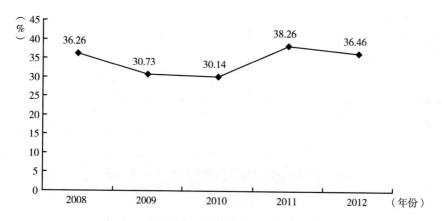

图 7　2008～2012 年广州市房地产开发投资占全市固定资产投资的比重

（五）民间投资涉足领域有待拓宽

近年来，全市民间投资增长速度较高，但单个项目投资规模偏小、融资渠道单一等问题仍然存在。虽然广州进一步放宽了民间资本进入的领域，鼓励和引导民间投资参与公益事业和基础设施项目建设，但目前民间投资依然局限在房地产业、制造业、批发和零售业等传统行业。2012 年，上述三个行业集中了 86.79% 的民间投资（见表 8）。而在基础设施集中的水利环境和公共设施管理业、信息传输/软件和信息技术服务业、交通运输/仓储和邮政业、电力热力燃气及水生产和供应业等领域，民间投资进入的深度明显不足。2012年，全市仅有5.81%的民间投资涉足上述四个行业。另外，民间企业普遍存在融资能力较弱的现象，项目资金多源于企业自筹资金。2012年，民间投资的到位资金中，超过八成是自筹资金，国内贷款的比例不足一成。

表8　2012年广州市各投资主体在部分行业的分布情况

单位：%

	国有投资	民间投资	港澳台投资	外商投资
房地产业	13.83	72.32	77.04	45.93
制造业	3.98	8.90	16.12	49.04
批发和零售业	0.71	5.57	0.80	0.84
水利环境和公共设施管理业	26.43	2.78	0.02	0.36
信息传输、软件和信息技术服务业	10.70	1.54	0.28	0.94
交通运输仓储和邮政业	18.92	1.34	2.03	0.95
电力热力燃气及水生产和供应业	8.75	0.15	0.39	0.01
其他	16.68	7.4	3.32	1.93
总　　计	100.00	100.00	100.00	100.00

四　对改善固定资产投资工作的建议

（一）加大工业投资力度，推进新型城市化建设

加大工业投资力度，重点需关注先进制造业、三大支柱产业的投资。受资源能源环境的制约，应大力推进产业结构调整优化，建立绿色发展政策机制，加大绿色工业的投资力度，推动工业绿色、循环、低碳发展。加大力度支持发展节能与新能源汽车，发展资源消耗低、环境污染少的新型工业，在每年的重点项目中，要保证一定比例的工业投资项目。同时，在每年的用地计划中，也要保证相当规模的工业项目用地，为经济持续发展提供动力。通过积极提高工业投资效能，促进产业结构转型升级，推动全市新型城市化发展道路不断向前。

（二）切实抓好"三个重大突破"，增强投资的内生动力

在战略性基础设施、战略性主导产业和战略性发展平台三个方面实现重大突破，提升城市功能，优化人居环境。优化总部经济发展环境，培育具有国际影响力的大型企业集团，壮大六大千亿级产业集群。推动创新型产业发展，加快新环保、新能源、新材料、新电子、新医药与高端制造等产业技术创新。加大力度支持发展节能与新能源汽车，发展资源消耗低、环境污染少的新型工业。积极培育一批辐射带动力强、科技含量高的重大项目，强化创新驱动，引领上中下游产业投资发展，以投资的增量调整带动存量调整，促进经济长效发展。

（三）充分调动民间投资的活力，繁荣投资市场

落实鼓励民间投资发展的政策，创造宽松良好的投资环境，引导民间投资进入更多的投资领域，充分发挥民间投资在调整经济结构、活跃市场等方面的作用。加大土地利用计划统筹力度，努力解决企业融资难、用地难等问题。构建多元化融资服务体系，鼓励和帮助民间企业债权融资，引导民间企业探索和实施资本运营，推动民间企业发展壮大。

（审稿　周凌霄）

B.9
广州市固定资产投资对经济
增长拉动作用的研究

温欣明*

摘　要：

本文利用近年来广州固定资产投资与 GDP 的数据，通过建立回归模型，分析了各种经济类型的固定资产投资对经济拉动作用存在的差异，并提出了相应建议。

关键词：

固定资产投资　经济增长　比较分析

一　广州市经济增长和固定资产投资现状

（一）经济实力显著增强，产业结构不断优化

1996～2012 年，广州经济持续快速发展，GDP 由 1995 年的 1259.20 亿元提高到 2012 年的 13551.21 亿元（2012 年数据为初步核算数，下同），按可比价计算 1996～2012 年年均增长（下同）13.1%。其中，第一产业增加值由 1995 年的 73.46 亿元增加到 2012 年的 220.72 亿元，年均增长 4.0%；第二产业增加值由 1995 年的 578.03 亿元增加到 2012 年的 4713.16 亿元，年均增长 13.3%；第三产业增加值由 1995 年的 607.71 亿元增加到 2012 年的 8617.33 亿元，年均增长 13.5%。

随着经济的发展，广州的产业结构也不断优化，呈现第一、第二产业增加

---

*　温欣明，国家统计局广州调查队高级统计师。

值占 GDP 比重下降，第三产业比重提高的态势。1996 年三次产业结构为 5.5∶45.8∶48.7，至 2012 年优化为 1.6∶34.8∶63.6，表现为第一、第二产业增加值占 GDP 比重分别下降 3.9 个、11.0 个百分点，第三产业提高 14.9 个百分点（见图 1）。

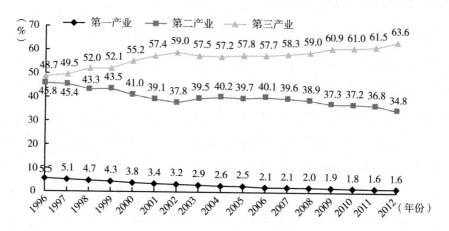

图 1　1996～2012 年广州三次产业增加值占 GDP 的比重情况

（二）固定资产投资持续上升，三次产业投资比重波动较大

1996～2012 年广州固定资产投资持续上升，固定资产投资额由 1995 年的 618.25 亿元提高到 2012 年的 3758.39 亿元，年均增长 11.3%，比 GDP 增幅低 1.8 个百分点；其中，房地产开发投资额由 1995 年的 209.11 亿元增加到 2012 年的 1370.45 亿元，年均增长 11.7%。

从趋势看，不同时期广州第二、三产业固定资产投资占总固定资产投资额的比重波动较大。"九五"期间，第二产业投资比重下降，第三产业比重上升：2000 年第二产业固定资产投资额占 15.3%，比 1996 年下降 10.3 个百分点；第三产业固定资产投资额 84.0%，比 1996 年上升 10.9 个百分点。"十五"期间，第二产业固定资产投资比重上升，第三产业固定资产投资比重下降：2005 年第二产业固定资产投资额占 28.8%，比 2001 年上升 14.3 个百分点；第三产业固定资产投资额占 71.1%，下降 14.2 个百分点。2005 年后，第二产业固定资产投资比重再次下降，第三产业固定资产投资比重再次上升：2012 年第二产业固定资产投资额 599. 87 亿元，占 16. 0%，比 2006 年下降 11. 3 个百分点；第三产业固定资产投资额 3151. 33 亿元，占 83. 8%，比 2006 年上升 11. 2 个百分点。

（三）股份经济、私营经济、集体经济投资比重上升，其他经济类型投资比重下降或持平

股份经济投资额占固定资产投资额的比重由 2001 年的 13. 6% 上升到 2012 年的 26. 8%，提高了 13. 2 个百分点；私营经济投资额占固定资产投资额的比重由 2001 年的 10. 3% 上升到 2012 年的 12. 6%，提高了 2. 3 个百分点；集体经济投资额占固定资产投资额的比重由 2001 年的 3. 8% 上升到 2012 年的 5. 2%，提高了 1. 4 个百分点；其他各类型经济投资额占固定资产投资额的比重则有不同程度的下降或基本持平。例如国有经济投资额所占比重由 2001 年的 45. 8% 下降到 2012 年的 32. 8%，降低了 13. 0 个百分点；港澳台及外商投资额占固定资产投资额的比重由 2001 年的 23. 6% 下降到 2012 年的 22. 0%，降低 1. 6 个百分点。

（四）固定资产投资增速总体低于经济增速

1996 ～ 2012 年，无论是 GDP 还是固定资产投资额都呈增长态势，但固定资产投资额增速低于 GDP 增速，且波动幅度较大。1996 ～ 2012 年，GDP 增速在 10. 5% ～ 15. 3%，年均增长 13. 1%；其中"九五"时期平均增速为

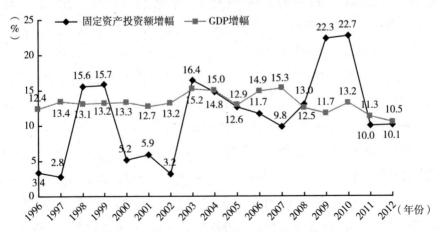

图 2　1996 ～ 2012 年 GDP 与固定资产投资额增幅变动情况

13.1%，"十五"时期为13.8%，"十一五"时期为13.5%；2001~2012年为13.1%。1996~2012年固定资产投资额增速在2.8%~22.7%，年均增速为9.6%；其中"九五"时期平均增速为7.5%，"十五"时期为9.0%，"十一五"时期为14.4%，2001~2012年为11.3%。可见，除"十一五"时期，受广州承办亚运会影响，固定资产投资平均增速高于GDP平均增速外，其余时期均小于GDP平均增速。

二　固定资产投资对经济增长拉动作用实证分析

按《中国统计年鉴》的分类，1999年后，固定资产投资按经济类型分为国有经济、集体经济、联营经济、股份经济、私营经济、港澳台商和外商经济、其他经济和个体经济8种类型。为探索广州各经济类型固定资产投资与GDP之间的关系，本文利用1999~2012年的相关数据，构建回归模型，根据建模过程和回归模型结果，作如下分析。

（1）目前集体经济、联营经济、个体经济、其他经济类型的固定资产投资额与GDP相关性不大，对广州经济增长影响也不显著。主要原因是上述四种经济类型的固定资产投资额比重小，且历年数据波动较大，增长趋势不明显，因而上述经济类型的固定资产投资对GDP增长的拉动作用不明显。以2012年为例，集体经济、个体经济、其他经济类型的固定资产投资额分别只占总固定资产投资额的5.16%、0.14%、0.42%，联营经济比重更小。

（2）根据最终确定的回归模型可以看出国有经济、私营经济、港澳台及外商经济、股份经济的固定资产投资对GDP增长均有正向拉动作用，以每一单位的固定资产投资额对经济增长的效用来衡量，港澳台和外商经济的固定资产投资额对GDP增长的效用最大（系数为0.4009），其他依次为国有经济（系数为0.3327）、股份经济（系数为0.2209）、私营经济（系数为0.1476）。在其他条件不变情况下，分别以上述4种经济类型的固定资产投资额增长10%计算，港澳台及外商经济拉动GDP增长约4.0%，国有经济拉动GDP增长约3.3%，股份经济拉动GDP增长约2.2%，私营经济拉动GDP增长约1.5%。

（3）港澳台及外商经济、股份经济、国有经济、私营经济4种经济类型的固定资产投资标准化系数分别是 0.3194、0.2713、0.2624、0.1933，可知 1999~2012 年，4 种经济类型的固定资产投资对 GDP 的贡献大小依次是港澳台和外商经济、股份经济、国有经济、私营经济。但从 1999~2012 年历年固定资产投资额大小来看，依次为国有经济、港澳台和外商经济、股份经济、私营经济，平均比重分别是 40.3%、22.1%、21.1%、12.0%。再以 2012 年为例，上述经济成份固定资产投资额分别占总固定资产投资额的 32.8%、26.8%、22.0%、12.6%。值得关注的是，相对及港澳台和外商经济、股份经济成分而言，国有经济固定资产投资额占总固定资产投资额比重较大而对经济增长贡献较小。

国有经济固定资产投资额比比与对经济增长贡献不匹配的原因，一方面是国有经济投资于基础设施、公共设施以及民生项目的比重较大，对经济增长往往不能起到立竿见影的拉动作用，多体现为长期效应；另一方面也说明港澳台和外商经济投资者、股份经济投资者对投资项目的选择、评估更为严谨，更注重投入产出效率和投资效益，因而固定资产投资对经济增长的拉动作用更为显著。

三　固定资产投资拉动经济增长相关指标对比情况

（一）广州固定资产投资率下降，经济增长优势缩小

固定资产投资率是指固定资产投资额与当年 GDP 之比，一般而言，在经济增长方式没有发生根本转变的前提下，投资率越高，经济增长速度越高，当然高投资率也要防范经济过热和经济波动。

广州固定资产投资率呈前高后低态势，"九五"时期，广州固定资产平均投资率为 39.9%，分别比全国、全省平均水平高 7.1 个和 8.5 个百分点；"十五"时期下降为 31.1%，比全国平均水平低 10.5 个百分点，与全省持平；"十一五"时期继续下降，平均投资率为 28.0%，分别比全国、全省平均水平低 32.0 个和 4.3 个百分点。在国家实施西部大开发战略之前的 1996~2001 年，广州固定资产投资率一直高于全国和全省平均水平；但从 2002 年到 2012 年，广州固定资产投资率一直低于全国平均水平，而且差距越来越大。2001~2012

年，广州固定资产平均投资率为28.6%，分别比全国、全省平均水平低29.9
个和3.6个百分点；2006～2012年为27.8%，分别比全国、全省平均水平低
35.4个和4.7个百分点（见表1）。

表1 广州与全国、全省固定资产投资率、GDP增长率比较

单位：%，个百分点

时间	投资率					GDP增长				
	广州	全国	广州与全国比较	全省	广州与全省比较	广州	全国	广州与全国比较	全省	广州与全省比较
1996年	43.5	32.2	11.3	34.1	9.4	12.4	10	2.4	11.3	1.1
1997年	39.1	31.6	7.5	29.6	9.5	13.4	9.3	4.1	11.2	2.2
1998年	40.1	33.7	6.4	31.3	8.8	13.1	7.8	5.3	10.8	2.3
1999年	41.1	33.3	7.8	32.7	8.4	13.2	7.6	5.6	10.1	3.1
2000年	37.1	33.2	3.9	30.1	7.0	13.3	8.4	4.9	11.5	1.8
2001年	34.4	33.9	0.5	29.4	5.0	12.7	8.3	4.4	10.5	2.2
2002年	31.5	36.1	-4.6	29.4	2.1	13.2	9.1	4.1	12.4	0.8
2003年	31.3	40.9	-9.6	31.7	-0.4	15.2	10	5.2	14.8	0.4
2004年	30.3	44.1	-13.8	31.9	-1.6	15	10.1	4.9	14.8	0.2
2005年	29.5	48	-18.5	31.8	-2.3	12.9	11.3	1.6	14.1	-1.2
2006年	27.9	50.9	-23	30.6	-2.7	14.9	12.7	2.2	14.8	0.1
2007年	26.1	51.7	-25.6	30.2	-4.1	15.3	14.2	1.1	14.9	0.4
2008年	25.4	55	-29.6	30.3	-4.9	12.5	9.6	2.9	10.4	2.1
2009年	29.1	65.9	-36.8	33.8	-4.7	11.7	9.2	2.5	9.7	2
2010年	30.4	69.3	-38.9	35	-4.6	13.2	10.4	2.8	12.4	0.8
2011年	27.5	65.9	-38.4	31.7	-4.2	11.3	9.3	2.0	10.0	1.3
2012年	27.7	70.3	-42.6	33.8	-6.1	10.5	7.8	2.7	8.2	2.3
"九五"时期（1999～2000年）	39.9	32.8	7.1	31.4	8.5	13.1	8.6	4.5	11	2.1
"十五"时期（2001～2005年）	31.1	41.6	-10.5	31.1	0	13.8	9.8	4	13.3	0.5
"十一五"时期（2006～2010年）	28	60	-32	32.3	-4.3	13.5	11.2	2.3	12.4	1.1
2001～2012年	28.6	58.5	-29.9	32.2	-3.6	13.2	10.2	3.0	12.2	1.0
2006～2012年	27.8	63.2	-35.4	32.5	-4.7	12.8	10.4	2.4	11.5	1.3

固定资产投资率的下降，导致广州相对于全国的 GDP 增长优势有所缩小，虽然 1996～2012 年广州 GDP 增长率一直高于全国平均水平，仅有一年低于全省平均水平，但从具体数值看差距在缩小。"九五"时期，广州 GDP 平均增长率为 13.1%，分别比全国、全省平均水平高 4.5 个和 2.1 个百分点；"十五"时期 GDP 平均增长率为 13.8%，分别比全国、全省平均水平高 4.0 个和 0.5 个百分点；"十一五"时期 GDP 平均增长率为 13.5%，分别比全国、全省高 2.3 个和 1.1 个百分点。

（二）广州投资效果系数提高，优势进一步扩大

投资效果系数是指一定时期的 GDP 增加额与当年固定资产投资额的比例。它从资金投入与产出比率上较全面地反映了投资活动的最终效益，一般而言，投资效果系数越大越好。

从 1997 年到 2012 年，广州投资效果系数一直大于同期全国数值，并且优势呈扩大趋势。"九五"时期，广州投资效果系数为 32.0%，比全国平均水平高 4.4 个百分点；"十五"时期为 44.1%，比全国平均水平高 15.1 个百分点；"十一五"时期为 48.3%，比全国平均水平高 24.8 个百分点。与全省比较，"九五"时期、"十五"时期，广州投资效果系数低于同期全省平均水平，分别比全省低 3.5 个、1.8 个百分点；"十一五"时期，比全省高 8.1 个百分点。2001～2012 年，广州投资效果系数是 44.6%，分别比全国、全省高 22.4 个、6.1 个百分点；2006～2012 年，广州投资效果系数为 44.8%，分别比全国、全省平均水平高 23.9 个、8.3 个百分点（见表 2）。

（三）广州投资弹性系数高于全国、全省水平

投资弹性系数，是指 GDP 增长速度与当年固定资产投资增长速度之比，是单位固定资产投资的增长引起的 GDP 增长，它从相对量角度衡量投资对经济增长的影响，投资弹性系数越高，说明投资增长对 GDP 增长的贡献越大。

1996～2012 年的大多数年份，广州固定资产投资弹性系数高于全国、全省平均水平。2001～2012 年广州固定资产投资弹性系数为 1.04，分别比全

表 2　广州与全国、全省固定资产投资效果系数比较

单位：%，百分点

时　　间	广州	全国	广州与全国比较	全省	广州与全省比较
1996 年	32.7	45.3	− 12.6	38.7	− 6.0
1997 年	32.0	31.3	0.7	40.9	− 8.9
1998 年	28.4	19.1	9.3	28.3	0.1
1999 年	28.0	17.7	10.3	23.8	4.2
2000 年	38.3	29.0	9.3	46.1	− 7.8
2001 年	35.7	28.1	7.6	36.7	− 1.0
2002 年	35.9	24.5	11.4	36.8	− 0.9
2003 年	47.2	27.9	19.3	46.6	0.6
2004 年	51.3	34.1	17.2	50.1	1.2
2005 年	46.3	28.2	18.1	51.5	− 5.2
2006 年	54.7	28.5	26.2	49.6	5.1
2007 年	56.8	36.0	20.8	54.1	2.7
2008 年	54.5	27.9	26.6	45.0	9.5
2009 年	32.0	12.0	20.0	20.1	11.9
2010 年	49.3	21.8	27.5	40.5	8.8
2011 年	49.1	22.9	26.2	42.7	6.4
2012 年	30.0	12.7	17.3	20.0	10.0
"九五"时期（1996～2000 年）	32.0	27.6	4.4	35.5	− 3.5
"十五"时期（2001～2005 年）	44.1	29.0	15.1	45.9	− 1.8
"十一五"时期（2006～2010 年）	48.3	23.5	24.8	40.2	8.1
2001～2012 年	44.6	22.2	22.4	38.5	6.1
2006～2012 年	44.8	20.9	23.9	36.5	8.3

国、全省平均高 0.09、0.04；2006～2012 年广州固定资产投资弹性系数为
1.01，分别比全国、全省高 0.06、0.02。数据表明，随着经济的发展，固定
资产投资弹性系数呈现一定程度的下降趋势，"九五"时期、"十五"时期、
"十一五"时期，广州固定资产投资弹性系数分别是 1.06、1.05、0.99，同期
全国固定资产投资弹性系数分别为 1.00、0.93、0.93，全省固定资产投资弹
性系数分别为 1.05、0.99、0.98，表明无论是广州还是全国、全省的固定资
产投资增长对经济增长的拉动效应均在减弱（见表 3）。

表3　广州与全国、全省固定资产投资弹性系数比较表

单位：%

时　　间	广州	全国	广州与全国比较	全省	广州与全省比较
1996 年	4.96	1.18	3.78	842.32	- 837.36
1997 年	5.18	1.24	3.94	- 10.85	16.03
1998 年	0.82	0.49	0.33	0.60	0.22
1999 年	0.82	1.23	- 0.41	0.63	0.19
2000 年	3.20	1.04	2.16	2.37	0.83
2001 年	2.37	0.81	1.56	1.29	1.08
2002 年	4.02	0.58	3.44	0.99	3.03
2003 年	1.05	0.46	0.59	0.65	0.40
2004 年	1.25	0.66	0.59	0.96	0.29
2005 年	1.25	0.60	0.65	1.04	0.21
2006 年	1.54	0.71	0.83	1.32	0.22
2007 年	1.77	0.92	0.85	1.08	0.69
2008 年	1.24	0.70	0.54	0.97	0.27
2009 年	0.39	0.29	0.10	0.37	0.02
2010 年	0.78	0.75	0.03	0.80	- 0.02
2011 年	3.42	1.48	1.94	3.45	- 0.03
2012 年	0.89	0.57	0.32	0.49	0.40
"九五"时期(1996～2000 年)	1.06	1.00	0.06	1.05	0.01
"十五"时期(2001～2005 年)	1.05	0.93	0.12	0.99	0.06
"十一五"时期(2006～2010 年)	0.99	0.93	0.06	0.98	0.01
2001～2012 年	1.04	0.95	0.09	1.00	0.04
2006～2012 年	1.01	0.95	0.06	0.99	0.02

　　注：1996 年、2011 年固定资产投资统计口径有变化，导致 1996 年、1997 年、2011 年、2012 年固定资产投资弹性出现异常值。

四　建议

（一）保持适当规模的投资率，有利于促进经济又快又好发展

　　"十一五"期间，广州固定资产投资率为 25.4% ～ 30.4%，平均为 28.0%，比全国平均水平低 32.0 个百分点，比全省平均水平低 4.3 个百分点；与韩国、新加坡固定资产投资率水平相近，比世界平均水平（大约 22%）略

高。就广州目前所处发展阶段和国家中心城市的发展定位来看，这一投资率水平偏低。一是目前广州正面临建设新型城市化的艰巨任务，经济转型升级的任务尚处于攻坚阶段，在这一阶段，居民对改善生活环境、生活质量有迫切的需求，对改善城市基础设施和人居环境提出了更高的要求，广州需要保持适当的投资规模，才能更好地满足人民群众的期盼。二是当前世界经济复苏进程面临众多不确定因素，而且印度、越南等周边国家对国际资本的吸引力在不断增强，出口导向型的经济增长方式短期内难以引领经济高速增长。三是提高消费率、形成消费导向型经济需要一个较长的过程，而且作为正在高速发展的地区，如果投资率偏低，必然影响到经济增长速度。因此，建议在"十二五"时期，广州固定资产投资率应保持在35%左右，甚至要接近其他国家中心城市平均水平的固定资产投资率（2012年北京、上海、天津、重庆的固定资产投资率分别是36.3%、26.1%、68.8%、81.0%，平均为48.1%），这对增强广州发展后劲和城市竞争力，加快新型城市化建设具有重要意义。

（二）大力吸引外商投资及民间投资，进一步提高投资效果

外商投资、民间投资是投资的重要力量，2012年港澳台和外商投资、私营经济投资分别只占广州固定资产投资额的22.0%和12.6%，与它们对经济发展的贡献相比，仍显不足，而且由于港澳台和外商投资、民间资本的逐利性，其投资往往更有效率。前文根据广州1999~2012年相关数据构建的模型也验证了这一点。广州投资效果系数、投资弹性高于全国、全省平均水平，与港澳台和外商投资比重较高不无关系，2011年广州港澳台和外商投资占总投资的比重比全国、全省平均水平分别高13.0个和4.5个百分点。因此要进一步深入推进投融资体制改革，创造更为宽松和规范的投资环境；消除各种隐性壁垒，清理、修订和完善各项不利于外商和民间投资发展的政策法规；降低某些行业民间资本的准入门槛，鼓励和支持外商、民间资本进入重点行业和领域，最终形成各类型固定资产投资的良性增长机制。

（三）优化投资结构，遏制投资弹性系数下滑

投资所形成的固定资产的数量和质量，在一定程度上决定了未来的经济发

展的速度和质量，目前广州与全国、全省一样，投资弹性系数呈下滑趋势，意味着固定资产投资增长率引起的 GDP 增长率在下降。因此要统筹投资项目，既要考虑克服传统发展模式的弊端，与转变经济发展方式有机结合，又要考虑城市综合承载力，可从以下两个方面来进行。一是除了根据城市发展需要，投资城市基础设施建设外，还要加强政策引导和宏观调控，鼓励新增投资投向实体产业，提高资本回归实体产业的积极性。二要通过项目引进和建设，吸引更多战略性新兴产业项目，重点发展先进制造业、有较强竞争力的优势传统产业和高技术产业，利用龙头项目的带动作用催生一批与之配套的上下游产业项目，提升主导产业的集聚度，形成有一定影响力的产业链，从而提高产业整体效益。

（审稿　冯俊）

参考文献

宋丽智：《我国固定资产投资与经济增长关系再检验 1980～2010 年》，《宏观经济研究》2011 年第 11 期。

李业明：《珠三角地区的投资、消费与经济增长的动态关系研究》，《华南师范大学学报》（社会科学版）2012 年第 5 期。

张婧：《浅析固定资产投资对 GDP 的影响》，《改革与开放》2010 年第 12 期。

韩雪：《我国固定资产投资对经济增长影响的计量分析》，《经营管理者》2009 年第 9期。

王莉琴、邵全：《浅析我国固定资产投资对 GDP 的影响》，《现代商业》2009 年第 33期。

产 业 篇

Indutrial Reports

B.10

广州市房地产业的产业
影响测度研究

文苑棠

摘 要：

本文利用近年广东省 42 部门投入产出调查数据，对广州房地产业的行业属性和功能的定位判断进行实证分析，并提出了结论和对策。

关键词：

房地产 投入产出 产业关联

近年房价快速上涨，对经济发展、居民财产变化和消费结构等产生了深远影响，房地产是否应当作为支柱产业来发展曾一度引发争论。投入产出理论是产业研究的重要分析工具，广州虽没有完整的投入产出数据，但其行业分类比较齐全，且因其中心城市的地缘特点和辐射功能，产业结构与全省具

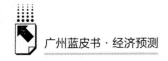

有相似性，因此可以利用全省数据去分析。本文利用 2002 年和 2007 年广东省 42 部门投入产出的调查数据，对广州市房地产业的行业属性和功能的定位判断进行实证分析。

一 房地产业的产业关联度分析

（一）产业关联程度分析

投入产出分析研究中常用感应度系数和影响力系数分析某部门在产业关联中的制约程度和辐射作用。当某部门的感应度系数小于 1 时，表明该部门对其他部门的制约程度低于社会平均水平；反之则高于社会平均水平。某部门的影响力系数小于 1，表明该部门对其他部门的辐射作用低于社会平均水平；反之则高于社会平均水平。通过运用这两个指标，根据投入产出表计算，可以对广东房地产业与各行业之间的前向关联和后向关联程度及其结构变化进行分析。

为便于对各行业进行分组归类研究，下面把 2002 年和 2007 年广东 42 部门感应度系数和影响力系数分为四个象限，分类标准为：感应度系数 ≥ 1、影响力系数 ≥ 1 的归为第 I 象限，感应度系数 < 1、影响力系数 ≥ 1 的归为第 II 象限，感应度系数 < 1、影响力系数 < 1 的归为第 III 象限，感应度系数 ≥ 1、影响力系数 < 1 的归为第 IV 象限（见图 1、图 2）。处于第 I 象限的部门具有强辐射和强制约的双重性质，是拉动国民经济发展的重要支柱产业；处于第 II 象限的部门属于强辐射、弱制约性的部门，一般是发展较为成熟的行业；处于第 III 象限的部门为影响力系数和感应度系数均小于社会平均水平的部门，这些部门属弱辐射、弱制约性部门；处于第 IV 象限的部门属于弱辐射、强制约性的部门，对国民经济的发展有着较强的制约作用。

我们发现，无论 2002 年还是 2007 年广东房地产业都处于第 III 象限，与 2002 年和 2007 年均处在第 I 象限的造纸印刷及文教用品制造业，金属制品业，金属冶炼及压延加工业，通信设备、计算机及其他电子设备制造业，化学工业 5 个行业相比较，房地产业的产业关联度很低，其产业辐射和制约作用与其支柱产业的政策地位极不匹配（见图1、图2）。

2002年	感应度系数 < 1	感应度系数 ≥ 1
影响力系数≥1	第Ⅱ象限：强辐射和弱制约 11个部门：建筑业，科学研究事业，非金属矿采选业，其他制造业，木材加工及家具制造业，服装皮革羽绒及其制品业，食品制造及烟草加工业，非金属矿物制品业，仪器仪表及文化办公用机械制造业，交通运输设备制造业，通用、专用设备制造业	第Ⅰ象限：强辐射和强制约 8个部门：纺织业，造纸印刷及文教用品制造业，电气、机械及器材制造业，燃气生产和供应业，金属制品业，金属冶炼及压延加工业，通信设备、计算机及其他电子设备制造业，化学工业
影响力系数 < 1	第Ⅲ象限：弱辐射和弱制约 15个部门：公共管理和社会组织、教育事业、旅游业、卫生、社会保障和社会福利事业、综合技术服务业、邮政业、文化、体育和娱乐业、水的生产和供应业、其他社会服务业、信息传输、计算机服务和软件业、住宿、餐饮业、房地产业、煤炭开采和洗选业、废品废料批发和零售贸易业	第Ⅳ象限：弱辐射和强制约 8个部门：金属矿采选业，农业，租赁和商务服务业，交通运输及仓储业，金融、保险业，石油加工、炼焦及核燃料加工业，石油和天然气开采业，电力、热力的生产和供应业

图1 2002 年广东省 42 部门关联结构分类

2007年	感应度系数 < 1	感应度系数 ≥ 1
影响力系数≥1	第Ⅱ象限：强辐射和弱制约 14个部门：建筑业，非金属矿采选业、其他制造业，木材加工及家具制造业，服装皮革羽绒及其制品业，非金属矿物制品业，仪器仪表及文化办公用机械制造业，交通运输设备制造业，通用、专用设备制造业，纺织业，电气、机械及器材制造业，燃气生产和供应业，旅游业，金属矿采选业	第Ⅰ象限：强辐射和强制约 6个部门：造纸印刷及文教用品制造业，金属制品业，金属冶炼及压延加工业，通信设备、计算机及其他电子设备制造业，化学工业，电力、热力的生产和供应业
影响力系数 < 1	第Ⅲ象限：弱辐射和弱制约 15个部门：科学研究事业，食品制造及烟草加工业，公共管理和社会组织、教育事业、卫生、社会保障和社会福利事业，综合技术服务业，邮政业，文化、体育和娱乐业，水的生产和供应业，其他社会服务业，信息传输、计算机服务和软件业，住宿、餐饮业，房地产业，煤炭开采和洗选业，废品废料	第Ⅳ象限：弱辐射和强制约 7个部门：批发和零售贸易业，农业，租赁和商务服务业，交通运输及仓储业，金融、保险业，石油加工、炼焦及核燃料加工业，石油和天然气开采业

图2 2007 年广东省 42 部门关联结构分类

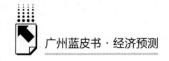

（二）产业直接关联结构分析

1. 直接后向拉动作用分析

从房地产业对 42 部门的直接消耗系数排位看，排前 10 位的行业中，2007 年和 2002 年有 6 个行业相同，分别是金融、保险业，租赁和商务服务业，建筑业，房地产业，住宿、餐饮业，信息传输、计算机服务和软件业。

从排位的次序变化看，2007 年与 2002 年相比，排前 10 位的行业中，有 7 个行业排位前移，有 6 个行业的排位后移，表明房地产业对排位前移 7 个行业的拉动作用相对提高，对排位后移 6 个行业的拉动作用相对下降。排位前移的 7 个行业分别是：通信设备、计算机及其他电子设备制造业（前移 12 位），造纸印刷及文教用品制造业（前移 5 位），批发和零售业（前移 4 位），交通、运输及仓储业（前移 2 位），金融、保险业（前移 1 位），租赁和商务服务业（前移 1 位），信息传输、计算机服务和软件业（前移 1 位）。排位后移的 6 个行业分别是：综合技术服务业（后移 19 位），其他社会服务业（后移 11 位），电力、热力的生产和供应业（后移 10 位），批发和零售业（后移 5 位），房地产业（后移 4 位），住宿、餐饮业（后移 1 位）。

2. 直接前向推动作用分析

（1）房地产业对三次产业 5 部门的供给推动作用分析。

从房地产业对三次产业 5 部门的直接分配系数看，其他第三产业行业、工业、房地产业的直接分配系数较高，说明房地产业对这些产业的直接前向推动作用较强，直接关联度相对较高。而对建筑业、农业的直接分配系数较低，说明房地产业对这两个产业的直接前向推动作用较弱，直接关联度相对较低。

从 2007 年和 2002 年的直接分配系数结构比较看，房地产业对第三产业的直接分配作用相对下降，对工业的直接分配作用则相对上升。

（2）房地产业对工业大类的供给推动作用分析。

从房地产业对 24 个工业大类直接分配系数的排位看，2002 年排在前 7 位的工业大类在 2007 年仍然排在前 7 位，说明房地产业对这 7 个大类的直接供给推动作用比较明显，产业关联度较高。

从 2007 年和 2002 年房地产业对 24 个工业大类直接分配系数的差值看，5

年中排在前 6 位的服装皮革羽绒及其制品业，化学工业，造纸印刷及文教用品制造业，通信设备、计算机及其他电子设备制造业，金属制品业，电气、机械及器材制造业等工业行业的直接分配系数提高相对明显，而这 6 个行业均为广东工业支柱产业。这说明 5 年来广东房地产业对工业支柱产业的关联度有明显提升，对工业支柱产业的供给推动作用在增强。虽然房地产业对交通运输设备制造业的直接分配系数仅排在第 13 位，但在 2002 年和 2007 年广东省内只有广州、深圳两个城市具有汽车制造业，而且广州是省内少数个别具有造船业的城市，因此对广州而言，房地产业对交通运输设备制造业的直接分配作用要远高于全省的水平。因此，房地产业对广州工业支柱产业之一的汽车制造业的供给推动作用不容忽视。特别是在城市从中心向外围扩张的土地城市化进程中，选择在郊区居住的人越来越多，交通改善的需求与此递增，这是房地产业对汽车制造业形成供给推动作用的直接原因。

（三）产业完全关联结构分析

完全消耗系数可以反映某部门每一单位产出需要完全（包括直接和间接）消耗其他部门产品和服务的情况，体现某部门生产对其他部门生产的依赖性，以及该部门的产业后向关联度，其值越大，说明部门间的关联度越高；完全分配系数可以反映某部门每一单位初始投入，通过直接和间接联系向其他部门提供的分配量，以及该部门的产业前向关联度，其值越大，说明其他部门对该部门的需求越大，该部门的供给推动作用越明显。下面利用这两个指标对广东房地产业与其他行业的关联度进行分析。

2002 年和 2007 年，房地产业完全消耗系数排名均在前 10 位的有 8 个行业，分别是：金融、保险业，通信设备、计算机及其他电子设备制造业，租赁和商务服务业，化学工业，造纸印刷及文教用品制造业，电力、热力的生产和供应业，房地产业，住宿、餐饮业，表明房地产业发展对这 8 个行业的依存度较高。2002 年排在前 10 位的建筑业、交通运输及仓储业分别从第 4 位和第 8 位下降到 2007 年的第 11 位和第 13 位，表明房地产业对这两个行业依存度有所下降，但仍处于较高的后向关联水平；而 2002 年排在第 10 位之后的金属冶炼及压延加工业，电气、机械及器材制造业则分别从第 15 位和第 11 位上升至

2007 年的第 9 位和第 10 位，表明房地产业对这两个行业的依存度有所提高。

2002 年和 2007 年，房地产业完全分配系数排名均居前 10 位的有 4 个行业，分别是：批发和零售业，住宿、餐饮业，邮政业，旅游业，表明这 4 个行业对房地产业的需求较大，表明商贸流通业、旅游业、酒店餐饮业等对房地产业具有较好的促进作用。服装皮革羽绒及其制品业、造纸印刷及文教用品制造业、纺织业、交通运输及仓储业、其他制造业、水的生产和供应业 6 个行业由 2002 年的排名 10 位以后晋升至 2007 年的前 10 位，表明房地产业对这 6 个行业的供给推动作用有所增强。

二 房地产业定位判断分析

（一）房地产业属性分析

与 2002 年相比，2007 年广东房地产业的中间需求率和中间投入率均有所下降，而房地产业总产出占全部行业总产出的比例和房地产业增加值占全部行业增加值的比例均有所上升。

从房地产业的中间需求率看，2002 年和 2007 年均在 0.4 以下，较低的中间需求率表明房地产业具有明显的终端产品性质，而非生产资料性质。

从房地产业的中间投入率看，2002 年和 2007 年均处于较低水平，2002 年略高于 0.2，2007 年下降至 0.19。由于总投入 = 中间投入 + 折旧 + 附加价值，因此在总投入和折旧率一定的情况下，若中间投入率越高，则附加价值就越低，反之则越高。较低的中间投入率表明房地产业整体附加价值较高，盈利能力显著，而下降的中间投入率则说明 5 年中房地产业的附加价值和盈利能力均有所提高。

从房地产业总产出占全部行业总产出的比例、房地产业增加值占全部行业增加值的比例看，一方面，房地产业总产出占全部行业总产出的比重较低，2002 年和 2007 年均不足 2.8%；另一方面，房地产业增加值占全部行业增加值的比例较高，2002 年和 2007 年均在 6.1% 以上，且该比例扩大趋势明显，2007 年为 6.9%，比 2002 年提高 0.8 个百分点。房地产业以较低的总产出比重创造出较高的增加值比重，反映出房地产业高附加值的产业特性。

（二）最终使用结构变动分析

从房地产业最终消费的构成看，可分为三部分：农村居民消费、城镇居民消费和固定资本形成。与2002年相比，2007年农村居民消费占房地产业最终消费的比例从41.0%下降到9.9%，而城市居民消费占房地产业最终消费的比例则从22.1%上升到57.6%，表明房地产业最终产品流向从农村消费转向城市消费的力度很大，进程很快；固定资本形成率从37.0%下降到32.5%，表明房地产业的相关管理费用、人工费用提高速度较大，对固定资本形成产生一定的挤压作用。

从中间投入占最终消费的比重看，2007年比2002年下降5个百分点，即房地产业每增加一个单位的最终使用对其他部门货物和服务的消耗量下降5%，表明房地产业生产的单位消耗减少，效益提高。

三　主要结论

（一）房地产业具有明显的终端产品性质和高盈利的经济地位

较低的中间需求率和中间投入率，表明房地产业既具有明显的最终消费性质，又具有较高的盈利能力。较低的总产出比重创造出较高的增加值比重，表明房地产业具有显著的高附加值的产业优势，凸显了其在国民经济中的地位。广州房地产业增加值占全部行业增加值的比例从2002年的3.8%上升至2007年的7.0%，再上升至2011年的7.2%，表明广州房地产业高附加值的产业优势得到了较好发挥。

（二）房地产业的产业关联度不高，支柱产业作用不明显

由于房地产业具有终端产品性质，而非生产资料属性，因此房地产业在产业关联中的作用应该集中在后向的需求拉动上。但从感应度系数和影响力系数

均小于 1 的情况看，广东房地产业在产业关联中的辐射半径和制约半径较短，力度较弱，无法起到明显带动国民经济增长的作用，支柱产业的政策定位未能充分明确，产业地位与经济地位不匹配。这一结论与一些学者对其他省份的研究结论是一致的①②。

从产业的依存结构看，房地产业需求拉动的行业主要集中在建筑业和部份工业门类等以物质消耗为主的部门，对经济增长的促进作用是以大规模的房地产开发建设为主，具有非常明显的"数量扩张"特征。房地产业投资规模急剧变化而相关产业未能适时调整，会引发相关建材价格过快上升或产能过剩，将影响国民经济的稳定。

（三）房地产业的消费属性偏大，生产投资属性弱化

从房地产业最终消费构成看，农村居民消费与城镇居民消费之和占房地产业最终消费的比例从 2002 年的 63.0% 上升为 2007 年的 67.5%，上升 4.5 个百分点，特别是城镇居民消费占最终消费的比例上升了 35.5 个百分点；而作为生产投资属性的固定资本形成占房地产业最终消费的比例则相应下降。虽然一方面，一定时期内房地产业对刺激消费、拉动内需起到积极作用，但当消费属性持续偏大，甚至快速增长时，反而会抑制居民对其他消费品的支出，不利于消费结构的调整；另一方面，在房地产业生产资料性质不明显的情况下，生产投资属性的弱化，也削弱了房地产业的供给推动作用。

（四）房地产业与金融、保险业关联度过高，易诱发金融风险

无论从直接消耗系数看还是从完全消耗系数看，房地产业对金融、保险业的消耗排位靠前，且两者关联度 2007 年均排在首位。资金在房地产业的投入比例较大，一方面会对其他产业发展资金需求造成一定挤压，另一方面当房地产业发生较大波动时，潜伏着一定的金融风险，应引起足够重视。

---

① 陈多长、方盛静：《浙江房地产业的产业功能定位研究》，《统计研究》2008 年第 1 期，第 65 ~ 70 页。

② 吕品、郑莉峰：《房地产业的关联效应和波及效应——基于浙江省投入产出表的实证分析》，《科学决策》2012 年第 2 期，第 52 ~ 63 页。

四 对策建议

（一）调整对房地产业支柱产业的认识和定位

从广义的房地产经济而论，房地产开发投资主要集中在第二产业中的建筑业，建筑业的影响力系数高而感应度系数低，对国民经济具有显著的拉动作用；房地产业作为第三产业是国际通行的产业分类标准，而作为第三产业的房地产业对整体国民经济的影响相当有限。从地方利益看，房地产业的突出作用是土地出让带来的可观收益。因此，在调整优化地方财税结构的情况下，房地产业应逐步退出支柱产业的定位。

（二）创新房地产业产业融合的新路径

一是继续发挥房地产业高盈利的产业特征，加强其对商贸流通业、旅游业、酒店餐饮业、养老产业等的供给推动作用，寻求旅游地产、休闲地产等产业融合发展的新方向。

二是继续加大环保、节能、降耗等领域的研究与应用，继续降低房地产业中间投入占最终消费的比重，降低房地产业生产的单位消耗，提高房地产业效益。

三是积极发挥房地产业对汽车制造业等工业支柱产业的供给推动作用。优化和合理布局汽车产业，增强汽车关键零部件自给能力、整车生产能力，打响自主品牌，摆脱关键零部件依赖进口、与国内其他城市汽车产业同质化的竞争局面，走出一条广州汽车产业国产化、差异化、品牌化、专业化的新路子。

（三）稳定房价，平衡房地产业的消费与投资功能

平衡房地产业的消费与投资功能的关键是要分地区、分阶段对待：对增城、从化等代管市，土地资源紧缺程度相对偏松，房地产业固定资本形成率在一定时期可以继续保持较高水平，房地产业对消费的带动作用相对中心城区明显，因此可以加大房地产业对这些地区的消费带动功能。但广州中心城区房价

快速上升，城镇居民对住房消费过高过快，房地产业对居民消费造成"挤出"效应，因此，稳定房价是优化中心城区居民消费和投资结构的关键。

（四）优化房地产业的融资模式，降低金融风险

适当调整房地产投资中金融、保险业资金的比重，发展多元化的融资主体，不断完善融资主体的功能；探索新的融资方式，促进融资方式之间的竞争和协调发展；发展多层次多结构的融资市场，满足多种需求；健全融资环境，积极进行相关法律的制定和信用评级标准体系的建立。要循序渐进地建立符合国情省情市情、功能完善、层次分明、结构合理、无缝衔接、收益与风险相匹配、运行有序、监管有度的多元化和全方位的房地产业融资模式。

（审稿　冯俊）

B.11

广州市加快推动 3D 打印产业
发展的对策研究

广州大学广州发展研究院课题组 *

摘 要:

　　本文阐述了 3D 打印产业的发展及其影响,分析了广州 3D 打印产业发展所面临的形势,并提出了促进广州 3D 打印产业发展的政策措施。

关键词:

　　广州市　新工业革命　3D 打印产业

　　近年来,3D 打印技术风靡全球,人们认为这项技术将极有可能推动第三次工业革命。广州市目前在战略性新兴产业发展、高新技术推广应用、高科技人才的培育与引进等方面取得了积极的进展,国家创新型城市和智慧城市建设也实现了较大的突破,但与国际国内其他先进城市相比,广州在高科技产业发展方面仍然存在较大的差距。我们认为,广州市要改变这一局面,亟须抓住以3D 打印产业为重要标志的第三次工业革命所带来的机遇与挑战,大力推动 3D打印产业链条的发展、完备,争取在国内抢先占领 3D 打印这一新兴产业的战略高地,为广州今后几十年高端产业的发展打下良好的基础,并使广州成为我国新工业革命新兴产业领域的领军城市。

---

　　* 本文是广东省高校人文社科重点研究基地广州大学广州发展研究院、广东省教育厅"广州学"协同创新发展中心、广州市教育局"广州学"协同创新重大项目研究成果。执笔人:周凌霄,广州大学广州发展研究院副院长,副教授;邓良,广州大学广州发展研究院助理研究员,博士。

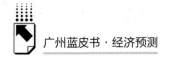

一 3D 打印产业的发展是新工业革命的重要标志

2012 年，英国《经济学人》杂志专门论述了当今全球范围内正在经历的第三次革命，认为这次革命建立在互联网和新材料、新能源相结合的基础上，它以"制造业数字化"为核心，通过新材料、新工艺、新机器人、新的网络协同制造服务，使全球技术要素和市场要素配置方式发生革命性变化。而 3D 打印技术作为"第三次工业革命的重要标志"，是推动新一轮工业革命的重要契机。

（一）3D 打印技术的原理与应用领域

3D 打印实际是快速成型技术的一种，其基本原理是以计算机三维设计模型为蓝本，通过软件分层离散和数控成型系统，利用激光束、热熔喷嘴等方式将金属粉末、陶瓷粉末、塑料、细胞组织等特殊材料进行逐层堆积黏结，最终叠加成型，制造出三维立体产品。和传统生产方式相比，3D 打印技术可以直接定制个性化的高难度产品，如动力装备、航空航天、汽车等高端产品关键零部件的制造。此外，3D 打印技术还具有制作精度高、制作周期短以及制作材料的多样性和制作成本相对低廉的特点。

随着 3D 打印技术的推广与扩散，3D 打印的应用领域也在不断拓展。一是在工业领域的使用。如波音公司利用三维打印技术已经制造了大约 300 种不同的飞机零部件，并且正在研究利用 3D 打印技术打印出机翼等更大型的产品。空客公司则提出了透明飞机概念，计划从打印飞机的小部件开始逐步发展，到 2050 年左右能够 3D 打印出整架飞机。二是在医学领域的推广。如德国科学家利用 3D 打印技术研制出了人造血管。哈佛大学医学院的一个研究小组则成功研制了一款可以实现生物细胞打印的设备。此外，3D 打印人体器官也在研究之中。三是在消费领域的应用。如通过 3D 打印技术制造的服装，可以突破传统服装剪裁的限制，能够更好地帮助设计师展现其艺术灵感。康奈尔大学的研究团队通过精确控制食物内部材料分布和结构，甚至制造了一台 3D

广州市加快推动3D打印产业发展的对策研究

打印机用于打印食物。图1、图2为国外学者绘制的3D打印技术应用领域及主要应用功能分布图。

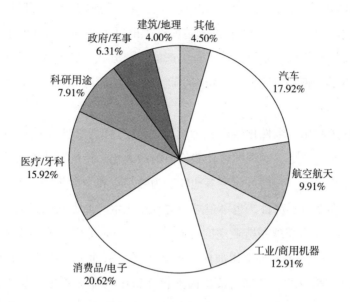

图1 3D打印技术应用领域分布

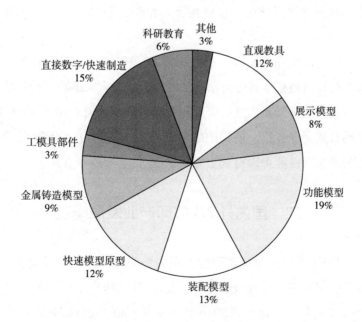

图2 3D打印技术主要应用功能分布

141

（二）3D 打印技术对传统产业的影响

3D 打印正在使传统生产方式和生产工艺发生深刻变革，其超强的设计能力、精密化的"打印"、个性化的制造所产生的巨大影响，将使制造业从使用车床、钻头、冲压机、制模机等工具生产的传统方式，转变为以 3D 打印为基础、成本更低、研发周期更短的新型生产方式，从而对传统产业带来非常深远的影响。

一是使定制化、个性化生产成为可能。3D 打印能够使设计者与消费者之间通过互动改进产品，实现顾客让渡价值的最大化。传统制造模式下工业化所带来的规模化生产，今后可能更多地转变为数字化和个性化定制生产，企业将不再需要库存大量零部件，也不追求通过规模化生产的方式来降低成本。

二是可能重构全球制造业空间分布。3D 打印对生产方式的改变，使企业在选择生产地时更多的是考虑如何接近消费者，从而大大缩短了传统制造过程的供应链，相应的，劳动力成本因素也变得不再那么重要。传统的离岸经济模式将出现变化，发展中国家产品制造者的地位会发生改变，发达国家产业空心化的状态会得以化解，最终在极大程度上重构全球制造业的地理空间分布。

三是使产品研发和品质得到更好的保证。3D 打印无需机械加工或任何模具就能根据计算机数据生成各种形状的零件，从而大大缩短了产品的研发与制造周期，并极大地降低新产品的研发与营销风险。而且，由于 3D 打印产品实现了产品的自然无缝连接，使得产品的稳固性和连接强度要高于传统的焊接工艺，产品的质量和性能可以得到更好的保证。

二 国内外 3D 打印产业发展概况

3D 打印产业近年来保持了飞速发展的势头和巨大的成长潜力。2012 年，美国沃勒斯公司发布的研究报告指出，全球 3D 打印产业产值在 1988～2010 年间保持 26.2% 的年均增速，到 2016 年产业总产值将达到 31 亿美元，2020 年将达到 52 亿美元。《经济学人》杂志则预计，3D 打印产业的收入增长率在未来几年内将达到50%以上。2012 年美国《时代》周刊更是将 3D 打印产业列入"美国十大增长最快的产业"。与 3D 打印产业发展的迅猛势头相对应，各国政府对于这一产业给予了高度重视，欧美国家特别是美国力图抓住这一产业发展的黄金机会，以改变本国制造业空心化的不利局面。

（一）发达国家 3D 打印产业发展状况

英美等发达国家正处于后工业化时代，以金融、证券、网络等主导的虚拟经济一度成为整个经济命脉的核心，但 2008 年金融危机给上述国家带来的巨大影响，促使人们去反思过度依靠虚拟经济而忽略了实体经济尤其是制造业空心化所导致的弊端。为此，2009 年，奥巴马政府提出了"再工业化"和"制造业回归"的发展战略，其目的是通过高新技术改造传统制造业，积极吸引美国外溢的制造业回归，大幅增加制造业尤其是高端制造业在产业结构中的比重，以改善美国经济结构的平衡性与稳定性。在此背景下，3D 打印技术成为美国"再工业化"和"制造业回归"战略的重大引擎。迄今，美国的 3D 打印技术供应商已成功地"打印"出了从手枪、自行车到汽车和电控飞行器的一系列产品。许多原料耗材也开始使用 3D 打印生产，其应用范围已经渗入生物医疗、汽车、工业设计和航空等多个行业。全球两家 3D 打印机制造巨头 Stratasys 和 3D Systems 都在美国，且均已在纳斯达克上市。沃勒斯公司 2012 年的报告显示，全球累计销售的 4.9 万台工业级 3D 打印机中，近 3/4 由美国制造，而中国生产的设备仅占 3.6%。

欧美国家的 3D 打印企业，不仅已经在技术上努力创新，而且还把创意延伸到了商业模式上。2007 年，由飞利浦提供启动资金的 Shapeways，采取了全新的"云打印"概念，即 O－O（线上线下）商业模式。该公司创造性地打造了一个集销售、定制、设计于一体的网络用户社区，顾客既可以在社区选定自己喜欢产品的三维设计方案，也可以在社区直接上传由自己亲自设计的 3D 模型并选择打印材料，费用支付成功后，该公司会把创意用 3D 打印技术制造出来并送货上门。

基于 3D 打印在美国制造业显现的巨大应用潜力，2012 年，奥巴马总统在国情咨文中提出，美国政府计划每年向该领域提供技术投资 5 亿美元，并在 4

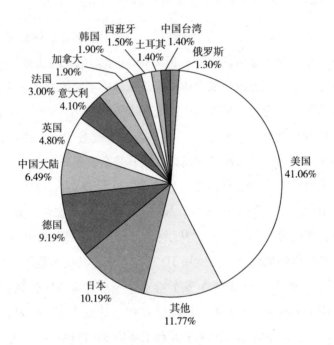

年后逐步提高到每年 10 亿美元，以帮助提升美国在该领域的世界领先地位。而《经济学人》也预测，由于 3D 打印产业在发达国家的良好前景，未来生产制造将从大型、复杂和相对比较昂贵的传统工业过程中分离出来，任何能接上电源的计算机都具备了成为快速、灵巧生产工厂的可能性，制造业将因此再次回流到欧美发达国家（见图 3）。

图3　3D 打印设备数量的国家和地区公布

（二）国内 3D 打印技术的应用与发展

自 20 世纪 90 年代以来，国内多所高校尝试开展了 3D 打印技术的自主研发工作，清华大学、西安交通大学、华中科技大学以及北京隆源公司、中航重机激光等院校和企业在快速成型设备、软件、材料等方面的研究和产业化已经获得了重大进展，目前，我国相关技术的研究工作基本做到了与国际同步。在工业设计领域，部分金属结构件和零部件通过 3D 打印技术可以直接制造；在生物工程领域，用于辅助治疗的牙齿、骨骼、细胞、器官、软组织等也能打印出来。在 3D 打印机的整机生产和销售领域，领先的企业则主要有深圳维示泰克、北京殷华、南京紫金立德、陕西恒通智能、江苏敦超、湖北滨湖机电等，一些企业生产的便携式桌面 3D 打印机甚至已成功进入欧美市场。还有部分中小企业则成为国外 3D 打印设备制造商的代理商，经销全套打印设备、软件和原材料。另有些中小企业通过购买国内外的 3D 打印设备进入行业服务领域，专门为相关企业的研发和生产提供服务，取得了较好的经济效益。

但总的来看，与发达国家相比，我国在 3D 打印设备的研发、应用和产业化方面还相对落后，存在的问题主要表现为：国民整体缺少 DIY 和创意设计的习惯，目前的应用面仍然很窄，市场需求有待激发；国产 3D 打印机在精度、速度和打印的尺寸上还无法满足商用的个性化需求；原始创新能力比较弱，缺乏控制软件、材料开发、组件拼装等核心技术；加工慢，符合要求的打印材料不足，成本、精度、效率与质量有较大改善空间；增材制造技术在我国重工业零部件制造方面得到一定应用，但尚未进入大规模工业化，其工艺与装备都有待进一步开发；3D 产业整合度较低，主导技术标准和研发平台尚未确立，技术推广应用尚处于无序状态等。

三 广州 3D 打印产业发展相对滞后

面对国内 3D 打印产业发展与发达国家的差距，我国有关部门与机构正在想方设法，积极缩小差距，弥补劣势，工信部正在组织制定 3D 打印技术路线图和中长期发展战略，推动 3D 打印技术规范和标准的完善，研究制定支持 3D 打印产业发展的专项财税政策等。我国部分地区为了不在以 3D 打印为代表的新工业革命中失去话语权，防止失去追赶先进城市和改变地区经济结构与产业升级的重大机遇，也已经先行发力。

（一）国内兄弟省市正在抓住机遇、积极应对

江苏省 3D 打印产业已走在全国前列，目前有 3 家企业专业从事 3D 打印机生产，即江苏敦超电子、南京紫金立德、飞而康，它们已成为国内 3D 打印领域领军企业。在技术研发上，也有一批国内 3D 打印领域的优秀人才。我国首个 3D 打印工业园则落户武汉东湖高新区，目前武汉市发改委等部门针对 3D

打印产业，正在摸底调查，着手编制规划并予以扶持培育。

从广东省内来看，深圳市目前对 3D 打印产业发展的态度十分积极。2013年 6 月，深圳举行了第七届亚洲国际激光应用技术论坛，邀请全国各地 3D 打印领域的专家和企业齐聚深圳，探索和推动 3D 打印的市场应用。深圳一些企业已经凭借自身的技术优势进入了 3D 打印领域，主要进行手板模型、产品磨具的批量制造，上市公司深圳光韵达则从德国引进了一整套 3D 打印设备和解决方案，并把公司未来业务方向定位在 3D 打印应用上。在桌面级 3D 领域，深圳目前已经有维示泰克、茂登等公司展开自主研发，实现了 3D 打印机的整机生产和销售。在产品应用方面，中兴通讯正在采购 3D 打印产品，另外飞亚达、富士康、比亚迪等企业也计划加入应用者行列。

在政府层面，深圳市领导明确提出"抓住先机，就能立于不败之地"。并且表态，为加快推动 3D 显示技术创新和产业化，深圳将积极组建包括大学、科研机构、企业、行业协会等在内的产业联盟，研究实施专项计划，形成团队开发、持续开发的新机制，打造涵盖原始创新、技术开发、产品制造、内容产业到推广应用等全链条的 3D 显示技术产业链。深圳市政府还连续举办了多次座谈会，促进深圳 3D 显示技术产业链上下游企业的协同发展，搭建平台，推动产、学、研、资各方对接，支持以光启、超多维等为代表的研发型企业开展源头创新，加快重大创新成果产业化，确保深圳始终走在相关技术和产业发展的最前沿。

此外，省内的东莞市也已经将 3D 打印产业的发展写入了 2013 年的地方政府工作报告，作为下一步优先扶持的产业对象。

（二）广州亟须重视 3D 打印产业的发展

反观广州，面对 3D 打印产业在国内外飞速发展的局面，广州市的反应相对滞后，在科研院所方面，广州地区目前仅有华南理工大学的科研团队自2001 年左右开始研究 3D 打印技术，目前主要研发方向是牙齿、假肢以及金属部件等；国内上市公司中目前在 3D 打印领域处于领先地位或涉及相关业务的几个代表性公司，如中航重机、南风股份、大族激光、银邦股份、光韵达等，也都不是广州本土企业。此种局面，与广州打造国家中心城市、国家创新城市的目标极不相符。事实上，引进和发展 3D 打印技术，对于广州市推进新型城市化、建设"智慧广州"、加速"两化（信息化与工业化）融合"、传统制造业转型升级、实现从"广州制造"到"广州创造"都具有重要而深远的意义。尤其是广州的两大主导产业——电子信息产业和汽车制造产业，其前向、后向和侧向产业链条十分庞大，与 3D 打印技术具有极好的契合性，这无疑为 3D 打印技术的广泛运用与产业化提供了巨大空间。

所以，面对世界第三次工业革命方兴未艾、3D 产业蓬勃成长的形势，面对省内外兄弟城市抓住机遇、抢先应对的局面，广州市如果不能奋起直追，迎头赶上，就可能在第三次工业革命的大潮中落伍，并失去占领新兴产业发展高地的战略机会。

四 推动广州 3D 打印产业发展的对策建议

针对 3D 产业发展整体态势和国内相关产业的发展局面，为了推动 3D 打印产业快速发展，广州需做好以下几方面的工作。

（一）尽快出台 3D 打印相关产业发展规划

目前，国家层面上的 3D 打印产业发展规划正在论证，尚未出台，北京、上海、南京、西安、深圳等地方政府则在积极探讨有关政策，力图抓住 3D 打印产业发展所带来的机会。面对此种局面，广州应积极主动，适度超前，以 3D 打印产业的研发设计、制造和服务中心为目标，尽快制订全市发展规划，对广州 3D 产业的发展现状、面临的机遇与挑战、指导思想、发展目标、基本原则、发展重点、产业布局、政策措施进行全面了解和整体谋划。

一是要尽快明确广州市 3D 产业发展重点，明确路径、整合资源，设立产业园区，建立应用示范基地，统筹规划布局。

二是根据广州制造业发展现状以及新兴产业发展规划，重点推动反映 3D 打印最高发展水平的大型工业打印机的研发和制造，以及直接为 3D 打印提供原材料的新材料研发与生产。

三是选择工业设计、文化创意、汽车、船舶、医疗产业、电子产品等行业

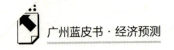

作为3D打印技术的重点应用领域。

四是支持整合3D打印上下游产业链，引导3D打印产业从制造业向服务业全方位发展。

五是制定金融、财政、税收等优惠政策。重点向研发环节倾斜，集中力量支持具有研发突破潜质的中小企业。同时，鼓励在一定阶段采取收购、兼并的方式吸收关键技术和研发资源，培育在国内外有影响力的研发龙头企业。

（二）以3D打印作为推动广州原始创新与协同创新的重要突破口

尽管国内3D打印产业发展势头迅猛，但产业整体还处于起步阶段，3D打印市场还缺少原创的核心技术和关键原材料的支持，行业整体规模较小，企业分散。这也意味着广州虽然目前在此领域起步较晚，但只要能够集中优势科研资源，通过政策支持与引导，加强原始技术创新和关键技术的协同创新研发，完全可能取得后发制人的优势。为此要从以下几方面着力。

一是资金扶持开展技术研发。建议广州市考虑每年安排专项资金，同时鼓励社会资本成立风险投资基金，引导资助从事3D打印核心技术研发和基础性研究工作的单位与企业，对3D打印技术的平台建设、前沿技术研究、产业共性技术攻关、成果转化等方面予以重点支持，扶持研发团队实力强、基础扎实的企业作为广州发展3D产业的先导。

二是通过奖励和优惠措施积极吸引Stratasys、3D Systems和Shapeways等全球知名的3D公司和其他国际研究机构在穗设立总部或研发中心，搭建联合研发平台，同时支持和鼓励3D产业相关企业和科研机构与国内外研发机构构建长期合作关系，以提升合作研发的层次和水平。

三是鼓励建立产业联盟，支持省市范围内的3D打印软件技术、设备工艺与制造、打印材料等相关企业开展互相协作和资源整合，形成技术共研、成果共享、市场共荣和风险共担的利益综合体。

四是组建面向珠三角的3D打印协同创新中心。就制造业发展而言，珠三角地区无疑是"世界制造中心"，而广州是珠三角地区的科教与文化中心城市，拥有中山大学、华南理工大学、广东工业大学等众多高校及中国科学院下属各类专门性研究机构，要借助国内支持和鼓励高校协同创新的大好时机，充分发挥产学研一体化的优势，鼓励科研院所的研究成果转化为现实生产力，使广州成为面向珠三角的 3D 打印研发中心。

（三）推动 3D 打印为广州传统产业升级服务

3D 打印技术最大的优势是能够满足个性化需求和产品高端开发，有利于原材料和能源消耗大、环境污染严重的传统产业升级。以广州而言，广州汽车、电子等行业所占比重比较大，应当大力研究 3D 打印技术应用对这些行业的影响，加大传统行业与 3D 打印产业的融合。这样既可以推进传统产业的转型升级，又可以利用传统产业既有的广泛需求加快推动 3D 产业的发展。

除了这些产业外，3D 打印在文化创意、生物医学、工业制造等领域也具有广泛的应用前景。广州要积极探索 3D 打印行业在这些行业的应用与发展前景，开发出适合这些产业需求的相关技术与产品，帮助这些产业改进生产工艺。同时通过加大宣传教育和科技普及力度，使社会各界能够对 3D 打印技术有更为清晰的认识，从而提高 3D 打印的应用空间。

此外，3D 打印还有一个突出的优势，就是使普通人的小的创意也能快速实现创业，大大降低了制造业进入门槛，为以创业带动就业提供了平台，有利于广州市小微型企业的发展。

（四）重视 3D 产业科技人才培养与教育

任何一次工业革命对劳动力的解放都是多元的，同时也都会对劳动力素质提出更高的要求。没有一支高素质的科研人才队伍的支撑，就难以推动新兴产业的发展。对于广州来说，应从以下几方面培育高素质的 3D 产业人才队伍。

一是要加快人才引进力度。新技术与新产业的发展不仅要求生产组织方式与其相适应，而且对开发和使用这些新技术的人提出了新的更高的要求。而技术是跟着人才走的，引进了高端技术人才，就是引进了前沿技术。所以，广州要以高端人才为导向，注重 3D 产业国际国内领军人才的引进，使世界先进技术与人才为穗所用，实现技术的大步跨越。

二是建立高端人才储备库，为企业提供不同梯队的优秀人才。在 3D 产业相关企业集中的园区，突出研发中的人才链式效应，通过人才带进项目，推进

项目与企业经营者、民间资本与风险资本的结合，从而加快实现研发成果的产业化。

三是加强教育培训，提高 3D 打印的社会认知程度。通过把 3D 打印技术引入大学和职业院校的学科建设体系，培养 3D 打印的专业性技术人才。通过行业协会、博览会、论坛等，开展 3D 打印和周边应用技术的培训。通过科技馆、文化艺术中心和青少年活动中心等公共机构，开展 3D 打印技术的展示、宣传和推广教育。

四是通过在中小学更新教育理念和教育模式，为未来培养创新型人才和知识型个性化劳动者。美国政府 2012 年开展了一个新项目，未来四年在 1000 所美国学校中引入创客空间，配备 3D 打印机和激光切割机等数字制造工具，以培养学生对数字成型工具的爱好，满足学生将虚拟转变为现实的渴望，激发学生的创新本能。广州也可以通过改革中小学实践课程的设置，培养学生的基本科技思维素养和动手能力，为未来广州融入以 3D 产业为标志的第三次工业革命提供人才储备和支撑。

（审稿　栾俪云）

B.12
关于广州市建设健康医疗中心的研究

郭艳华　阮晓波　周晓津

摘　要：

本文分析了广州市健康医疗中心建设的基本内容与需要打造的重点工程，并提出了相应的政策建议与保障措施。

关键词：

健康医疗中心　重点工程　政策建议

一　建设内容

广州健康医疗中心建设要围绕打造医疗服务业完整的产业链条，建设协调指挥平台和公共服务平台，提升医疗服务水平和集聚辐射能力。

（一）建设组织、动员和整合资源能力强的发展平台

1. 协调指挥平台

由相关区政府牵头成立健康医疗中心综合协调指挥部，指挥部建设采取虚实结合的模式推进。第一，指挥部要有较为理想的办公场所。指挥部要选址在繁华的主干道，标识比较明显的地域空间，矗立和悬挂指挥部的牌匾。总之，要有良好的场地、人员、设施等软、硬件条件的支撑，具有综合协调和指挥调度等功能。第二，指挥部的功能定位。指挥部不具备行政功能，只是发挥综合指挥、协调和服务等功能，运作模式采取"1＋N"的形式，即指挥部是"1"（是总），"N"是各个不同的医疗机构（是分），如心血管、肿瘤、眼科、口腔等专科都是"N"的有机组成部分。例如，在广东省人民医院片区设心血管分部，主要功能是建立国际前沿水平的心血管疾病研究中心并提供心血管疾病

治疗服务；在中山大学肿瘤医院和眼科医院片区设肿瘤与眼科分部，包括中大眼科中心、光华口腔医院、市第八人民医院，主要功能是建立国际一流水平的肿瘤和眼科医学研究中心和诊疗中心，同时提供高端口腔医疗和高端中医康复等服务。

2. 院际沟通平台

通过建立健全院际沟通平台，调动该地段各医疗机构的积极性，发挥区域内医疗机构的各自特色和优势，互相补充，形成合力，集成各类资源，提升区域竞争力。建立院际沟通平台的主要目的是在健康医疗中心建设的大目标下，本着整合资源、加强集聚和辐射能力的原则，在建设大型项目、购置大型医疗设备、开展重大科研项目攻关时，要在健康医疗中心指挥部的统一协调下，各大医疗机构之间要尽可能互相通通气，多召开碰头会，以避免和减少重复建设和资源浪费，最大限度地实现资源集约和整合。

3. 信息服务共享平台

一是加强医疗行业各领域的业务过程信息化提升，推进医疗信息在卫生领域内外共享，加强以病人为中心的医疗数据采集与服务。借助广州市卫生信息化建设项目，实现诊疗信息互联互通，打造成充分整合、分工协作、共建共享、服务大众的"智慧医疗"信息平台。如建立信息公开系统和资源共享制度，向就诊者公开各医院的门诊挂号、住院床位、专家会诊等信息，以及查询医疗质量与价格等信息公开内容。二是建议在中山大学北校区原有图书馆的基础上，根据建设健康医学中心的实际需要，整合资源，建立一个区域内大型多功能的医学高级图书馆和医学信息文献中心，为区域内各医疗机构提供全方位的图书文献检索服务。

4. 教医研发展平台

通过建立教学、医疗、科研发展平台，提升健康医疗中心的医疗水平和服务质量。一是提升本区域有教学功能的医疗机构教学发展水平，鼓励各大医院和医学院校整合和挖掘现有资源，开展医学实习培训业务。二是鼓励各医疗机构与国内外知名的大院大所共同开展合作研究，或吸引这些大院大所到健康医疗中心设立区域总部或分支机构，提升健康医疗中心的医疗服务水平。三是在指挥部的统一协调和部署下，集成力量开展重大科研项目攻关，提升健康医疗中心科研水平，保持特色专科在全国同行中的发展地位。

（二）建立共建共享的公共服务平台

健康医疗中心要达到和实现国内一流、国际先进的目标，必须辅之以公共服务平台建设，在广州健康医疗中心建设公共服务平台，实现资源共享，减少重复和浪费，提高运行效率。公共服务平台要包含以下几方面的内容。

1. 实现临床检验和医学影像资源共享

协调区域内各医疗机构的利益，在中心区域内建设一个大型临床检验中心和一个医学影像检查中心，各大医疗机构的临床检验结果和医学影像结果实现互认。广州健康医疗中心要借鉴美国德州医学中心的经验，实现临床检验和医学影像资源共享，既可以减少各医院重复检查和检验工作量，也可以减少患者的医疗支出费用。

2. 实现大型医疗设备共享

大型医疗设备的配置是提高医疗服务水平的重要手段和实现形式，为集约使用资源，最大限度地实现资源共享，在健康医疗中心指挥部的协调下，统一规划配置中心区域内各大医疗机构的大型医疗设备，充分实现资源共享，既方便医疗机构使用设备资源，也方便群众做各项高级检查和治疗，同时避免重复建设。

3. 建设统一的后勤服务

广州市健康医疗中心要采取集中与分散相结合的原则予以推进，重点加强医疗资源的集约建设、布局与使用。为做好中心后勤保障服务，在该中心区域内建设一个统一提供消毒供应、安保服务、物业管理、洗涤等后勤服务的公司，提供专业的后勤供应服务，提高后勤服务的安全性和效率性，节省人力、场地、设备等资源，由专业公司管理、专业人员操作，便于上级卫生行政部门监管和督查。

4. 强化学术交流功能

公共服务平台要强化学术交流功能，建设高水平的能够实现同声传译的医学会议中心，召开高档次的国内外学术交流会议，举办更多的学术讲座，成为

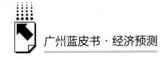

医学尖端技术展示、重要成果发布的学术交流平台。每年以健康医疗中心的名义举办不同主题的高峰论坛，借鉴博鳌论坛的模式，把论坛打造成在国内外医学界有影响力的品牌论坛。

5. 配置展览展示功能

作为一个高端综合服务平台，要具备充分的展览展示功能，制作一个沙盘，放置在健康医疗中心指挥部，用光、声、电等多种手段宣传和推介中心近期和中期发展规划，以及重点项目建设，宣传各医疗机构的专科特色、最新科技成果推介、国内外医学最新发展动态和趋势等，为区域内各医疗机构、科研院所、总部企业提供多方面的综合性服务。

（三）健全和完善医疗服务体系

1. 发展高端医疗服务

广州市健康医疗中心建设要体现医疗水平和服务的高端性。一是高端医疗服务。按照国家医疗改革的大方向，以及体现医疗服务资源的公平性，高端医疗服务不要与民争利，尽可能地交由市场去配置资源，由民营医疗机构承担。但要允许技术水平高的医生多点执业，实现专家人才共享，整体提升服务水平。二是吸引高端总部企业。作为一个健康医疗中心，一定要吸引国内外知名医疗服务业的总部企业在区域高度集聚，拓展和延伸医疗服务业产业链，为健康医疗中心提供创新动力和支持。国内外发达国家和先进城市的经验也充分表明，没有这些机构的高度集聚，就不是一个完整意义上的健康医疗中心。

2. 发展特色医疗服务

广州市健康医疗中心除了要有顶尖的医疗机构的支撑，还要规划和发展各具特色的专科医疗服务。按照"缺什么、补什么"的原则，建设区域内尚空缺或比较薄弱的专科服务，例如，发展和提供国内领先的肾内科、儿科、妇产科、神经科、普外科等综合性医疗服务，健全区域内特色医疗服务体系，把不同的特色医疗服务做大做强。

3. 发展健康康复服务业

一是可依托麓湖周边区域的优越生态环境，利用广东省第二中医院的中医康复强项，发展中医养生康复，并发展高端健康体检、健康护理、养生保健等产业，带动餐饮、旅游业等传统服务行业的发展。整合麓湖周边及横枝岗片区的市胸科医院、市肿瘤医院、中国人民银行疗养院、广州铁路疗养院、港务局疗养院等现有医疗资源，适当调整功能，重点发展康复服务业。二是引入中医特色医疗服务机构，着力发展中医养生康复机构。

4. 加强社区卫生服务机构建设

建立公立医院与社区卫生服务机构的分工协作机制。争取配套政策完善社区首诊、分级诊疗和双向转诊等制度，充分利用周边社区医疗资源支持医学中心，从而加快各大医院的病床周转率，缓解各大医院的就诊压力，提高各大医院的服务效率。逐步建立起以龙头医疗企业为塔尖，部分次一级医院、医疗康复机构为塔身，社区医疗卫生机构为塔基的金字塔结构。

（四）全面振兴发展健康产业

1. 形成健康产业的规模效应

全面积极引导区域内医疗器械、医药、健康保健产品等健康产业大发展，根据区域内医疗机构服务发展特点，配套完善医疗器械、医药、保健养身等其他健康产业的教学、研发、销售、制造等环节，打造规模更大、水平更高、学科更齐的健康产业体系。推动越秀区建设成广东省健康服务中心、国家医疗检验中心实验室、健康产品流通中心与健康产业信息中心和广东省健康产业的教育基地、研发基地与科技成果转化基地。到2020年，积极扶持建设一批各具特色的高水平现代健康产业集群，健康产业年均增长率高于地区生产总值增长率。

2. 延伸和拓展新药研发、销售、服务产业链

一是依托中山大学北校区、广州中医药大学，以及与各医药院校实行产学研合作，充分利用院校研发、实验资源，构筑新药研究、检验测试、临床试验、项目实施转化、医疗和医药行业信息沟通平台，打造中西新药研发公共服务平台。在原有健康产业基础上，以临床检验机构、高端体检机构、医疗后勤服务机构和科技类相关的健康产业——中西新药、保健品、医疗电子化技术及药械的研发、销售和服务为主要发展方向，实现研发、销售、服务三者的有机结合，形成"科学研究—技术开发—中试孵化—市场销售—优质服务"的健康产业价值链。二是整合现有的广东中健医药有限公司、广东美康大光万特医药有限公司、广州健民医药连锁等优势企业，引进国内外大型药品企业，发展药品超市。三是依托推进与海虹交易中心和天驰公司的合作，大力发展药品集中采购电子商务，实现多家医疗机构用药订单的合并，建设广东电子商务药品交易所。

3. 鼓励医疗器械产业集聚发展

在中山二路、先烈南路沿线，依托省医、中山大学附一医院、眼科医院、肿瘤医院、口腔医院，利用现有物业，发展和引入药品、器械、保健用品、健康保险等研发和营销。打造广东省医疗器械科研基地，发展包括广东省医疗器械研发中心、进出口医疗器械网上直销中心和医疗器械产品交易网络等重点项目，集研发、销售、展示和培训于一体。适当提高健康产业的准入门槛，对医疗器械生产、物流等较低端的产业建议在规划区域外区集聚发展，探索共建产业园区的方式，实现生产在外、研发和营销在内的发展模式。开展与白云区国际健康产业城、萝岗区生物岛之间的区域合作，充分利用健康产业园区高智会集优势和健康产业城、生物岛的生产制造优势，实施"前店后厂"模式，发展健康产业总部经济，培育引进药品、保健品和医疗器械企业总部，形成药品、保健品和医疗器械销售总部集聚效应，并最终拉动全市健康产业的发展。

4. 积极发展健康管理服务

根据中心区域内不同资源禀赋，结合市场需求特点，发展健康管理服务。一是面向高端消费群体提供正宗中医定制服务，包括食养、药养、心理咨询等保健方法和疗养活动，打造功能完善、设施齐全、环境优美的健康养生中心。面向高端消费市场，提供品质一流、技术一流、服务一流，高级和高效的健康服务。二是发展高端体检，建设综合性健康体检服务中心，开展健康咨询，提供运动、营养、心理咨询及寻医问药指导，提供保健服务，针对个人的目标性诊断、定制服务、专家会诊、贵宾服务，开展美容护理、陪诊护理等非医疗服务。

5. 打造时尚美丽王国

随着人们生活水平的不断提高，时尚美容产业将迎来巨大的发展空间，是健康产业不容忽视的重要领域。围绕健康医疗中心建设，在东风东路、环市东路、中山二路、农林下路一带重点发展整形美容产业，借鉴和学习韩国美容产业发展经验，加强行业兼管，制定和形成较为完善规范的行业技术标准，通过引入社会力量举办高端医学整形美容机构，打造时尚美丽王国。

（五）整合外围配套环境

1. 提升区域交通组织水平

随着健康医疗中心规划和建设的不断完善，区域品牌的逐渐树立及其在国内的影响力不断扩大，前来这一区域看病就医、学术研讨、商务洽谈的人流和车流会越来越大。有鉴于此，从未雨绸缪出发，要着力改善与机场、车站等交通枢纽的交通衔接，利于四面八方的患者及商务人士云集该区域。改善区域内的交通组织和管理水平，在区域内交通拥挤和繁忙路段建设城市快速交通系统（BRT）和公共交通专线，设置中英文路面统一指引标志系统。区域内增设地铁进出口，增设投币自行车等便利的交通工具，提供良好的交通支持。

2. 整合区域周边的停车资源

在区域内整合闲置、空置的土地资源，选择适当地点修建大型停车场，解决群众到中山大学附属几家医院及省人民医院看病停车困难问题。各医疗机构在改建、扩建过程中，要预留充分的停车空间，解决医疗机构的场地使用紧张问题。建立车位信息公开系统，在道路主要出入口及明显地段，公布车位滚动信息，让驾驶者比较清晰地了解停车状况，解决因轮候停车而造成的交通拥堵问题。

3. 建设立体式院际人行通道

在广东省人民医院、中山大学附一医院、中山大学肿瘤医院、中山大学口腔医院、中山大学眼科医院等大医院之间，在主要交叉路口或主干道路上空建设人行天桥，引导地面人流及车流向空中发展。在广东省人民医院和中山大学附一医院之间，开发建设地下通道，建设无障碍的便捷人行通道，便于群众穿梭于各大医院就诊，减缓路面上的交通压力。在城市规划许可的前提下，考虑在现有烈士陵园内，可适当开辟出一条人行通道，方便群众从省人民医院或中山大学附一医院到肿瘤医院、眼科医院就诊。

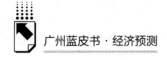

4. 加强区域医疗治安环境

根据公安部、卫生部《关于维护医疗机构秩序的通告》等文件精神，公安机关在该中心设立专门的执勤点及服务岗，依法尽快处理各种纠纷，维护医疗机构治安秩序工作，调处部门在中心内设立专门服务点，提供法律咨询、赔偿咨询等服务。与各大医疗机构所在的街道办和社区居委会建立共建机制，动员社区居委会力量参与健康医疗中心建设，严厉打击偷窃、抢劫、医托、诈骗等不法行为，维护治安秩序，树立良好的区域形象。

（六）提升医学研发能力

1. 加强科研项目管理和转化应用

借助区域内众多科研机构的力量，大力开展基础医学、临床医学与生物科学研究。一是加强符合健康医疗中心建设大方向的科研项目推介和立项工作，鼓励区域内研究机构申报国家、省、市各类基金和科技攻关项目。二是加强医学成果转化应用。鉴于以往医学成果转化率不高的问题，重点加强医学科研成果的推广应用，让这些科研成果早日转化为生产力，更好地造福广大人民群众。

2. 选准科研重点突破口

提升医学研发能力是健康医疗中心建设的重要内容。为提高健康医疗中心在国内外的辐射力和影响力，要选准科研重点突破口，一是以基因、干细胞研究为突破口，大力开展干细胞临床研究、生物制药和生物分子工程等研发项目；二是选择以疾病预防、早期诊断为抓手，加大国家重大科技项目立项和实施推进力度，形成在国内外有影响力，对健康医疗中心有极大促进和提升作用的医学研究成果。

3. 提高科研整体实力

借鉴上海枫林生命科学园的成功经验，吸引国内外顶尖研发机构、大院大所进入本区域，或在本区域开设分支机构及办事机构，提升健康医疗中心的科研整体实力。同时设立医学科研成果转化中心，加快成果转化，为医疗服务业提供创新动力。考虑到医学研究的特殊性和风险性，要与风险投资公司开展合作，为具有发展前景但急需资金投入的项目进行投资担保。联合国内外知名研发机构，共同开展重大项目国际攻关，提升科研整体水平。

（七）建立人才培养基地

1. 加强医学教育培训

完善本科、研究生教学、进修医师培训等医学教育和培训，培养医学人才。鼓励各重点医院和医学院校整合和挖掘现有资源，开展医学实习培训业务。借助高等医学院校的资源，结合临床教学基地建设，开展医学、药学教学与医疗实践相结合的专业人才培养，鼓励医学院校和相关企业整合和挖掘现有人才培养和教学资源，建立医学人才培养基地。

2. 提升博士俱乐部品牌

吸引企业或社会资金投入，积极在高等医科学校和科研机构，或相关健康企业、高新技术企业、健康产业园开展博士后工作站、流动站申报和建设工作，有计划、有目的地培养高层次青年人才。进一步发挥广东省博士俱乐部作为全球性博士资源整合运营平台的作用，在科技成果交易、健康管理、健康文化传播等方面，为博士等高端人群提供高品质的服务。

3. 培育院士级高级医学拔尖人才

在区域内 6 个国家级重点专科基础上，物色具有培养前途的学科带头人给予重点支持和培养，使之成为极具引领、辐射带动作用的院士级人才。充分发挥指挥部的国际学术交流中心平台作用，加强国际学术交流，通过建立各大医院与国际医疗机构的友好合作机制，加大力度延揽具有国际视野、在世界顶尖医疗机构工作的海归等领军人才，对其重点培育，形成高端人才后备梯队。

二　重点工程

为更好地推进广州健康医疗中心的建设，除了要明确发展建设任务，还要根据中心实际推进情况，选择重点工程予以推进。

（一）健康医疗中心指挥部建设工程

在广州市卫生局牵头、组织和协调下，通过地块调整、功能置换等方式，或新辟一个地址建设广州健康医疗中心指挥部。在指挥部同时加挂广州健康医疗中心的牌子，指挥部不仅具有综合协调、指挥调度等功能，还有努力搭建公共服务平台，使之具有完善的综合协调、信息服务、展览展示、学术交流等功能。指挥部是健康医疗中心的首脑和中枢机构，是指挥和引领广州发展健康医疗产业的综合性总部性质的机构。因此，要本着特事特办的原则，加快选址尽早建成。如果采取新建模式，要指挥部建设成为健康医疗中心的标志性建筑和广州的地标性建筑，以此打造健康医疗中心的区域品牌，树立健康医疗中心的形象，扩大健康医疗中心的影响力。

（二）专科民营医疗机构发展工程

按照《广州市医疗卫生设施布局发展规划（2011～2020）》，到2015年越秀区将发展44家医院，其中专科医院23家。目前，越秀区拥有专科医院8家，尚有很大的发展空间。无论是实施广州市医疗设施布局发展规划，还是建设广州健康医疗中心，都需要大力发展专科特色医疗机构。根据国家医疗改革的精神，专科医院的建设要更好地发挥市场配置资源的作用，调动民间资本的力量建设多个民营医疗机构，特别是医学美容、保健、康复等领域更适合民营医疗机构进入。因此，要努力为特色专科民营医疗机构创造良好的发展环境，促进特色专科民营医疗机构大发展。

（三）健康产业专业街区建设工程

广州健康医疗中心不仅要促进医疗事业快速发展，还要促进形成健康产业集聚发展态势。近期要在东山片区，围绕省医和中山附一医院，在执信南路、陵园西路、先烈南路、先烈中路等地带建设健康产业专业街区，促进健康产业集聚发展。在健康产业专业街区建设中，配合广州商贸中心建设，借助广州良好的商贸业发展氛围，重点发展医学美容、保健康复、医疗器械等产业形态，通过规划引导健康产业在这一区域形成集聚规模，发挥集聚效应。

（四）健康产业孵化工程

区域内黄花岗科技园是广州市高新技术产业开发区"一区多园"的越秀园区，享受国家高新区的相关优惠政策。从构建广州医疗服务业完整的产业链来看，医疗服务业产业孵化是极其重要的一环。越秀区地处广州中心城区，土地资源十分紧缺，不可能引进那些制造型企业，但通过发挥写字楼高新技术产业发展优势，可在汇华大厦、凯城华庭等楼宇，采用写字楼高新技术发展模式，挖掘医疗服务产业孵化功能，产业孵化成功再寻求到其他区域发展壮大。

（五）健康医疗中介服务工程

围绕广州健康医疗中心建设，建立与健康医疗服务业相关的中介服务。例如，构建健康医疗知识产权服务、中小企业科技融资平台，建立中小企业知识产权和技术转移平台，提供专业的知识产权管理和技术转移服务。利用和依托黄花岗科技园的信息技术服务优势，与区域内各大医疗机构开展合作，发展医疗电子化技术（包括挂号、检测、化验、诊断、咨询等）的研发与推广应用。

（六）中山大学北校区教学功能外迁工程

中山大学北校区由于地处中心城区，随着办学规模的不断扩大，校区显得越来越拥挤，因此，教学功能外迁也是必须予以认真解决的问题。中山大学已有这方面的意向，已向市政府有关部门申请在大学城另建新校区，建设广州健康医疗中心对中山大学北校区外迁将起到积极的促进作用。越秀区政府可协助中山大学北校区，积极与市政府进行沟通、协调，力争使北校区的教学功能早日转移到外区。腾出来的地块主要进行下列功能配置。一是利用此地块建设东山片区缺少的专科特色医院，如妇产科、中医、儿科等专科医院，构建东山片区完整的医疗体系。二是利用中山大学北校区的自身扩展功能，建设所需的医疗、科研、学术交流等机构和设施。

（七）地块功能调整及拆迁补偿

建设健康医疗中心需要按照规划进行相关地块调整及拆迁补偿，根据越秀区国土规划局的初步摸底，共有 12 个地块可作为健康医学中心的发展用地，可提供用地增量约 105 公顷，建筑增量约 150 万平方米。通过对这些地块的功能调整、存量调整、置换等措施，可新增土地供给，能够在一定程度上缓解用地资源瓶颈。但地块调整、置换、拆迁等需要符合规划，需要报批等，因此，当务之急是做好健康医疗中心总体规划，在符合总体规划的前提下，积极与市政府有关部门、各建设单位与业主单位等进行协调和沟通，结合目前正在推进的"三旧"改造，加快办理用地报批等手续，使之建设项目尽早落地。近期重点一是推进省人民医院向南拓展，结合东川路地块旧城改造，建设省医学科学院；二是将广州医学院的部分教学功能转移到外区，将现校区用地结合市一级医院和流花公园，发展医疗和康复疗养产业；三是结合登峰村和邮电新村旧城改造，利用其用地发展康复疗养产业。

三　政策建议

建设广州健康医疗中心，要协调区域内数十家医疗机构，以及省、市、区相关政府职能部门，因而，在政策层面上，需要省、市给予一定的政策支持。

（一）新建建筑容积率要适当提高

为更好地建设广州健康医疗中心，需要在规划区域内改建、新建或扩建建筑，如果容积率不放开，则建设难度会加大。因此，迫切需要市政府从市的层面，以及与省有关部门进行沟通、协商，协调市规划、国土、建设、各医疗机构及相关单位，建立绿色通道，对健康医疗中心的建设项目适当放开容积率，便于加快推进健康医疗中心建设，打造广州现代服务业发展平台。

（二）市职能部门要积极支持健康医疗中心建设

广州健康医疗中心是政府主导下的建设项目，需要广州市有关部门积极支持和扶持。市发改委要把健康医疗中心建设纳入市现代服务业专项引导资金项目体系，予以重点支持和扶持；市财政局要对健康医疗中心相关的拆迁转移补偿费用予以支持；市工商、税务管理部门对健康医疗中心引进的总部企业以及相关中介服务业要给予开办、税收方面的优惠；市相关金融机构对健康医疗中心重大建设项目要给予优先放贷支持。

（三）在用地调整、报批上适当简化程序

广州健康医疗中心建设周期长，涉及单位众多，特别是在寸土寸金的中心城区开展建设更是不易，尤其是用地方面，需要经历的环节多、程序复杂。因此，本着加快推进、加快建设的原则，在基本符合土地使用相关法规制度的前提下，简化报批手续，促进健康医疗中心建设项目尽早开工建设。

（四）放宽民营医院的准入门槛

随着国家医疗改革进程的不断推进，我国对民营医院的发展会越来越重视。广州建设健康医疗中心，不仅需要公立医疗机构做大做强，也需要民营医疗机构加快发展。因此，需要省卫生厅对广州健康医疗中心区域内的民营医疗机构适当放宽准入门槛，使其作为公立医疗机构的重要补充更好地发挥作用，从而完善广州医疗机构建设体系。

四　保障措施

（一）加强组织领导

一是为推进高效建设，建议由市政府成立广州健康医疗中心工作领导小组，市长担任组长，分管卫生、规划、国土资源、建设、经贸、发改、交通、科信、财政的相关副市长担任副组长，成员由越秀区人民政府及市卫生、规划、国土资源、建设、经贸、发改、交通、科信、财政等市直单位共同组成，研究策划建设方案和发展总体规划，协调指挥建设的各项工作。

领导小组下设办公室，负责处理领导小组决定的有关具体事务，由市政府分管副秘书长担任办公室主任，越秀区政府主要领导和市卫生局主要领导担任副主任，市发改、规划、国土资源、科信、经贸、财政、卫生等多个职能部门负责人为成员。

二是建立联席会议工作制度。建议由广州市政府牵头，以联席会议的工作形式，搭建协调指挥沟通平台，由分管副市长为召集人，中山大学、省卫生

厅、市卫生局、越秀区卫生局及各大医疗机构院长为成员，协调该区域内各大医疗机构及相关单位。

（二）强调规划先行

由规划部门对广州健康医疗中心规划范围内的建设存量地块进行摸查和统计，并根据不同时期的发展目标，结合旧城改造，整合可用地资源，促进区域内医疗机构发挥专长，促进一系列特色专科、高端医疗机构及相关医疗服务业产业链落地发展，最终形成主医疗和科研功能区、副医疗和科研功能区、康复功能区、医疗产品营销功能区等多个功能区域。

（三）落实资金保障

广州健康医疗中心的建设改造资金按政府引导、市场运作原则多渠道筹集，市政府牵头研究筹资方案，建议将该项目纳入省、市新兴产业重点项目予以扶持；项目启动资金由市政府落实；医疗机构建设发展资金由原渠道解决；公共配套工程由市、区各级财政拨付专项资金进行改造；其他项目资金采取引导社会资金参与，高新技术企业可以利用上市等金融工具，多方筹集解决。

（四）完善部门协同

各单位要成立专责小组，专人负责，精心部署，周密安排，落实职责，要明确工作要求，提高工作质量和水平。各部门、各单位要增强全局观念，加强与相关部门和相关单位的沟通与协调，争取得到广泛支持，要定期向负责的领导报告项目进展情况。

（五）强化人才保障

一是充分发挥留交会等平台的作用，把广州健康医疗中心的技术和管理人才纳入各类人才引进计划和工程，大力引进和培养对健康产业有研究、有专长、有专利、有成果的两院院士、创业型的领军人才以及各类中高级技能人才。二是积极为高端人才提供户口、子女教育等便利服务和保障，解决人才的后顾之忧，构建宽松的人才创业环境。三是鼓励企业与境外高校或培训机构建立人才培训渠道，加强岗位职业培训。

（六）建立例会制度

领导小组每季度召开一次例会，由各成员单位汇报工作进度、存在的问题、下一步工作计划，领导小组就工作情况提出建议，确保项目按期推进。联席会议每月定期召开例会，协调各单位遇到的问题，提出解决方案，及时向领导小组汇。不定期召开专家咨询会议，咨询和解决建设过程中遇到的专业技术问题。

（七）开展国际合作

加强与世界发达国家一流城市的联系，采取走出去、请进来的方式，学习世界其他国家和地区建设健康医疗中心的先进经验、管理体制和运作模式，拓展与发达国家的医学中心建立战略合作关系，站在有国际眼光、国际视野、国际水平的高度，充分利用后发优势，高起点地去建设国内一流、世界先进的广州健康医疗中心。

（审稿　刘秋得）

B.13 广州市地税部门服务社会管理创新研究

广州市地方税务局课题组 *

摘　要：

为了进一步推动社会组织发展壮大，改善和发挥税收在加强和创新社会管理中的作用，通过总结广州地方税收服务社会管理方面的经验，从增强税收政策的导向性、增强税收调控的针对性、增强管理服务的创新性等方面提出了对策建议。

关键词：

地方税收　税收管理　社会管理

一　广州市地税部门服务社会管理创新的探索和实践

（一）着力创新税收管理方式，促进"税管"和"社管"相结合

在思想观念上，跳出"就税论税"、"就征管抓征管"的狭隘认识，确立服务经济发展与服务社会管理并重的理念，把税收执法、管理和服务置于整个社会管理大环境下开展。

在工作格局上，2008年广州市牵头推动市政府出台《广州市综合治税工作管理规定》，以政府规章形式明确了规划、国土、房管、工商等30多个部门的协税护税职责，并在全市160多个街道（镇）设立个人出租房屋、个体工商户委托代征等协税护税机构，推动构建党政牵头、税务主导、多方参与、信息共享的综合治税全新格局。

---

* 课题组人员：孙洪、谭玉明、王雄武、唐铁建、陈杰辉、杨凯、何卫红、杨文涛、谢云。

在管理平台上，以搭建社会协税护税平台为抓手，牵头多部门参与到社会管理工作中。一是个人出租房屋税费委托管理。从2001年开始，委托全市各街道（镇）的出租屋管理服务中心办理个人出租房屋纳税申报、税款征收、发票开具等业务，把大量的"有业游民"转变为"有业居民"，建立了"以屋管税"、"以屋管人"新机制。二是个体工商户税费代征管理。从2009年开始，委托街道（镇）协助开展个体工商户等零散税源的税务登记、税费征收、下户核查等涉税管理，把零散经营的"个体"纳入社会管理的"群体"中。三是外籍人员公安地税协作管理。与公安部门建立外籍人员协作机制，规定外籍人员办理居留许可或签证申请时必须提供相关纳税证明，从源头上管住外籍人员。通过税收管理与社会管理的有机结合，广州地税零散税源税收收入实现大幅增长，管理力量得到极大增强。如广州市个人出租房屋税费收入从2000年的800多万元增长到2011年的12.3亿元，增长了150多倍；税收管理员的人均管理零散税源户从原先直接管理1000多户增长到间接管理4000多户，越秀、天河、海珠等经济强区甚至可以达到6000~8000户。

（二）着力强化税收社会职能，促进"治税"和"治安"相结合

一是提供社会治理的财力保障。在通过委托代征等模式借助基层组织管理优势强化税收征管的同时，依托财政返还、补助等方式，扶持基层组织的发展壮大。比如个人出租房屋代征税款纳入财政管理，实行一定比例的专项经费返还给街道，目前广州市个人出租房屋税收收入占街道代征税费收入的比重达到90%以上，为街道、社区提供了稳定的经费来源，基层开展综合治理的经费得到充足保障，社会管理机构和人力资源得以迅速发展壮大。

二是促进社会民生的公平正义。着力完善社保费征收机制，从2000年开始接手社保费征收，社保费收入从当年的67.6亿元增长到2011年的572.8亿元，基本实现城镇职工、城镇居民、"三农"和外来人员全覆盖，推动社会保障体系不断健全；着力促进社会公平正义。认真落实个人所得税费用扣除标准提高、扶持就业创业、福利企业等税收优惠政策，切实减轻中低收入阶层税负，同时加大高收入群体税收管理力度，大力打击各种涉税违法行为，营造公平公正的税收环境。

三是加强社会维稳的协作配合。广州地税与公安部门建立外籍人员管理分工协作机制，通过涉税信息交换、税收监控等手段约束"三非"（非法入境、非法居留、非法就业）外籍人员出入境、在华居留时间等，敦促他们合法经营、依法纳税，并对小北路、矿泉街等涉外人员集中的区域联合开展专项检查，最大限度地减少了"三非"外籍人员带来的社会维稳压力，确保涉税矛盾纠纷均能第一时间化解在基层、消除在萌芽状态。

（三）着力推进税收服务社会化，促进"纳服"和"社服"相结合

一是服务主体多元化。在税收宣传、政策解释、纳税辅导、税收维权等方面积极引入社会组织、行业协会或专家学者参与实施。近年来，广州地税在全国范围内征集社保费宣传用语，向全社会征集税费宣传海报，组建专家学者、高校学生、社会专业人士参与的纳税服务志愿者队伍等，广泛吸收社会力量参与纳税服务，取得了良好的效果。

二是服务范围社区化。广州地税将纳税服务阵地进一步拓展延伸到街道、社区、企业等基层一线，通过个人出租房屋、个体工商户委托代征，把办税服务厅"搬"到街道、社区，增加了服务点数量，扩大了服务覆盖面；通过打造税费宣传示范街、示范社区、示范企业等，开展税收宣传进学校、进企业、进机场、进社区、进电梯等活动，寓管理于服务之中，将服务送到纳税人、缴费人身边。

三是服务方式有偿化。通过多种方式充分利用社会组织提供的有偿服务，进一步提高纳税服务的质效。对可以完全委托社会承担的服务，实行外包或出资购买，如税收宣传资料的制作外包等；对只能部分委托的服务，采取资助、补贴或者合作形式，如广州地税以经费返还的形式委托街镇开展出租房屋、个体工商户税费代征和服务工作；对不能委托的服务，采用引入方式，如以劳务派遣方式引进协税员充实前台服务力量。

二 地税部门服务社会管理创新的问题和挑战

尽管地税部门在服务社会管理创新上做了不少的探索和努力，也取得了一

定的成绩，但与社会管理发展的形势要求相比，仍然存在不少亟待解决的问题和挑战。主要表现在以下三个方面。

（一）税收政策扶持力度与社会组织发展要求尚有差距

1. 社会组织取得相关收入享受税收优惠过难

根据《中华人民共和国营业税暂行条例》以及财政部、国家税务总局《关于非营利组织企业所得税免税收入问题的通知》（财税〔2009〕122号，以下简称"122号文"）相关规定，社会组织提供社会服务取得的收入应按规定缴纳营业税和企业所得税。比如广州市2007年开办的广州市康智乐务中心是一家民办非企业性质的残疾人服务机构，主要服务于广州市成年的轻、中度智障人士，因应智障人士的特点采用保洁职业作为康复手段，也是智力残疾人实现就业的主要途径。但与健全人公开就业（独立工作）不同，智力残疾人由于在智力上的缺失，影响了他们的工作能力；智力残疾人没有完全的民事行为能力，需要他人辅助，大部分智力残疾人未能达到公开就业。因此，虽然该中心的主要收入来源于政府购买他们的保洁服务，但由于该中心没有为智障学员购买社会保险，也没有支付最低标准工资，其做法不符合财政部、国家税务总局《关于促进残疾人就业税收优惠政策的通知》的规定，导致该中心未能享受减征营业税税收优惠，其取得的政府购买服务收入按照"122号文"的规定应征收企业所得税，这些无疑给该类机构造成了一定的经济负担，也在一定程度上妨碍了该类机构的发展。

2. 非营利组织免税资格认定的标准过严

财政部、国家税务总局《关于非营利组织免税资格认定管理有关问题的通知》（财税〔2009〕123号，以下简称"123号文"）规定：非营利组织必须同时满足以下9项条件中第（七）项规定：工作人员工资福利开支控制在规定的比例内，不变相分配该组织的财产，其中工作人员平均工资、薪金水平不得超过上年度税务登记所在地人均工资水平的两倍，工作人员福利按照国家有关规定执行。按照国外的一些经验，"非营利"并不意味着组织的员工实行低薪，事实上许多世界著名的非营利组织在薪酬上并不亚于跨国公司。例如在我国非公募基金会是资助型，资助型的基金会自己不做项目，而是请其他与所做项目有关的公司对项目进行运营管理,所以管理人员可以很少,但是需要专业人员,工资相对和市场接近。如果按照 123 号文的规定,有可能导致部分非营利组织找不到优秀的管理人员,不利于非营利组织发展和规范管理。

3. 民办学校享受的税收优惠政策过少

自 2004 年 4 月 1 日起实施的《中华人民共和国民办教育促进法实施条例》第三十八条规定"捐资举办的民办学校和出资人不要求取得合理回报的民办学校,依法享受与公办学校同等的税收及其他优惠政策。出资人要求取得合理回报的民办学校享受的税收优惠政策,由国务院财政部门、税务主管部门会同国务院有关行政部门制定"。但财政部、国家税务总局一直没有出台"要求取得合理回报的民办学校"享受税收优惠的政策,基层税务机关无法执行,一定程度上制约了民办学校的发展。

(二)税收职能作用发挥与社会民生改善要求尚有差距

当前地税部门的职能作用更偏重于经济职能方面,服务社会管理的职能作用尚未充分发挥,从改善民生角度出发加大税收扶持的力度仍不够。特别是目前税收政策对民生改善的扶持主要体现在促进创业就业、扶持弱势群体等方面,但针对性和力度仍然有所欠缺。主要体现在以下几方面。

1. 针对高校毕业生的就业税收政策有待完善

目前的就业税收优惠政策主要包括下岗再就业税收优惠政策、残疾人就业税收优惠政策、自主择业的军队转业干部税收优惠政策、扶持城镇退役士兵的税收优惠政策、随军家属就业税收优惠政策等。但是就业人群中比例较大的普通高校毕业生(自主创业除外)却没有专属的就业税收优惠政策。在税收政策上专门针对高校毕业生的目前只有"对持"就业失业登记证"人员从事个体经营的,在 3 年内按每户每年 8000 元为限额依次扣减其当年实际应缴纳的营业税、城市维护建设税、教育费附加和个人所得税"的规定,对高校毕业生实现公共就业,从事智力密集型、技术密集型产业等,没有专属的税收优惠政策。

2. 促进残疾人就业的税收政策有待优化

国家《关于促进残疾人就业税收优惠政策的通知》降低了申办福利企业

的准入门槛，实现了福利企业投资主体的多元化，但同时规定"可退还给福利企业的增值税或减征的营业税的具体限额，以当地最低工资的 6 倍确定，但最高不得超过每人每年 3.5 万元"，由于该定额并没有随着工资和物价水平的提高而提高，在客观上造成新政策的优惠程度和吸引力不如老政策。以广州市为例，试点前的 2005 年广州市福利企业平均可享受增值税和营业税减免额为 3.47 万元/人（残疾职工，下同），2007 年 92 号文调整有关政策后为 2.48 万元/人，2008 年为 1.57 万元/人，2010 年为 2.3 万元/人，总体呈逐年下降态势。与此相反，福利企业安置残疾职工的平均成本（以工资和社保费计算）却在逐年递增，2005 年为 14950 元/人，2006 年为 17316 元/人，2007 年为 18432 元/人，2008 年为 21300 元/人，2010 年上升到 28000 元/人，如果把企业付出的其他成本计算在内，那么企业投入的成本更高。相关数据显示，广州市福利企业的户数已经从 2006 年的 66 家减少到目前的 35 家，降幅为 47%，安置的残疾人数也从最高峰时的 4000 多人下降到目前的 1175 人，广州市福利企业呈逐年减少的趋势，除了由于企业受内、外因素影响而经营状况欠佳遭自然淘汰外，也与企业安置残疾人的成本过高，使税收优惠政策失去了其原有的吸引力有一定关系。

3. 劳务报酬所得减除费用标准有待提高

近年来，我国的物价水平发生了很大的变化，工资、薪金所得减除费用标准已经从 800 元调整到目前的 3500 元，但劳务报酬所得的减除费用标准自 1980 年以来一直没有变化，有悖于经济发展规律。此外，随着我国经济的发展，灵活就业人员在不断增加，个人所得税法工资、薪金所得减除费用修订后，对于没有工资收入、只有一项劳务报酬所得且收入较低的人，确实在一定程度上存在税负偏重的问题。

（三）营造税收环境秩序与社会公平正义要求尚有差距

所有纳税人的地位都是平等的，税收负担在国民之间的分配也应该公平合理，这是税法的基本原则之一，即税收公平原则，它与建设社会公平环境的理念是完全契合的。地税部门可以通过税收杠杆来促进社会公平。从目前的情况看，在营造社会公平环境的力度上，地税部门的职能作用发挥还存在一些不

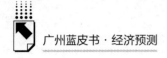

足，主要体现在以下几方面。

1. 促进公平的税收法治环境亟待完善

比如执法尺度和流程尚未完全统一，不同区域纳税人之间的法治水平不一致；日常税收管理仍然存在盲区，对高收入人群税收监管存在手段不多和不到位的情况，开展专项检查和税务稽查难以全面深入，打击涉税违法行为成效的持续性有待加强，容易出现税负不公平现象，等等。

2. 促进公平的税收管理环境亟待完善

当前，地税部门有限的管理和服务资源无法满足日益增长的社会管理需要。特别是随着征管业户的不断增多和社会管理职能的不断增加，税收管理人员工作压力大，加强税收管理的广度和深度受限，难以全面深入地强化税收管理。国外发达国家针对纳税行为的复杂性和管理资源的有限性，大力推行专业化管理，并取得一定成效。他们侧重在税收管理分工的优化中寻找效率，强调战略管理、方向管理和重点管理，对不同性质的纳税人设置分类标准，以此配备不同的管理资源，征管机构设置趋于专业化和扁平化，地税部门人力资源趋于集约化。

3. 促进公平的纳税服务环境亟待完善

随着纳税需求的多元化和高端化，纳税服务水平有待进一步提升，特别在提供公平公正的基本纳税服务上仍然还需要不断努力。国家税务总局已经将纳税服务与征收管理定位为地税部门的两大核心业务，部分税务人员虽然认识已经有所提高，但思想上并没有完全转变。而在西方各国，已经实现了从管理型服务向帮助式服务转变。它们相继推出了服务优先的税收管理理念，实现了税务机关在税收征管中由主导变为引导，由纳税人被动遵从到主动纳税的转变。例如在美国就设有独立于税务征收机关，专门为纳税人提供帮助的服务机构——纳税人援助服务处，其主要职责是维护纳税人的权利和解决纳税人在纳税中的有关问题，以保证纳税人对税收的有关问题通过正当渠道被公正和迅速地解决。

三 地税部门服务社会管理创新的对策和建议

面对社会管理创新的新形势和新任务，地税部门必须进一步转变思维观念，将服务社会管理创新作为税收的一项重要职能，主动参与社会管理，创新方式方法，积极探索地税部门服务社会管理创新的新路子。

（一）增强税收政策的导向性，助推社会组织发展

应尽快完善现行税收优惠政策，优化税收政策的扶持导向，加大对社会组织发展的税收扶持力度。

一是增加社会组织享受税收优惠的内容。比如对于社会组织取得的政府购买服务收入，其来源于购买主体部门预算安排的公用经费或经批准使用的专项经费，具有一定的财政补助性质，建议考虑到该资金的性质和用途，明确对社会组织取得的政府购买服务收入免予征收企业所得税。

二是放宽社会组织享受税收优惠的认定条件。针对非营利组织人员工资标准的认定过低问题，建议对非营利组织的工作人员平均工资、薪金水平适当放宽或者对资助型的基金会专业人员的工资做出特殊规定，推动非营利组织聘请高水平的专业人员，以促进非营利组织的发展。

三是完善社会组织享受税收优惠的政策体系。建议提请上级税务机关尽快制定"要求取得合理回报的民办学校"税收优惠政策，帮助民办学校减轻税收负担、轻装上阵，激发民间资本投资教育的积极性，推动民办教育的长足发展。

（二）增强税收调控的针对性，促进社会民生改善

要从改善社会民生角度出发，积极发挥税收职能作用，主要从以下三个方面努力。

一是强化筹集收入职能，提供改善民生的财力保障。抓好组织税收收入，既要应收尽收，提高组织收入的质量，也要坚决落实优惠政策，涵养税源，推动税收与经济的协调发展、良性互动，确保税收收入的可持续增长，同时做好社保费等关系民生的费金征收，为地方加大民生设施建设以及增加教育、医疗、社会保障等方面的投入提供强有力的财力支持。

二是强化税收调控职能，减轻民生发展负担。进一步优化现行涉及民生的税收优惠政策，比如出台鼓励企业安置高校毕业生就业的税收扶持政策，对高

校毕业生实行公共就业，对从事智力密集型、技术密集型的产业给予税收优惠；建议国家授权各地按照当地每年的最低工资标准的 6 倍逐年确定福利企业的减（退）税额，取消 3.5 万元上限，并建立减（退）税额的自然增长机制；适时调整劳务报酬所得的减除费用标准，降低低收入者的税负，确保劳务报酬所得和工资、薪金所得在纳税上的平等。

三是强化调节收入分配职能，缩小社会贫富差距。一方面积极落实税收优惠政策，减轻弱势群体、低收入人群的税收负担，确保他们更好地改善生活，同时加强对高收入群体的税收监管，完善年收入 12 万元以上人员的明细申报工作，建立相应的资料库，实行动态监控，同时加大限售股转让等监管力度，堵塞高收入人群的税收漏洞，通过税收手段缩小社会贫富差距。

（三）增强管理服务的创新性，营造和谐公平的环境

坚持把依法行政作为税收工作的基本原则。大力实施依法治税战略，严格按照法定权限和程序行使职权，使税法得到有效执行和普遍遵从，加大打击涉税违法行为的工作力度。同时，注重创新税收管理服务方式，以新载体、新形式促进社会公平正义。提出如下建议和设想。

一是着力引导税务中介机构发展。以"社会化管理"理念为引导，把一些事务性工作从税务机关转移到税务中介机构，将税务机关的主要精力放在税源监管上，一方面解决地税部门管理资源不足的问题，另一方面加强对税务中介机构的指导和监管，引导其健全业务体系、拓宽业务范围，增强从业人员素质，帮助纳税人依法纳税，实现地税部门、中介组织、纳税人三方共赢。

二是着力搭建"税融通"平台。当前中小企业面临的融资难问题，制约其发展，其中信用问题是制约中小企业融资的关键。"税融通"就是将地税部门每两年进行的纳税信用等级评定与中小企业的信用和融资发展问题结合起来，由政府来出具公正的信用评价，解决中小企业信用难鉴定的问题，搭建了银税部门助力中小企业发展的桥梁。既能够帮助中小企业解决融资难的问题，又能倡导依法诚信纳税意识，营造依法诚信纳税的良好氛围。

三是着力推进"安全纳税"。"安全纳税"即地税部门通过引入税收风险管理理念，利用自身占有的税收信息和资源优势，帮助和引导企业积极自我纠

正，有效防范纳税风险。地税部门过去往往只专注于行政人员的执法风险，但现实情况是，行政行为需要有行政主体与行政相对人两方面才能够成立，所以税务风险不仅仅包括执法风险，还包括纳税人的纳税风险。帮助纳税人规避纳税风险，实现安全纳税，这可以改变单纯以地税部门执法管理为出发点的传统思维模式，促进由地税部门强征到纳税人遵从的根本性转变。

（审稿　王朋）

B.14

关于广州市海珠区产业发展的规划研究

广州大学广州发展研究院课题组*

摘　要：
　　本文根据海珠区产业发展现状以及总体功能定位，研究确定了海珠区未来重点发展的产业方向及战略性产业空间格局，并提出了八大重点发展工程的建议。

关键词：
　　海珠区　产业规划　发展战略

一　广州市海珠区功能定位决定其产业定位

　　课题组根据广州"123"功能布局规划对海珠区的要求，以及对海珠生态城的功能定位，结合海珠区的区位特征、资源条件和产业基础，认为海珠区的总体功能定位是："都市南核，城央公园，国际展都，休闲名区"。

　　——都市南核。根据广州市"123"城市空间规划和海珠区与现有城市中央商务区（CBD）隔江相望、新城市中轴线贯穿海珠区南北的区位优势，应以会展经济、总部经济和楼宇经济为主要手段，集中发展会展、总部经济、商务服务、文化创意、科技服务等高端服务产业，强化南中轴线对城市新兴核心职能的空间组织作用，提升城市都会区的综合服务职能，推动城市中央商务区

---

　*　本文是广东省高校人文社科重点研究基地广州大学广州发展研究院、广东省教育厅"广州学"协同创新发展中心、广州市教育局"广州学"协同创新重大项目研究成果。
　　课题组组长：涂成林；成员：曾恒皋、周凌霄、姚华松、艾尚乐、蒋年云、邓良。

沿城市新中轴线向南逐渐延伸，与珠江北岸天河、越秀两区进行联动发展，打造南岸会展创意型 CBD，与北岸金融 CBD 实现优势互补，互融互通，形成"一江两岸，都市双核"的空间格局。

——城央公园。抓住建设海珠生态城这一发展契机，围绕打造具有岭南水乡特色的生态城市示范区、建设"花城、水城、绿城"样板区、创建人民满意的理想城市典范区这一终极目标，依托"江、涌、湖、园、林"等优势生态资源，通过生态保护、水系恢复、景观营造、村庄改造、环境优化等手段，全面推进万亩果林湿地保护建设。以海珠湿地生态保护区为核心载体，构建"湖泊 – 河流 – 滩涂 – 绿地"复合生态系统和国际大都市都会区生态绿心，使海珠区成为集"生态湿地、旅游景观、园林文化、历史名村、都市休闲"五大功能为一体的中国版"城央公园"。

——国际展都。承接和发挥"广交会"的名牌效应和产业引领作用，以建设琶洲会展功能集聚区为依托，积极引导国际著名展会品牌和展览企业向琶洲聚集，扶持发展一批具有国际影响力的专业会展品牌，使国际展和境外参展商比例逐步提升至 50% 以上。加快促进金融保险、科技服务、文化创意、商务咨询、服务外包、旅游购物、餐饮酒店等产业链上下游和会展配套产业集群发展。将海珠区建设成为世界级商务会展区和商贸中心门户区，实现从"中国会展名区"向"国际会展名区"的提升。推动琶洲会展总部功能区建设与海珠生态城建设的融合发展，打造独具魅力的生态型国际展都。

——休闲名区。以海珠生态城建设为引领，依托海珠区丰富的生态、滨水、人文等资源优势，积极推动国家湿地公园（二期）、环岛复合交通系统、文化中心四大馆、美丽乡村建设、水博苑及琶洲湾公共沙滩泳场、水环境治理等重点工程建设，不断优化完善海珠区都市休闲环境。积极培育和发展文化旅游、会展商务旅游、文化创意、休闲娱乐等都市休闲产业及服务配套体系，着力创建书画之乡、海珠环岛、城市湿地等文化旅游品牌，不断提升海珠区都市休闲产业竞争力，使海珠区成为以自然湿地、岭南水乡为特色，集文化旅游、宜居休闲、时尚消费多种功能为一体的华南都市休闲旅游胜地。

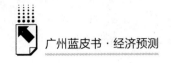

二 广州市海珠区产业发展的现状分析

(一)海珠区产业基础条件

1. 产业发展的有利条件

——地理区位条件独特。海珠区位于广州"南拓"、"中调"战略节点上,新城市中轴线由北而南贯穿而过,基本形成"九纵九横"的路网系统。同时,随着广州其他中心城区发展空间局限性增强,琶洲地区、新城市中轴线南段地区承接产业功能拓展的区位优势更加明显。

——生态文化禀赋优越。海珠区自然生态环境优美,形成"江、涌、湖、园、林"结合的生态体系,海珠湖与万亩果林生态保护区相结合,构成广州"南肺"。区内聚集了黄埔古港、大元帅府等文史古迹,人文科教底蕴丰厚。

——产业政策环境宽松。海珠区依据"123"城市发展战略,出台了《海珠区扶持重点企业发展实施意见》、《促进楼宇经济发展实施意见》、《扶持会展业发展的若干意见》等一系列支持和促进产业发展升级的政策文件。

2. 产业发展的不利条件

主要表现在,海珠区是广州市四大老城区之一和老工业基地,区内土地开发强度较大,用地分散,具有明显的土地约束性;同时,区内初中及初中以下文化程度人口高达68.11万人,占全区人口的比例为43.7%,常住人口中外来人口较多,人才结构制约产业的转型升级。另外,目前区内现有路网不完善,南北向顺畅,东西向薄弱,仅有海珠客运站为交通枢纽,难以满足全区交通发展需求。此外,区内的产业政策体系也有待完善。

(二)产业结构特征

1. 第三产业发展迅速,产业结构不断优化

——第三产业成为主导。"十一五"时期以来,海珠区固定资产投资不断向第三产业倾斜,从2006年到2012年,第三产业完成固定资产投资由144.34亿元增加到432.13亿元,占全社会固定资产投资总额的比重持续超过九成（见图1）。第三产业获得快速发展，2012年，第三产业占GDP比重达到83.5%，对经济的贡献率达91.6%。三次产业比重由"十五"期末的0.6:35.9:63.5调整为2012年的0.2:16.3:83.5，产业结构不断优化，全面步入服务经济时代（见图2）。

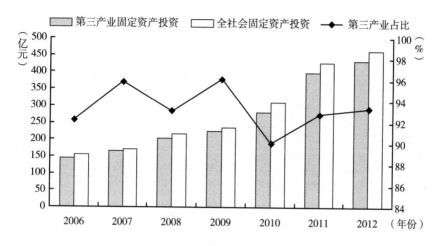

图1　2006～2012年海珠区第三产业投资额比重

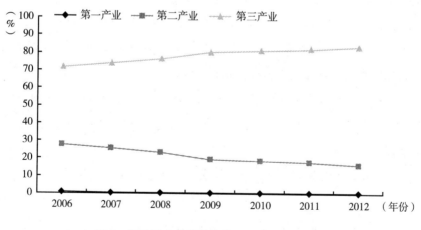

图2　海珠区产业结构变化（2006～2012年）

——现代服务业发展迅速。2012年，全区现代服务业实现增加值523.92亿元，同比增长13.5%，比GDP增速高1.5个百分点。现代服务业占全区GDP的比重达52.3%，拉动全区经济增长6.9个百分点（见图3）。海珠逐步形成了以会展业为龙头，以现代商贸业、科技服务业和文化创意产业为支撑的现代服务业产业体系。2012年四大战略性主导产业实现增加值302.28亿元，占GDP的比重由2008年的24.2%上升到2012年的30.2%。

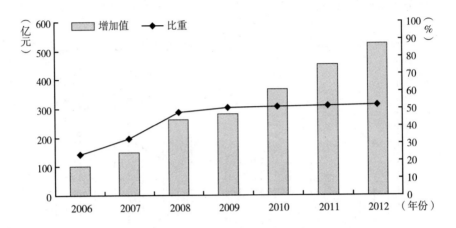

图3　2006～2012年海珠区现代服务业增加值及比重

——工业结构不断高技术化。2012年，全区完成工业总产值272.02亿元，同比增长13.1%，工业经济效益综合指数达到210.6%。全区规模以上工业企业高新技术产品产值从2008年的44.27亿元增长到2012年的85.49亿元，占规模以上工业总产值的比重由2008年的20.4%提高到2012年的41.3%。

2. 现代服务业整体水平不高，亟须尽快提升

——第三产业中传统服务业所占比重过大。区内商贸业以传统批发零售、餐饮为主，缺少大型市级商业中心；专业市场发展层次不高，占地面积较大而综合效益不高（见图4）。

——服务业企业规模偏小，现代服务业专业化水平和集聚程度不高。海珠区现有服务业门类中，只有科技服务业、商务服务业、运输仓储、邮政等在广州市区域分工中相对集聚程度较高，专业化程度较高，服务输出能力较强。其他服务业门类的专业化程度都比较低，服务输出能力较弱（见图5）。

——服务业的区域辐射能力有待提高。海珠区服务业增加值占广州市服务业增加值的比重在10%左右，仅达到广州市十二区市的平均水平，而人均消费为3.69万元，与番禺区、南沙区、白云区等区不相上下。

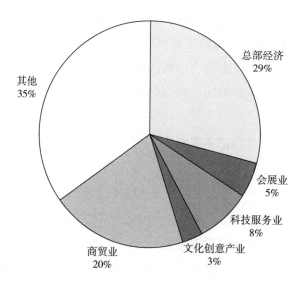

图4　2012 年海珠区第三产业内部结构

注：其他包括房地产、交通运输与仓储邮政业、住宿餐饮业、金融业等。

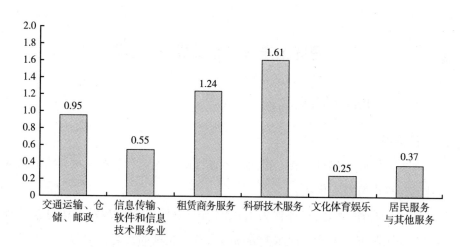

图5　海珠区服务业区位熵

注：根据广州市与海珠区 2011 年相关产业统计数据整理。

（三）产业空间布局

1. 产业空间发展初步形成"三区多点"集聚格局

随着"退二进三"和"三个重大突破"战略的大力实施，以及琶洲会展总部功能区、城市新中轴线（南段）高端服务业功能区和白鹅潭现代商贸功能区三大市级现代服务业功能区的开工建设，海珠区产业空间布局初具雏形。另外，中大纺织布匹市场、江南西商圈、新港东路检测认证集聚区、江南大道北婚纱街等产业集聚区也初步形成规模，形成了"三区多点"的集聚格局。

2. 产业空间布局东西部不平衡

西部已经形成较为成熟的居住生活、休闲消费、商贸服务氛围，而以琶洲地区、新中轴线南段地区为代表的东部区域虽已有大型产业项目和公共设施进驻，但相关配套服务、居住消费、交通设施等有待完善。

3. 产业功能区内在关联性有待提升

琶洲地区目前仍以会展业为主，配套的商贸业、零售业、餐饮服务业相对滞后，交通不够便利，与白云机场、火车南站等大型枢纽联系不畅，东西向和南北向交通均存在瓶颈。

三 海珠区未来重点发展产业选择

（一）产业选择依据

1. 产业潜力

综合考虑国际、国家、省、市及临近城区的产业选择状况，可以为海珠区的产业选择提供有益的借鉴。

从国际层面看，以低碳环保为引领的新一轮技术革命激发了信息技术服务、生命健康服务、节能环保服务等新兴服务业领域的兴起；同时，各种新型服务业态开始大量涌现，包括风险投资、金融业、软件业、服务外包、物流业、电子商务、工业设计、文化创意等。

从全国层面看，"十二五"时期，我国将致力于重点发展新能源、新材料、物联网等战略性新兴产业，同时，国务院办公厅印发了《关于加快发展高技术服务业的指导意见》，提出将重点发展研发设计服务、知识产权服务、检验检测服务、科技成果转化服务、信息技术服务、数字内容服务、电子商务服务、生物技术服务八大亚类产业。

从全省层面看，省第十次党代会提出广东将优先发展服务业，尤其要加快发展以生产性服务业为重点的现代服务业，重点建设金融、创意、研发、设计、现代物流、网络服务等现代服务业集聚区。

从广州市域层面看，2012年9月，广州市提出未来重点发展的15个战略性主导产业，依次为商贸会展、金融保险、现代物流、文化创意、商务与科技服务、汽车制造、石油化工、电子产品、重大装备、新一代信息技术、生物与健康产业、新材料、节能环保、新能源汽车、新能源。

从城区竞合层面看，海珠区的临近城区天河区重点发展的战略性主导产业包括金融业、信息服务业、现代商贸业和专业服务业。2012年，金融服务业、新一代信息技术业、现代商贸业、专业服务业占现代服务业的比重分别为17.0%、21.2%、11.7%和11.8%。

2. 产业基础和资源禀赋

就产业发展情况看，目前海珠区已基本形成了以会展、商贸、科技服务、文化创意为支撑的服务业发展格局。另外，海珠区生态资源丰富，自然生态环境优美，基本保留了完整的"江、涌、湖、园、林"生态体系，区内的海珠湖与万亩果林生态保护区，共同构成广州"南肺"。区内还有黄埔古港、大元帅府等文史古迹，是重要的生态、文化和旅游资源，人文科教底蕴丰厚，为海珠区打造宜商宜居环境奠定了坚实基础。这对快速城市化的广州而言，是极其稀缺和可贵的资源，为发展婚庆产业、都市休闲农业、都市旅游产业等提供了重要条件。

3. 城区功能定位的产业要求

按照海珠区"都市南核、城央公园、国际展都、休闲名区"的城市功能定位，海珠区宜发展会展、现代商贸、高技术服务业、文化创意产业、金融、文化旅游等高端服务业，以及适合都会区发展的都市型休闲农业和技术密集型、研究开发型、轻加工型都市新型工业。

综上分析，采用专家打分的方法，我们选择六类产业作为海珠区未来发展的战略性支柱产业，见表1。并相应确定了海珠区产业选择的大类和亚类，见表2。

表1　海珠区产业选择专家打分

产业	引领技术创新，发展潜力大	辐射与带动作用强，就业人口多	已成规模，发挥重要支撑作用	市场容量大，发展基础和条件优越	代表未来城市转型与升级方向
会展	✓✓	✓✓✓	✓✓✓✓	✓✓✓	✓✓
现代商贸	✓✓	✓✓✓	✓✓✓	✓✓	✓✓✓✓
高技术服务	✓✓✓✓	✓✓	✓✓	✓✓	✓✓✓
文化创意	✓✓✓	✓✓	✓	✓✓	✓✓✓
都市休闲	✓✓	✓✓	✓	✓✓✓	✓✓✓
都市型工业	✓	✓✓✓	✓✓	✓	✓✓

注："✓"代表认同度，"✓"越多，表示认同度越高。

表2　产业选择分类

大类	会展	现代商贸	高技术服务	文化创意	都市休闲	都市型工业
亚类	商务会展、会展总部经济、会展金融、会展旅游	高端商贸、商务服务、电子商务、酒店、餐饮、现代物流	检验检测服务、电子商务服务、研发设计服务、生物技术服务、工程设计、信息服务	新媒体、影视制作、时尚创意、动漫设计、书画产业、创意婚庆产业	都市农业、都市休闲旅游	总部型工业，高科技产业，广告印刷与包装、体育用品、工艺美术等低碳型优势传统工业

四　广州海珠区产业空间布局规划建议

以建设现代化中心城区为统领，以环岛慢生活环为纽带，以东部海珠生态城核心区、西部商贸文化综合服务区建设为着力点，构建"两环、三轴、四圈"的战略性产业空间格局，进一步打造各具特色的现代产业集聚区，从而在空间上形成梯次推进、分工明晰、优势互补、功能完善、特色鲜明的产业总体发展格局（见图6）。

（一）"两环"——"黄金岸线慢生活环"和"生态城核心区高端商务环"

"黄金岸线慢生活环"——以环岛新型有轨电车和环岛路建设为基础，

以广州打造"珠江黄金岸线"为契机，串联发展商务休闲、滨水旅游、文化教育、生态环保等功能及一系列重要滨水节点，完善相关配套设施，培育建设具有岭南特色的滨水休闲文化活动带，形成展现广州魅力的环岛慢生活环。

"生态城核心区高端商务环"——以海珠生态城核心区为基础，以广州打造"城市绿心"为契机，整合生态城核心区周边的以小型加工作坊、旧工厂、旧住宅和低端仓储用地为代表的低效用地，尤以龙潭、土华、小洲、三滘、沥滘、东风、红卫、赤沙、北山、仑头等"城中村"为代表，串联发展商务旅游、楼宇经济、生态教育、文化展示等功能，展示"花城、水城、绿城"特色，培育建设具有岭南水乡特色的生态城核心区高端商务环带。

（二）"三轴"——"城市新中轴线（南段）高端商务综合轴"、"新港路文化创意科技综合轴"和"珠江后航道现代商贸综合轴"

"城市新中轴线（南段）高端商务综合轴"——"一轴带动"是海珠区服务业发展的空间走向，也是未来海珠区服务业辐射的方向。以城市新中轴线南段为轴线，以沿线街区为节点，布局广州塔时尚文化板块、总部经济板块、电子商务板块和商贸服务板块四大核心功能区块，推动轴线上各产业节点、交通节点等的整体优化和协同发展，形成以线串点、以点带面的服务业集聚辐射带，打造海珠区服务业整体发展的"主动脉"，从而带动整个城市新中轴线南段周边区域服务业的发展。

"新港路文化创意科技综合轴"——发挥沿线高校与科研院所、文化创意与科技企业，以及中国电器科学研究院地块改造等一批重点项目聚集优势，推动沿线产业园区、社会资源、政策服务有效对接，打造"创新、创意、创业"产业集聚发展带，重点发展研发、检测等科技服务业和时尚创意产业。

"珠江后航道现代商贸综合轴"——发挥白鹅潭现代商贸区落户本区的综合辐射与带动优势，利用后航道现有用地储备较大的有利条件，积极推动打造珠江后航道现代商贸综合轴，大力发展现代商贸、文化创意、滨水旅游、甲级写字楼、高端商务等产业。

（三）"四圈"——"四大专业性核心功能区"

本着发挥已有优势、培育未来新优势、全区综合协调和平衡发展的总体思路，以两环、三轴为骨架，其间布局四大专业性产业发展平台，分别是海珠区西部的江南西综合商贸区和中大现代纺织商贸区，东部的会展、总部综合配套区和"东尖"高端商务区，整体形成集商贸、商务、文化、旅游、会展、科技等为一体的核心功能区，总体提升海珠区产业发展的综合竞争力和可持续发展能力。

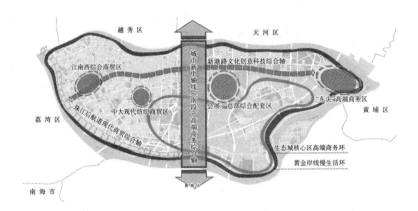

图6　产业发展总体布局规划

五　对广州海珠区产业发展的战略与任务的建议

（一）产业总体发展战略构想

1. "高端引领、产业集聚"战略

淘汰低端产能与壮大高端产业相结合，加快高污染高能耗传统制造工业、仓储物流、生产资料专业批发市场和"城中村"等低效用地改造，为引入高端重大项目腾出发展空间。以总部经济、精品楼宇经济和都市生态休闲经济为引领，带动海珠区产业结构优化升级。按照产业发展高端化、集群化方向，依托海珠生态城和三大市级现代服务业功能区建设，大力促进会展商务、总部经济、现代商贸、文化创意、高技术服务业、休闲旅游等高端要素逐渐向海珠集聚。积极利用高技术手段对传统工业进行改造，借助广州大学城和官洲国际生物岛的辐射作用，积极发展适合海珠发展的生态型都市新型工业。鼓励工业企业积极发展总部经济，推动工业产业链向高端延伸。

2. "产业联动、互融互通"战略

区内实现第一、二、三产业联动发展，推动产业融合。利用海珠的果林资源，大力发展高端都市休闲农业，将万亩果园等农业资源效益最大化，实现生态保护与产业发展有机融合。利用海珠的生态和文化资源，以会展业为龙头，大力发展创意会展、会展旅游、会展商务休闲等产业，实现会展业与都市休闲产业、文化创意产业、现代商贸业的互融互通。推动工业企业与检测认证、创意设计、信息服务等现代服务企业的紧密合作，切实提高工业企业的市场竞争力。区外要积极利用海珠区独特的区位优势，与相邻地区进行产业联动。重点发展会展、文化创意、新媒体、生态旅游、科技金融等类型总部经济，与天河区形成错位发展，打造"一江两岸，都市双核"的发展格局。与黄埔、荔湾、番禺等地区要积极进行产业联动、对接，不断提升对周边地区的服务资源调配和服务产品输出能力。

3. "产城融合、景城一体"战略

依据"三规合一"规划，结合海珠生态城建设规划方案，围绕打造具有岭南水乡特色的生态城市示范区、建设"花城、绿城、水城"样板区、创建职住平衡的理想城市典范区这一发展目标，集约利用有限的土地资源，优化万亩果园生态保护区周边和滨江岸线产业空间布局，优化琶洲城市设计，推动城市空间内的经济功能、生态功能、文化功能、居住功能和服务功能的协调统一，实现景区与城市在产业上一体化、产业和城市的"双向融合"上，实现以城以景促产，以产以景兴城。

4. "低碳经济、绿色发展"战略

树立绿色、低碳产业发展理念，大力发展低碳经济。以海珠生态城建设和广州碳排放权交易所落户海珠为契机，重点培育和发展现代服务业和生态型都市工业，促进产业绿色发展。健全激励与约束机制，加强资源节约和综合利用，引导企业发展循环经济和使用清洁能源，推进清洁生产。加快低碳技术的引进、研发和产业化进程，为绿色发展提供强有力的技术支撑。引导市民绿色消费、低碳生活。

（二）实施八大重点工程的建议

1. 会展业产业链延长工程

海珠是全国会展商务活动最集中、最活跃的区域之一，拥有国际一流的展馆设施、国际著名的会展品牌和国内一流的展览企业。会展业是海珠区目前唯一具有国际影响力的产业，产业基础好，发展潜力大，是海珠区未来重点发展的四大战略性主导产业之一。但琶洲会展功能区由于目前还存在服务配套不完善的问题，会展业的产业联动效益很大一部分流失在区外，是典型的"白天经济"，会展业对海珠区的产业引领作用并没有充分发挥出来。因此，要尽快启动会展业产业链强壮工程，围绕"广交会"发展会展总部经济、检测认证、休闲旅游、酒店餐饮、现代物流、电子商务等相关服务配套产业，接通、延伸和拓展产业链，形成行业配套、协作紧密、运行高效的会展服务体系，打造"全产业链"会展产业集群，不断提升会展业的国际化程度。会展业产业链强壮工程的重点任务有以下几个。

——尽快修订扶持会展业发展政策。尽快出台会展业大型配套项目用地指标优先供给、展览服务机构财政扶持等优惠政策，为会展业配套产业发展创造良好的市场环境。

——会展功能区空间扩容。考虑到琶洲国际会展中心区空间容量不足的实际状况，建议将赤岗、石榴岗等琶洲周边区域纳入琶洲会展功能区土地使用范围，充分发挥该区域临近国际会展中心区和生态城核心区的地理区位优势，在此区域规划建设会展、总部经济综合配套服务功能区，推动会展总部项目、会展服务配套项目向该区域集聚，不断提升会展业服务配套能力。

——加大会议产业的扶持力度。会议产业成熟的标志是品牌化、专业化和规模化。借鉴美国的"会议展览互相融合"模式，加大力度引进一批总部型专业会议公司（PCO），着力打造 1~2 个具有国际影响力的商贸型会议品牌，补齐海珠会展业"展强会弱"的发展短板，实行两条腿走路。

——促进会展旅游产业发展。会展与旅游结合是会展价值延伸链上一个极具潜力的服务增值点。要重点改善国际会展中心区至广州塔、海珠湖、湿地公园、黄埔古港古村、小洲村、琶洲湾公共沙滩泳场等重点旅游景区,以及区内主要购物中心、休闲场所的公共交通系统,精心打造海珠环岛游、广州城市新中轴线南段观光游,以及东南部水乡生态旅游区、中北部都市旅游观光区、西部历史文化区三大区域的旅游线路,形成一个新的"会展旅游"服务产业。

2. 琶洲"东尖"国际化高端商务区建设工程

位于琶洲岛环城高速东侧的东部尖角区域(简称"东尖")区位条件十分优越,是建设高端商务中心的理想场所。因此,要尽快启动琶洲"东尖"高端会展商务区建设工程,以总部经济、精品楼宇经济为引领,将该区域打造成为以会展商务服务、科技金融、高技术服务、现代商贸、文化旅游为核心内容的国际化高端商务集聚区,并成为琶洲国际会展高端商品的常态展示中心和商业购物中心。

为力争在 2020 年之前使"东尖"高端商务区形成基本雏形,在此期间拟重点建设区域和任务主要是以下三个。

——新洲区域开发建设。依托拟建的环岛路新型有轨电车新洲站、黄船码头、新洲码头、新港东路延长线(属拟建路段)、阅江路延长线(属拟建路段),在琶洲岛最东段(新洲社区)建设一个类似香港太古广场的大型城市综合体。重点建设业态为甲级写字楼、顶级购物中心(国际品牌店)、五星级酒店和江景酒店式公寓。为优化该区域的交通状况,同时要兴建直达港澳的水上快速客运系统和直升机场,构建国际化的大型交通枢纽。

——琶洲科技产业基地及周边区域开发建设。拆除原有的精工厂房及其配套用房,新建琶洲科技创意中心,改造道路广场(含停车场)及绿地,对场地绿化景观重新设计,提高创意中心工作氛围。同时,要加快对琶洲科技产业基地以东、新港东路北侧区域内的低效工业用地的收储,在此区域规划建设甲级写字楼、江景酒店式公寓,以及集公交、停车、零售、餐饮、娱乐、商务于一体的公交枢纽型商业综合体,重点发展科技金融产业、认证产业、文化创意产业。

——黄埔古港古村旅游文化示范区建设。重点建设黄埔遗址广场、文化创意产业园,并加强高端酒店、旅客服务中心、品牌专卖店等文化旅游服务配套

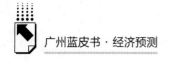

设施建设。

3. 实施低效产业用地二次开发工程

海珠区低效产业用地众多，主要为低端批发市场、工业小区、旧厂房和连片作坊式出租屋。这些产业低效用地占地面积大，对经济的贡献却非常小，不仅挤占了宝贵的城市产业发展用地资源，而且对城市交通、城市消防安全、城市环境和城市形象造成了不利影响。因此，必须尽快实施低效产业用地的二次开发工程，推动海珠区从低端、低效产业向高端、高效产业快速转型。对批发市场，要采取"分类指导，分步实施"的原则，运用"原地转型、关闭搬迁、业态转营、规划调整"等方式，促进升级改造和功能提升。

——加快对具有明显区域竞争优势的传统批发市场进行改造升级，推动传统批发市场向现代采购中心和展贸中心转型。对行业影响力大、辐射范围广的专业市场，大力支持引进现代交易方式，推广应用总代理、总经销、远期合约、拍卖制，建立电子商务网络交易平台，实现有形市场与无形市场的有机结合。同时，要将现代物流理念引入专业批发市场中，鼓励专业市场在区外建立大型的综合性的物流园区，以提升其服务功能。加快对区内平面化、低水平的仓储用地的收储，逐步实行市场和仓储物流分离。

——限期整改、外迁或关停不具备区域竞争优势、经济效益差、安全隐患大的低端专业市场和工业小区。对用地不符合规划要求、存在消防安全隐患及临建类市场，要根据其性质，限期坚决、有序地进行整改、关闭。对经济效益低下、不符合海珠区产业总体布局要求的低端工业小区要限期转型和升级。同时坚决查处非法"住改商"、"住改仓"等行为，对连片作坊式出租屋要限期坚决关停。

——加快推进"退二进三"工作进程，确保按节点要求完成第二批、第三批剩余项目的"退二"搬迁任务。继续引导"退二"企业把握政策机遇，通过升级改造闲置的旧厂房、旧仓库，为第三产业发展创造条件。

4. 两环产业带构建培育工程

环生态城核心区和环海珠黄金岸线产业带区位条件十分优越，濒临海珠"江、涌、湖、园、林"生态景观资源，是实现景城融合的核心区域，与南城市新中轴线、白鹅潭现代商贸区有较多重叠，而且目前还存在大量的低效用地，有较大的产业发展空间，是未来发展海珠高端产业的理想场所。但目前在这两条产业带上，产业布局十分凌乱，产业结构非常低端，造成了极大的资源浪费。因此，必须尽快启动两环产业带构建工程。2013～2020 年，工程的主要任务有两个方面。

——新滘路沿线产业开发。借鉴纽约中央公园周边产业规划布局的成功经验，在新滘中路沿线大力发展楼宇经济和总部经济，重点引进一批金融保险、企业总部、顶级公寓、甲级写字楼项目，将其作为实现海珠区"都市南核，城央公园"城市功能的标志性核心载体进行率先开发。新滘东路沿线可利用当地厚重的文化资源重点开发文化创意、生态休闲等产业。

——后航道产业开发。根据可发展用地状况，环海珠黄金岸线产业带应重点开发三个区域。一是依托已有的太古仓码头创意产业园、广昊商务港等重大项目，加快对鹤洞大桥以北的后航道区域内的产业优化和配套设施建设，将此区域打造成为白鹅潭现代商贸功能区建设的先导区。二是依托白鹅潭现代商贸功能区和环岛新交通系统建设，在南石头街临江地区重点引进一批企业总部、现代商贸、商务休闲、滨水旅游项目，将此区域打造成白鹅潭现代商贸功能区建设的现代商贸核心区。三是依托已有的广百海港城项目、广州南天（国际）酒店用品市场和中交集团南方总部等重大项目，要加快对洛溪大桥两侧"退二"地块、旧工业小区和低端专业批发市场等低效土地的收储，再重点引进一批企业总部、商务休闲、文化旅游项目，在此区域打造海港城高端商务区。

5. 电商大道建设工程

海珠区电子商务产业已有一定基础，打造标杆性电子商务大道对海珠抢占产业发展制高点、促进产业集聚发展、形成发展规模和品牌效益具有重要意义。电商大道规划范围：广州大道南路北起客村立交，南至洛溪桥北段沿线区域，其中沿线两侧 100 米区域为核心控制区。

电商大道建设工程主要任务为：一是加快整合广州大道南的中高端写字楼，依托这些楼宇引进一批网店企业、平台服务商、软件服务商、媒体服务商、会展服务商、支付与金融服务商、人才服务商、广告服务商、诚信评估服务商、搜索服务商、物流服务商以及咨询服务商，逐渐形成贯通生产领域与商业流通领域的全价值电子商务产业链。大力鼓励网商与电商大道规划范围内的实体零售商合作，在广州大道南建立和推广电子商务或网购示范街区和站点，丰富网上网下消费体验。二是积极扶持龙腾 18 电子商务产业园等现有 6 大产业园发展，同时积极推进规划区域内原有工业功能区向软件园、电子商务产业园转型，加快产业集群建设。三是鼓励优势生产企业、商贸企业、物流企业与电子商务企业联合，加快发展大宗产品电子交易市场，把中大布市电子信息平台、南天全球酒店用品一站式批发平台（南天资源网）培育成为行业性标杆电子商务平台。四是借鉴国际经验，加快建设"电子商务大道"网络综合贸易平台，将其作为海珠电子商务运营的共用通道和统一的公共服务平台，对各类网站平台端口进行系统集成和推介，系统推进技术、产业、研发、服务、监管的整合，加快电子商务的推广应用。

6. 广州文化创意产业发展极构建工程

海珠区是岭南画派发祥地，具有悠久的历史和深厚的文化底蕴，拥有显著的高校人才优势，并建立了珠影文化创意产业园、T. I. T 纺织服装创意园等一批强势创意产业品牌，将海珠区打造成为广州文化创意产业发展极已具备基本条件。广州文化创意产业发展极构建工程的主要任务是以下几项。

——明确文化创意产业的战略地位，尽快制定文化创意产业中长期发展规划纲要。东起客村立交，西至昌岗立交，沿新港西路、昌岗中路打造标志性文化创意大道，并着力打造新媒体创意、广告艺术创意、会展创意、纺织创意、包装印刷创意和文化艺术创意六大文化创意集聚区，逐步构建"一带、六区"的空间格局。

——加快完善发展文化创意产业的总体政策框架。政府应在规划引导、整合资源、资金支持、政府采购、税收激励、人才引进、平台构建等方面制定具体的扶持政策，为创意产业集群发展提供良好的服务环境。要制定有利于文化创意产业与会展业、旅游业、科技服务业、都市农业等相关产业融合发展的激励政策，打造海珠文化创意产业核心竞争力。

——优化知识产权保护环境。因为文化创意产业是一种知识密集型的产业，所以政府提高知识产权保护力度，对于文化创意产业的经营与发展具有非常重要的意义。建议尽快成立"海珠区创意产业知识产权事务中心"，为那些有创意的个人和团体提供知识产权方面的咨询服务与保护。

7. 水网资源开发利用工程

海珠区区内河涌稠密，河网交错，具有典型的南方水乡特色。合理开发利用这些水网资源，不仅可以提升城市品位，极大地优化海珠产业发展环境，同时也是海珠文化旅游产业发展的重要的依托。水网资源开发利用工程的主要任务有两个方面。

——河涌生态修复整治和滨水岸线开发。加快推进以区内河涌清淤、调水、水闸重建、堤岸整治等为主要内容的河涌综合整治工程，提升河涌水质标准及通行能力和防洪排涝能力，彻底改善河涌生态空间。加快推进海珠环岛路建设和珠江黄金岸线亮点工程海珠段建设，不断完善海珠区亲水岸线公共开放空间系统，打造珠江生态文化带和河涌慢生活休闲带，为生态文化旅游产业和都市休闲产业发展创造条件。

——水上快慢速交通系统建设。一是积极利用区内发达的河涌水系，大力建设水上慢行系统，打造一批水上生态文化观光旅游线路，构筑水上游览系统，推动生态文化旅游产业发展。二是利用区内珠江航道和密集的码头资源，积极开发飞翼船等快速水上交通项目，建立联通珠三角城市群和港澳的水上快速交通系统。

8. 产业政策优化工程

海珠区目前虽然出台了针对重点企业、会展业、总部经济、楼宇经济、创意产业基地、电子商务、企业上市等一系列产业的扶持政策，但产业政策体系依然不够完善，一些产业政策力度与其他区市还有一定差距，在促进高端产业要素向海珠快速集聚方面缺乏吸引力。产业政策与产业发展的实际需求不够匹配问题也比较突出，产业政策实施起来的实际激励效应不足。因此，必须尽快启动产业政策优化工程，重要任务有以下几项。

——对现有产业扶持政策进行修订完善，切实提升政策实施力度。一是修订《扶持会展业发展的若干意见》，增加会展业大型配套项目用地指标优先供给，扶持会展相关配套产业发展，鼓励会展业与文化创意产业、休闲旅游业融合发展等内容。二是对比广州其他区市扶持楼宇经济发展的政策，修订完善海珠区楼宇经济发展实施意见，推进产业集聚，打造品牌楼宇。三是修订完善重点企业"绿色通道"服务等政策，推进政府服务从传统服务向融资支持、人才引进、子女入学等深层次服务拓展，提升海珠在引进重点企业和项目中的吸引力。

——根据海珠城市功能定位和产业发展需要，制定出台新的扶持政策。一是在《创意产业基地认定和扶持办法》的基础上，尽快出台扶持文化创意产业发展实施意见，在资金扶持、政府采购、税收激励、人才引进、平台构建、知识产权保护等方面做出具体制度安排。二是研究制定金融业、中介服务业等高端商务服务业扶持办法，对金融及衍生行业给予扶持奖励，加大对会展服务、贸易代理、科技中介、法律会计等中介服务机构的引进力度，形成楼宇经济支撑。三是出台低端产业"退二"工作办法，明确清理范围，制定工作指引，建立产业项目登记备案制度，防止低端产业项目回流。四是出台商业综合体扶持办法，加快综合体建设，重点培育大型购物商场，鼓励村社自留地建设综合体，发展壮大现代商贸业。五是研究出台传统商贸业升级改造工作办法，建立完善的开发组织方式、工作流程、经济和行政等激励机制，加快对传统专业市场进行升级改造，创建商业街区，提升商业档次。

（审稿　刘秋得）

关于民间金融纠纷防范与处置的研究

广州市越秀区法院民间金融课题组 *

摘　要：

本文通过对近五年来越秀区法院审理、执行的民间金融案件进行调研，探求民间金融案件的成因及处置这类案件面临的困难与问题，进而为更好地防范及处置民间金融案件提出对策和建议，促进金融秩序和谐发展。

关键词：

民间金融纠纷　成因　防范与处置

民间金融是我国国家金融体系之外所发生的在个人或非国有制企业之间的各种形式的资金融通活动的统称。近 20 年来，民间金融发展迅猛，在浙江、福建、广东等地，均形成了颇具地方特色的民间金融体系。就广东而言，全省金融资源自 2007 年以来规模迅速扩大，到 2011 年 9 月末，全省个人存款余额达到 40294 亿元，丰富的金融资源催生着日益强烈的保值和投资要求，民间融资的规模也超过 1 万亿元。[①] 2012 年 6 月 28 日，广州民间金融街（首期）的落成标志着全国首条集资金借贷、财富管理、支付结算、信息发布为一体的民间金融街在广州正式建成，街内小额贷款公司、典当行、融资担保公司等民间金融机构累计向全市 2000 余家企业和个人提供融资，截至 2013 年 7 月 24 日已累计提供融资 2701 笔，资金总额达 105.85 亿元，实现税收超亿元。随着民

---

* 课题组成员：叶三方、彭建华、潘锋、杨斯淼。

① 广东省人民政府金融工作办公室主任周高雄于 2011 年 11 月 15 日在"金融与科技融合，加快发展新兴产业"论坛上的发言（李春洪、张东明：《加快转型升级——再造广东经济发展新优势》，南方日报出版社，2012，第 73 页）。

间金融的迅猛发展，民间金融纠纷显著增多。作为广州民间金融街所在辖区的基层法院，近年来越秀区法院审理的民间金融案件①极具代表性。本文试从越秀区法院审理的民间金融案件出发，对民间金融风险防范与处置提供一条进路。

一 民间金融案件的现状及特点

（一）民间金融案件的现状

随着小额贷款公司、典当行、融资担保公司等机构的金融业务日益活跃，相应的民间金融纠纷随之增多。从近五年来越秀区法院受理的民间金融案件可以看出三类案件数量呈逐年上升趋势（见图1）。

2008年至2013年9月30日，法院受理的小额贷款、典当、担保纠纷案件合计335件，涉案金额高达6亿多元，审结274件，结案方式有判决、调解、裁定三种，其中判决208件、裁定（撤诉或驳回起诉）32件、调解34件（见图2、图3）。

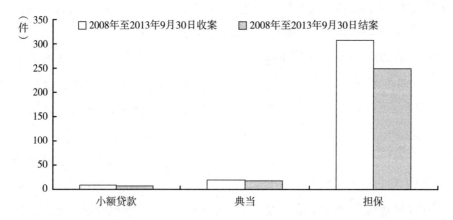

图1 2008年至2013年9月30日越秀区法院民间金融案件收、结案情况

---

① 本文所称民间金融案件未作说明的，均来自广州市越秀区人民法院受理的民间金融案件。如下法院未作特别说明的，专指广州市越秀区人民法院。

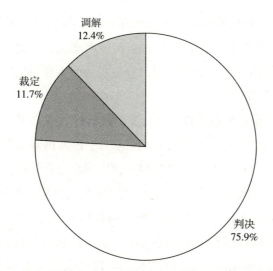

图 2　2008 年至 2013 年 9 月 30 日越秀区法院民间金融案件收结案方式

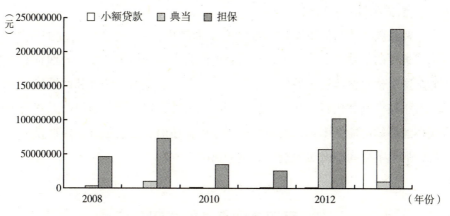

图 3　2008 年至 2013 年 9 月 30 日越秀区法院民间金融案件涉案标的

（二）民间金融案件的特点

1. 融资金额增大

小额贷款、典当等非银行金融机构发放的贷款数额逐年上升，放款金额过百万元的案件屡见不鲜。2008 年至 2013 年 9 月法院受理的小额贷款案件和典当案件分别为 9 件和 19 件，放款金额在 100 万元以上的分别为 6 件和 11 件，其中越秀某小额贷款公司借款案中，小额贷款公司一次性发放贷款金额为

3300 万元，信贷规模毫不逊色于国有商业银行；典当纠纷案件平均涉案金额为 438 万元/件。民间金融机构的放款金额不断增大，金融风险也随之加大，坏账、呆账一旦形成，将直接威胁民间金融机构的生存和发展。

2. 借贷利率较高

民间金融的资金利率通常高于银行类金融机构，按照《广东省小额贷款公司管理办法（试行）》，小额贷款的利率上限为中国人民银行公布的同期同档次贷款基准利率的 4 倍；[①]《典当管理条例》规定当金综合费率为 24‰~42‰，还可以计收利息。大多数的小额贷款、典当合同除约定利率、费率外，对逾期还款行为还规定加收每天 1‰~3‰ 的违约金，两者相加，融资利率、费率都较高。2008 年至 2013 年 9 月法院受理的 9 件小额贷款案件的利率基本达到中国人民银行公布的同期基准利率的 4 倍；19 件典当案件的综合费率基本是执行 24‰~42‰ 的标准。该两类案件中有 18 件约定了借款人逾期还款的，需要支付违约金。

3. 信贷期限大多较短

小额贷款、典当的资金多为短期资金周转用途，[②] 在法院受理的案件中，有八成案件的借款期限为两个月，借款期限为半年的极为个别。短期贷款说明民间金融机构对营运资金的使用率高，非常关注资金的安全性和回笼速度的问题，对法院审判和执行工作寄予较高期待。另外，短期贷款也说明融资资金投入实体经济的可能性不大，资金多被用于借新还旧、处理债务、短期投资、转借等，加大了民间金融机构贷出资金的风险。

二 民间金融案件的成因分析

（一）逐利心态失常

民间金融未被纳入中国人民银行、银监部门等金融管理机构的常规管理系

[①] 根据广州民间金融街公布的数据显示，小额贷款利率为"10 日 18.72%，1 个月 21.77%，3 个月 22.32%，6 个月 23.19%，1 年 24.85%，1 年以上 25.15%"。

[②] 据相关部门的统计，2012 年广东省小额贷款公司单笔贷款在 100 万元以下的有 3.5 万笔，占贷款总笔数的 61%；贷款期限在 6 个月以内的占贷款投放总额的 69%，其中 1 个月以内的占 20%。

统中，受到的金融监管规制较小，利率监管相比国有商业银行受到的限制也小。民间金融具有利率高的特点，个别民间金融机构还将合同规定的逾期还款违约金计入经营利润中，致使这些民间金融机构为达到收取更高回报的目的，选择追索时间，通过延长资金回收期限达到利息、违约金的最大化，但到其真正起诉到法院时，借款人和担保人往往已倒闭甚至跑路，使债权追收错过最佳时机。

（二）资金周转失灵

按照《广州民间金融街小额贷款公司监督管理暂行办法（试行）》第六条规定，小额贷款公司注册资本不低于 2 亿元，不高于 10 亿元。小额贷款公司的主要资金来源于股东缴纳的资本金、捐赠资金，以及来自不超过两个银行业金融机构的融入资金（从银行业金融机构获得融入资金的余额，不得超过资本净额的 50%）。由于民间金融机构"只贷不存"，缺乏正规金融的同业拆借机制，不良贷款也不能像银行一样作坏账核销处理，民间金融机构处于后续资金匮乏、"无米下锅"的困境。

（三）防范机制失控

从近年诉至法院的民间金融案件看，借款人丧失还款能力，担保人丧失担保能力的情况普遍。在主营短期贷款业务的民间金融领域中发生这类现象，说明小额贷款公司对客户资信审查不严、资金用途把控不严。对于融资担保公司而言，由于我国现阶段的信用担保体系不完善，社会信用制度、信用保证体系缺位，事实上存在信用风险转嫁到担保机构的情况，信用担保机构成为事实上的风险承担者。例如，越秀某小额贷款公司因借款人涉嫌贷款诈骗，巨额贷款无法及时收回；沈国松涉嫌非法集资系列案，使通某典当行成为受害单位之一；华鼎、创富融资担保公司涉嫌资金诈骗案，导致众多贷款企业遭受重大损失。①

---

① 2012 年初发生的中担、华鼎、创富三家担保机构的违规经营案件，受波及的中小企业达到 1200 多家，目前联系上的仅为数百家，涉及贷款余额 13 亿元，其中有超过 11 亿元被截留。载《融资性担保业务监管部际联席会议办公室有关负责人就 2011 年融资性担保行业发展与监管情况答记者问》，银监会网站，2012 年 6 月 26 日。

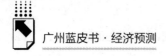

（四）征信体系失准

信息不对称容易引致信用缺失问题。目前中国人民银行建立了规模庞大、类型复杂、受益面广的征信数据库，[①] 国有银行、信用社等金融机构基本上已接入该征信系统。但是，小额贷款公司、典当行、融资担保企业目前尚未被允许接入该征信系统，此问题有待金融监管部门、省市金融办、经信委等政府主管部门协调解决。此外，除人民银行征信系统数据库采集的数据外，还有其他反映企业、个人征信情况的信息掌握在法院、公安、工商、税务、车管等政府部门，以及公用事业、通信、保险、民营征信机构、行业协会、商会等机构，一套能够全覆盖、功能强大的公共征信系统尚未形成，征信体系有待进一步完善。

三　处置民间金融案件面临的困难和问题

（一）法律适用上的困难

1. 法律与部委规章、地方金融法规运用上的冲突

目前我国用于规制民间金融的法律体系还不健全，至今没有一部系统的规范民间金融行为的法律规范，都散见于《中华人民共和国民法通则》和最高人民法院司法解释的一些条款，过于原则、笼统，缺乏具体操作细则，不利于民间金融当事人掌握；部分部委规章及地方人大、政府部门发布的民间金融性规范性文件，法律位阶不高，常产生冲突，在遇到需要对借贷行为的效力做出认定时，法院难以适用这些部委规章和地方性金融规范文件。如小额贷款公司发放贷款不得超过 500 万元上限的规定、典当行不得经营纯信用担保典当的规定，均是出自《广东省小额贷款公司管理办法（试行）》、《典当管理条例》等地方性金融规范文件和部委规章。由于我国合同法规定违反法律、行政法规的强制性规定，合同无效，合同法司法解释更进一步明确违反效力性、禁止性

---

① 《央行：推进中小企业、农户和地方征信系统建设》，《第一财经日报》2010 年 3 月 23 日。

规定的行为才为无效，故部委规章和地方性金融规范文件难以作为认定借贷行为效力的依据。而且，当政府金融监管部门依据这些规定对民间金融违规行为采取行政制裁措施后，很可能让被处罚方因法院认定融资行为有效而对行政制裁措施的效力产生质疑。

2. 现行司法解释与人民银行利率政策调整的冲突

我国长期没有正视民间金融应有的社会地位和功能，历史遗留下来的定式思维和制度设置至今仍影响着社会对"民间金融的合法化"[①] 的认识，在当前规范民间金融的配套法律法规不完善的情况下，受价值追求、思维模式、裁判思路等因素影响，各地法院对民间金融案件的处理结果各有不一，同案不同判的现象时有发生，严重影响了审判机关的司法权威，如何统一民间金融案件的裁判理念和裁判尺度，已成为法院审理该类案件的难点。例如违约责任问题，合同规定逾期后借款人除应按中国人民银行规定的逾期贷款利率计算逾期利息外，还应按合同期内的利率标准继续支付利息至还清之日止，对此有的法官认为合同期满后继续按合同期内的利率计算利息没有依据，故只支持逾期利息；有的法官则认为逾期贷款利率比合同期内的利率要低，违约成本不应低于守约成本，故两者一并计算。再如最高人民法院《关于人民法院审理借贷案件的若干意见》规定民间借贷利率不应超过中国人民银行同期同类贷款基准利率四倍的问题，但随着 2013 年 7 月中国人民银行宣布金融机构贷款利率（房贷除外）全面放开，继续使用四倍利率规制民间金融的资金利率是否合适，值得我们思考。

（二）实务操作上的困难

1. 案件调解难

民间金融机构为降低资金风险，会接受更多的担保，2008 年至 2013 年 9 月法院受理 28 件小额贷款及典当纠纷案件，涉及被告 95 人，平均每件 3.39 人，个别案件的被告达到 10 人以上，案件被告数量多给法院的送达和审理工作带来困难；融资担保公司追偿权案件的被告下落不明的情况更为普遍。被告

---

① 高晋康、唐清利：《我国民间金融规范化的法律规制》，法律出版社，2012，第 37 页。

数量多不利于案件的调解，其中某一被告缺席参加诉讼，即使案件失去调解条件，也会造成法院主持调解工作困难。另外，债务人和担保人缺乏还款能力和担保能力，也使债权实现没有保障，案件调解难度大。法院所审理的小额贷款、典当、融资担保案件，案件调解撤诉率仅有20%左右。

2. 案件执行难

债务人恶意逃废债务，执法体制机制不完善，执行难问题仍然是当前困扰法院的一大顽疾。一方面，被执行人难找、被执行财产难查、协助单位配合力度不够、部分执行财产难处理等问题，使民间金融案件生效裁判文书难以执行；另一方面，银行、房管、工商、车管所、证券公司至今未开通电子查询、冻结、扣划功能，也导致执行效率不高，容易给债务人留下转移财产的"空当"，造成执行难。在审结的274宗民间金融案件中，进入执行阶段的共186宗，申请执行标的达155981040.93元，执行到位率为54.80%。结案方式有参与其他法院分配、委托执行、对被执行人的房产或车辆采取查封措施、无财产线索终结执行等。从各类案件执行情况（见图4）不难看出，义务人不履行法院生效裁判，却未能得到应有的惩戒，使得"守信者失利，失信者得益"的现象屡有发生，使法律的权威受到挑战。

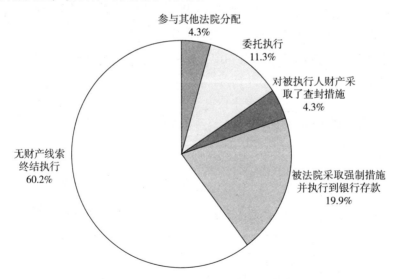

图4 2008年至2013年9月30日越秀区法院执行民间
金融类案件的执结方式（宗）

四 防范及处置民间金融案件的对策建议

千里之行，始于足下。民间金融的健康发展，有赖于社会诚信体系、市场监管体系的构建和不断完善，政府相关部门应履行市场监管的职责，积极发挥行业协会、商会的作用，正面引导民间金融机构规范经营，防范民间金融风险的发生。另外，当潜在的金融风险转化为实践中的金融纠纷时，完善立法、使案件处理有法可依是有效解决纠纷的必经之路。同时，建立多元化的纠纷解决机制，通过人民调解、金融仲裁、诉前联调等多种方式化解金融纠纷；对诉之法院的金融案件，法院做好立、审、执三方面的工作，积极发挥司法职能，科学配置金融审判资源，加强司法队伍的专业化建设，有效处置民间金融案件，为民间金融的稳健发展保驾护航。

（一）防范民间金融纠纷的建议

1. 与制度建设紧密结合，构筑"两建"体系

（1）完善市场诚信体系。

随着民间金融规模的扩大，信息不对称引起的信用缺失问题越来越严重，因此，在民间金融业界以及其与中国人民银行广州分行之间建立健全征信机制，加大征信数据采集的广度和深度非常必要。

一方面，充分利用中国人民银行的征信系统。对于目前尚未能接入中国人民银行征信查询系统的民间金融机构，中国人民银行应建立绿色通道，提供客户信用记录查询服务，降低民间金融经营成本和信贷风险。同时，民间金融机构也应当定期及时地向中国人民银行的信贷征信系统提供贷款人、贷款数额、贷款偿还以及是否提供担保等数据信息，为中国人民银行全面收集征信信息提供方便。

另一方面，建立补充征信系统非常必要。将征信数据的采集范围拓展至公积金、企业欠薪、水电欠费、企业资质认证，力争实现全方位，包括采集客户的信用记录、贷款及偿还记录、不良信用记录等；从公用事业和通信企业采集单位、个人欠缴费用记录，从法院采集与单位个人信用有关的诉讼记录，从公安机关采集个人身份信息和与个人信用有关的处罚记录、违法犯罪记录，实现信息共享，充分提高诚信记录的使用效率，有效地降低民间金融机构的经营成本和信贷风险。

（2）完善市场监管体系。

金融越发展，监管就越重要。随着广州民间金融街三期工程的启动，地方民间金融行业迎来了难得的发展机遇，要实现民间金融行业的可持续健康发展，促进其规范运行，强化市场监管非常重要。

一方面，完善金融监管。对于小额贷款公司来说，其经营活动具有较高的风险性，政府监管部门应按照《广州民间金融街小额贷款公司监督管理暂行办法（试行）》的规定，[①] 履行监管职责，对小额贷款公司的经营情况、放贷资金进行监管，依法遏制民间融资中的高利贷化和投机化倾向，规范和引导民间融资健康发展。建立并完善监管联动机制，建立完善由省金融办、中国人民银行、银监局、工商、财政、司法等部门共同参与的联席会议制度，通过监管发现问题，研究对策，寻找存在的金融风险点，防范金融风险，维护行业稳定。将民间金融纳入政府金融主管部门和银监部门的监管体系下，监控民间金融不良贷款率，从温州教训中认识到不良贷款率持续上升对地方金融环境、实体经济造成的严重伤害。

另一方面，完善信用评级体系。信用评级与信用市场一并发展，目前银行业正在建立健全社会企业的评级系统，但是绝大多数中小企业根本无法或很难达到现有金融机构信用贷款的评级要求。民间金融有别于正规金融，在充分掌握企业征信信息、企业组织架构、风险管理水平、风险化解能力、财务管理能力等各方面情况的基础上，结合市场实际情况调整评级标准并加以完善，对借款人做出客观、公正的评价，为授信额度的审查、审批提供有力支撑。

2. 与行业协会发展紧密结合，发挥资源优势

（1）发挥行业自律，依法规范经营。

要完善法律、法规等制度框架，加强引导和教育，发挥民间借贷的积极作用。[②] 目前在民间金融立法滞后的环境下，民间金融机构应遵守现有法律法

---

① 在广东省人民政府金融工作办公室的指导下，广州市人民政府金融工作办公室和越秀区人民政府金融管理办公室为金融街小额贷款公司的监管主体，承担相应的监管职责；市金融办按照有关规定指导和督促越秀区金融办加强对金融街小额贷款公司的监管。

② 温家宝：《总结经验　明确方向　不断开创金融工作新局面》，《人民日报》2012年1月30日第2版。

规，执行国家金融方针和政策，健全企业管理制度，做好行业自律和互相监督。行业自律是风险控制体系中的重要部分，行业协会对民间金融发展发挥着重要的作用，行业协会在加强自律的同时，还能互相监督，保障和规范民间金融的有序运行。

——小额贷款公司应参照银行做法，制定贷前调查、贷时审查和贷后检查的业务操作流程，加强管理贷款发放，在法律法规和政策允许的范围内开展业务，自主确定贷款利率应当控制在金融政策允许的幅度内。

——典当行严格执行《典当管理条例》，在办理当物质押、抵押业务时，严格按照物权法、担保法的规定办理抵押、质押登记手续，对于金融票据、仓单、提单等权利凭证，应当收执原件或做好质押标记，对于当户逾期偿还当金不赎当的行为，及时按照规定处置当物。

——融资担保公司，在提供担保前应全面审查被担保人的还款能力、还款意愿、欠债情况、担保物价值和反担保人担保能力等要素，分析担保风险程度和实现追偿权的可能性，增强风险的识别能力；依法依规经营，从华鼎、创富事件中吸取教训，深刻认识违法违规经营的危害性。

（2）壮大协会商会，促进资源共享。

目前包括民间金融机构在内的众多中小型企业，按照行业划分有不同的协会和商会，依照《社会团体登记管理条例》设立的团体组织，有利于行业管理和监督。利用行业协会这个平台，各方可以依据自身优势，在更多领域加强合作，解决资金来源和投资渠道问题，促使民间金融机构发展和壮大。随着民间金融机构数量的增多和业务的扩张，多头贷款、重复担保的现象在所难免，行业协会能够发挥成员之间彼此熟悉、了解的优势，通过共享信息，实现信息资源互通。

一方面，处于试点阶段的小额贷款公司不能经营存款业务，没有银行业的同业拆借机制，解决民间金融机构信贷资金紧张问题已迫在眉睫。因此，在现行法律法规没有明令禁止的情况下，对于民间金融从银行业借入资金仍不能满足运营需要的资金缺口，可以尝试采取协会成员之间拆借资金的模式，解决运营资金不足的问题。

另一方面，行业协会专业人士众多，其专业技能能够处理一些中介机构难以甚至无法评估的物品，如海味干货、酒类等能够用于融资的质押物品做出品质认证和价格认定，为民间金融机构发放信贷资金提供辅助参考。并且通过行业协会平台，可以让民间金融机构充分了解成员间的资信情况，利于简化审贷环节，降低征信成本和风险。此外，通过行业协会这个桥梁和纽带，能够使中小企业参与到互保、联保的担保机制中，从而降低民间金融融资风险。

（3）发挥中介作用，扩大服务形式。

随着国家经济转型升级和新农村的建设，民营企业和"三农"需要资金进行发展，资金供需双方迫切需求更多形式的金融服务，因此金融中介行业悄然兴起。在广州民间金融街建立为中小企业提供金融中介服务的"金融服务中心"，对于能够为民间金融提供资产评估、价格认定、投资风险、司法帮助等服务的专业中介机构，如金融律师事务所、会计师事务所、价格评估机构、公证机构等，政府部门可充分借用其专业优势，对其进行培育发展，使其更好地为民间金融机构提供专业化咨询和服务。

（二）处置民间金融案件的建议

多元化的纠纷解决机制有助于民间金融纠纷的解决，从而为民间金融的发展营造一个规范管理、风险可控、有序竞争的良好环境。

1. 抓紧完善立法，调处民间金融案件有法可依

民间金融长期以来得不到金融业界的肯定，未得到充分重视，一方面尚未承认它从事金融行为的合法性，另一方面在金融和法律层面上缺乏对它的完整认识。例如小额贷款公司，虽可以开展金融业务，却没有"金融业务许可证"，在立法上没有一部如适用于银行业的《中华人民共和国商业银行法》进行调整。立法上的缺陷，法律地位的模糊，制约着民间金融的发展，相关法律制度亟待重构和完善。因此，立法机关有必要根据当前市场经济发展的现状和需求，按照立法法的规定，及时制定用于调整民间金融行为的诸如"民间借贷法"和"民间金融管理条例"等效力级别较高的法律法规；对一些不适合经济发展规律的规范进行修改和清理，进一步完善有助于民间金融发展的金融规范性文件，使其上升为法律或行政法规，使民间金融案件的解决有法可依。

2. 重视非诉先行，建立多元化的纠纷解决机制

随着金融改革的深入，金融交易品种日渐多样化，金融纠纷所涉及的技术、事实和法律问题越趋复杂化。与此同时，金融机构风控部门人员、金融企业人员、高校金融专家与学者、法律人士等金融专业人士，为社会构建多元化的纠纷解决机制提供了有力支持。根据当事人的需求施以不同的纠纷解决方式，有助于金融纠纷公平公正的解决，有利于金融市场的稳定性和民间金融纠纷的化解。如在仲裁机制上，2011 年 7 月 11 日成立的广州金融仲裁院为金融纠纷增加了一个公正、高效、快捷、符合国际通行准则的仲裁解决机制，一裁终局的仲裁规则，能够迎合不拘小节、追求效率的商人；在民间调解机制上，2011 年 1 月施行的《人民调解法》为民间调解提供了法律依据，人民调解委员会通过说服、疏导等方法，促使当事人在平等协商基础上自愿达成调解协议，具有法律约束力，如果双方当事人认为有必要的，还可以在规定的时间内共同向人民法院申请司法确认；对于诉至法院的案件，法院可以通过诉前联调工作促使当事人达成和解，提高纠纷解决效率；在非诉程序上，法院可以依照新民事诉讼法规定的实现担保物权特别程序，先行先试，创新金融债权实现方式，依法保护担保物权人和其他有权请求实现担保物权的人快速实现担保物权的权利。

3. 加强专业审判，提高民间金融案件处置质量

法院通过调查问卷发现，广州民间金融街内 96.9% 的民间金融机构认为解决民间金融纠纷需要引入专业化的审判机制，84.4% 的认为法院有必要在民间金融街派驻审判常设机构，接受调查的民间金融机构还提出设立专门的审判和执行机构，提高审判效率，加大执行力度等建议。[①] 可见，人民法院推行专业化审判执行，建立"快立、快审、快执"的立、审、执一体化争端解决的机制，符合民间金融发展的需要。

---

① 2013 年 6 月 8 日，调研组对广州民间金融街的 32 间小额贷款公司的工作人员以不记名的形式进行问卷调查，结果显示有 23 名被访者认为当发生民间金融纠纷时，首选法院解决问题；31 名被访者认为民间金融纠纷应当引入专业的审判机制；有 27 名被访者对法院在广州民间金融街派驻纠纷解决常设机构持肯定意见；受访者另对提高审判、执行效率，加强专业化服务，开设快速绿色通道，建立金融执行庭等方面提出有益建议。

——创新立案模式，提供便民服务。在立案环节上提供便民服务，完善便民、利民的工作机制，开展预约立案、网上立案和远程立案，及时了解案件动态。立案大厅的诉讼服务中心落实做好立案指引、案件查询、材料收转、疑问解答、诉讼引导等工作。另外，在诉讼材料送达环节上，按照新民事诉讼法的规定，倡导当事人提供电子邮箱、传真号码，以便法院落实电子送达法律文书的措施，提高送达效率。针对案件"送达难"这一老难题，认真分析原因，研究对策，建议民间金融机构在合同文本中增设联系地址确认条款，告知合同相对人在联系方式发生变化时，应当书面告知，否则按原联系方式送达催收文书或法律文书，视为有效送达地址，以此提高送达的有效性。

——强化专业审判，提升审判质效。2012年下半年法院出台《专业化审判执行工作实施方案》，在全省首推专家法官制度，培育审判执行领域的专家法官，加强专业化审判建设，实现了审判改革创新。[①] 2013年，在区党委、人大、政府的支持下，在全市基层法院中率先设立金融审判庭，在广州民间金融街派驻法庭驻点，关口前移，着力提高审判的时效性和针对性，为广州市民间金融健康发展提供强有力的司法保障。下一步，在案件的具体审理上，法院将对各类金融案件进行梳理分析，总结各类案件的共性，对于同类型案件在开庭笔录、审判文书等方面形成操作性较强的模板，方便法官在审理案件时能够迅速快捷地掌握要点，提高审判效率；并且，法院将针对案件审理中发现的问题提出改进建议，发布旨在推进司法与行政良性互动的金融审判白皮书。在专业人才的培养方面，法院将进一步拓宽专业人才引进渠道，招收既懂金融又懂法律的复合型人才，遴选具有金融理论和实践经验的专业人员作为人民陪审员，为高质效的金融审判提供内在支撑。

——深化执行措施，破解执行难题。着力破解执行难问题，是司法为民、公正司法、提升司法公信力的重要途径。联动机制与执行威慑是提高人民法院判决执行效率的有力保障，法院将继续推行生效裁判文书主动移交执行措施，

---

① 2013年8月，广东省高级人民法院分别向广州市委和广州市中级人民法院发函和做出批复，指出，鉴于越秀区法院辖区的区位优势、较高的经济社会发展水平、良好的法制环境，以及越秀区法院审判执行、队伍建设、司法改革等工作在全省法院具有较强的代表性，确定越秀区法院为全省法院审判业务专家管理改革试点法院。

发挥执行指挥中心"统一管理、统一协调、统一指挥"的基础平台作用，建立法院与公安、银行、工商、税务等部门的电子查询、冻结、扣划系统，提高执行工作效率；对有履行能力而逃避、规避甚至暴力抗拒执行的被执行人采取媒体曝光、定期公布等信用惩戒措施，强化对失信者的惩戒力度，压缩失信被执行人的生存空间。建立执行联动机制，加强与行政部门、金融机构等征信系统的衔接和配合，全面、准确地掌握被执行人的财产状况，推进执行威慑机制建设，深入开展反规避执行行为活动，[①] 对拒不执行法院裁决的依法采取诸如限制高消费、信贷、出入境等强制措施，促使被执行人自觉履行义务，达到执行效果和目的，切实解决执行难题；对于民间金融的不良资产，参照国有金融资产管理公司处置银行不良债权的模式和经验，引进其他国有或民营资产经营公司，通过债权收购方式消化不良债权，降低不良资产率，分散风险。

（审稿　王朋）

参考文献

熊进光：《现代金融服务法制研究》，第 1 版，法律出版社，2012。

司光远：《温州之殇的制度反思》，《经济观察报》2011 年 10 月 24 日第 50 版。

肖琼：《我国民间金融法律制度研究》，中南大学博士论文，2012。

徐彬：《发展民间金融缓解中小企业融资难闭》，《商场现代化》2007 年第 3 期。

郑航滨、陈宏心：《积极引导和规范民间金融发展》，《开放潮》2006 年第 1 期

李春洪、张东明：《加快转型升级 – 再造广东经济发展新优势》，第 1 版，南方日报出版社，2012。

赵爱玲：《中国中小企业信用担保体系研究》，中国社会科学出版社，2012。

高晋康、唐清利：《我国民间金融规范化的法律规制》，法律出版社，2012。

温家宝：《总结经验　明确方向　不断开创金融工作新局面》，《人民日报》2012 年 1 月 30 日第 2 版。

李春洪、张东明：《加快转型升级——再造广东经济发展新优势》，南方日报出版社，2012。

---

① 《越秀区人民法院关于开展平安广州、法治广州创建活动实施方案》，2013。

穆林：《中国西部地区非正规金融发展：模式选择、制度设计与政策建议》，西北大学博士论文，2009。

马莉：《小额贷款公司风险的法律控制》，中国政法大学硕士论文，2010。

广州民间金融研究院、中央财经大学金融学院课题组：《中国民间金融发展研究报告》，知识产权出版社，2013。

商业贸易篇

Commercial Trade

B.16

2013 年广州市外经贸形势
分析与 2014 年展望

广州大学广州发展研究院课题组*

摘　要：

本文分析了 2013 年广州市外经贸发展状况，根据当前世界经济
发展的基本趋势，对广州市 2014 年外经贸形势进行了展望并提
出了对策建议。

关键词：

广州　外经贸　形势分析

2013 年，广州面对国内外积极与消极因素相互交织的复杂局面，秉持

* 本文是广东省高校人文社科重点研究基地广州大学广州发展研究院、广东省教育厅"广州学"
协同创新发展中心、广州市教育局"广州学"协同创新重大项目研究成果。
执笔人：艾尚乐，广州大学广州发展研究院，助理研究员，博士。

"咬定目标不放松，坚定不移稳增长促转型"的坚定信念，以党的十八大及十八届三中全会深化改革的精神为统领，以新型城市化发展为指导，积极贯彻落实各项战略性部署措施，不断开拓思维，求新求变，推动外经贸结构的适时调整和质量的有效提升，实现外经贸向注重效益、质量和低碳可持续发展的方向转变。

一　2013年广州市外经贸发展形势分析

（一）外经贸发展的外部环境复杂多变，内部转型力度增强

从国际上看，全球经济增长继续缓慢复苏，欧美传统市场开始逐步走出增长乏力的困境，日本经济由于"安倍经济学"的作用出现多年未见的正增长。而部分新兴市场国家受到资本市场动荡、失业率攀升、国际大宗商品价格降低等因素影响增速趋缓，广州面临的进出口增长压力依然存在；全球范围内的贸易摩擦、技术性贸易壁垒、绿色壁垒等日益增多及中东阿拉伯及非洲局部地区局势动荡不定，中日钓岛争端扩散到南海区域加剧地区紧张局势等对广州外经贸发展带来诸多不确定的风险因素。

从国内看，首先，随着经济改革转型调整的持续深入，国家对于贸易制度、贸易方向和贸易内容等进行引导性调整，使其整体发展依然保持深厚潜力和强劲动力，特别是十八届三中全会的胜利召开，为新一轮经济改革与发展指明了方向，《中共中央关于全面深化改革若干重大问题的决定》强调在对外开放领域要"放宽投资准入，加快海关特殊监管区域整合优化，选择若干具备条件地方发展自由贸易园（港）区，创新方式走出去开展绿地投资、并购投资、证券投资、联合投资等，扩大投资合作空间，推动内陆同沿海沿边通关协作，实现口岸管理相关部门信息互换、监管互认、执法互助等"。[1]与此同时，中央经济工作会议对2014年主要任务进行了重点部署，要求在外经贸领域要保持传统出口优势，创造新的比较优势和

---

①　《中共中央关于全面深化改革若干重大问题的决定》，《人民日报》2013年11月。

竞争优势；注重制度建设和规则保障，加快推进自贸区谈判；营造投资环境，简化对外投资审批程序；建设 21 世纪海上丝绸之路，加强海上通道互联互通建设等。

其次，国家层面和广州市出台了一系列有利于外经贸发展的政策措施。如国务院出台了促进跨境电子商务发展的相关实施意见，在下调出口退税率、通关便利化、减少行政事业性收费、增大进口贴息资金规模、发展短期出口信用保险业务等方面提出一揽子稳外贸、促转型的具体政策措施；广州则通过实行"12338"战略和"9 + 2 + 3"平台建设持续推动新型城市化纵深发展，通过大项目、高平台、优产业、简审批、多融资等方式提升外经贸转型升级的质量和水平。

（二）外贸进出口呈现出低位波动，增速趋缓

2013 年，受国外市场复苏乏力，国内深化改革和调整转型的影响，广州进出口依然保持低位运行。从额度上看，2013 年广州市进出口总额为11888848 万美元，同比增长 1.47%，其中出口总额 6280669 万美元，同比增长 6.61%；进口总额 5608179 万美元，同比出现了 3.73% 的负增长（见图 1）。从贸易伙伴上看，传统伙伴中，美国，出口额和进口额分别增长了0.8% 和 16.8%；东亚地区的日本，出口额出现 0.1% 的负增长，进口额出现了 6.1% 的负增长；东盟国家出口额增长 30.9%，进口额 - 8.2%；新兴市场中，非洲国家出口额和进口额分别增长 16.7% 和 41.5%，大洋洲地区出口额和进口额分别增长 3.4% 和 7.4%，拉美地区的出口额和进口额则分别出现了 2.3% 和 29.1% 的负增长（见表 1）。由此可见，一方面，随着欧美市场的温和复苏，广州对于传统市场，特别是美国、东盟等国家和地区的进出口开始出现回暖迹象。对于近邻日本而言，由于钓鱼岛、南海等问题的困扰，至今仍处于"政冷经亦冷"的局面，对其进出口的负面影响较大；另一方面，广州进出口对于新兴市场国家出现分化，俄罗斯、中东、非洲及大洋洲区域依然保持旺盛增长势头，而拉美地区则出现一定程度的下滑。

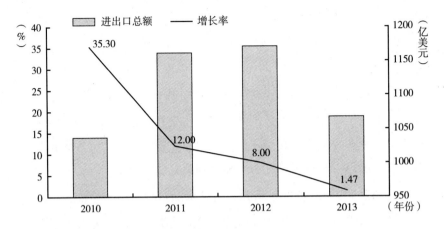

图1　广州市进出口总额变化

资料来源:《2013 年 1~12 月广州进出口统计简报》,广州市外经贸局。

表1　2013 年 1~12 月广州进出口市场地区情况

单位:亿美元,%

名称	本年累计			同比增长		
	出口	进口	进出口	出口	进口	进出口
日本	30.05	97.66	127.71	-0.1	-6.1	-4.74
东盟	68.6	73.17	141.77	30.9	-8.2	7.35
欧盟	87.12	70.14	157.26	-0.4	-12.5	-6.04
美国	113.09	58.79	171.88	0.8	16.8	5.9
拉美	43.64	17.13	60.77	-2.3	-29.1	-11.72
非洲	31.35	31.17	62.52	16.7	41.5	28.51
大洋洲	11.65	19.31	30.96	3.4	7.4	6.25
俄罗斯	10.11	2.37	12.48	21.2	-22.8	9.38

资料来源:《2013 年 1~12 月广州进出口统计简报》,广州市外经贸局。

(三)一般贸易增长平稳,加工贸易增长相对下降,技术贸易和服务贸易保持持续稳定增长势头

2013 年,广州一般贸易和加工贸易增速出现不同程度的趋缓态势。其中,一般贸易的出口额(292.16 亿美元)同比增长 12.3%,进口额(288.32 亿美元)增长 -0.7%,加工贸易的出口额(289.73 亿美元)和进口额(204.41

亿美元）都出现了 4.9% 和 3.1% 的负增长（见表 2）。这与欧美国家经济贸易政策的调整以及采取相应的贸易保护措施逐步增强有所关联。技术贸易方面，2013 年，广州技术引进合同个数（711 个）和技术引进总额（160028.8 万美元）分别同比增长 –7.3% 和 12.9%（见图 2）。从引进国别看，欧洲、北美、拉美及大洋洲等地区的份额有不同程度的上升；从行业类别看，制造业、建筑业、交通运输仓储业、批发零售业增长势头较为明显。[①] 这表明广州对于传统产业的改造，推动转型升级和加快战略性新兴产业发展的力度逐步增强。服务贸易方面，2013 年前 11 个月，广州市服务外包全口径合同额 60.1 亿美元，同比增长 25.81%；离岸合同额 36.47 亿美元，同比增长 25.97%；离岸执行额 25.54 亿美元，同比增长 28.67%。服务贸易进出口总额与同期货物贸易进出口总额之比从 2012 年的 1 : 2.9 提升到 1 : 2，总量占全省的 1/3。广州市服务外包企业接包的国家和地区已达 137 个，其中离岸执行额超 1000 万美元的国家和地区有 15 个。[②] 总体已经呈现出市场多元化、高端态势集聚化等特点。

表 2　2013 年 1～12 月广州市进出口贸易方式情况

单位：亿美元，%

类别	本年累计			同比增长		
	出口	进口	进出口	出口	进口	进出口
一般贸易	292.16	288.32	580.48	12.3	–0.7	5.46
加工贸易	289.73	204.41	494.14	–3.1	–4.9	–3.88
来料加工	82.04	57.27	139.31	9.9	16.9	12.64
进料加工	207.69	147.14	354.83	–7.5	–11.4	–9.11

资料来源：《2013 年 1～12 月广州进出口统计数据——贸易方式》，广州市外经贸局。

（四）对外投资和国外经济合作均保持稳步均衡增长

2013 年，广州对外投资持续保持稳定增长局面。2013 年，广州对外投资的投资总额（200181 万美元）同比增长 181.25%，投资企业（机构）数量与

---

① 《广州市 2013 年 1～12 月技术引进分类统计》，广州市外经贸局。
② 《2013 年 1～12 月广州地区进出口简报——贸易方式》，广州海关。

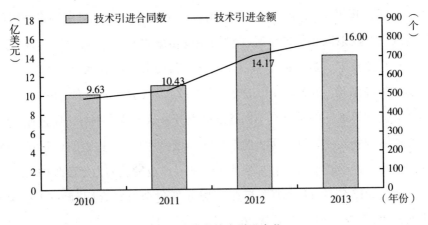

图2 广州市技术引进变化

资料来源:《2013 年 1 ~ 12 月广州市技术引进分类统计》,广州市外经贸局。

上年同期持平（100 个），中方投资额（181843 万美元）、新签合同额（51373 万美元）分别同比增长 165.34%、15.31%。国外经济合作方面，完成营业额（36696 万美元）、派出人次（11282 人次）和月末在国外人数（16617 人）同比分别增长 27.17%、14.34% 和 20.68%。①与此同时，广州市向 48 家企业 122 人发放 APEC 卡，其中民营企业 44 家 112 人，外资企业 4 家 10 人。这表明，广州通过各种政策手段及措施，包括启动实施 4 年投资倍增计划、申报成功"国家电子商务示范城市"跨境贸易电子商务服务试点、支持鼓励企业跨国、跨区域的"走出去"、开办推介展览会、促进人员交流培训等，鼓励各类型企业多渠道、多样化地参与对外投资和国际经济合作，取得效果显著。

（五）利用外资效率持续提升，营商环境与服务环境显著改善

2013 年，广州引进外资继续保持稳健增长的势头。据初步统计，2013 年，广州新批设立外商直接投资企业 1258 个，合同外资金额（73.4 亿美元）和实际利用外资金额（50.8 亿美元）同比分别增长 5.9% 和 7.1%。2013 年前 11 个月，广州共批准投资总额超 3000 万元以上的项目 108 个（其中新批 59 个，增资 49 个），涉及合同外资金额 46.35 亿美元，同比增长 11.39%，占全市合

---

① 《2013 年 1 ~ 12 月对外经济合作业务统计报表》，广州市外经贸局。

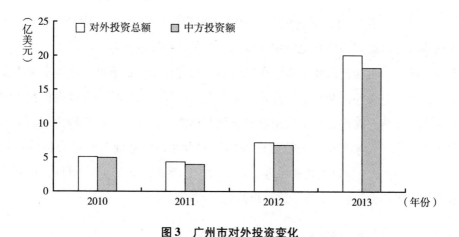

图 3 广州市对外投资变化

资料来源:《2013 年 1～12 月广州市对外经济合作业务统计》,广州市外经贸局。

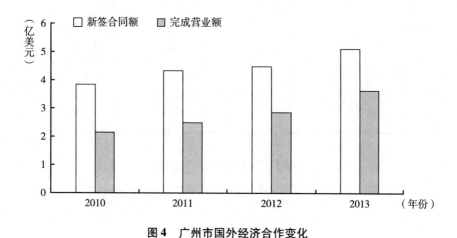

图 4 广州市国外经济合作变化

资料来源:《2013 年 1～12 月广州市对外经济合作业务统计》,广州市外经贸局。

同外资总额的 66.96%。外资总部企业 76 家(新增 20 家),世界 500 强企业 234 家(新增 2 家),累计投资总额达 412.6 亿美元。① 这扭转了 2012 年同期外资合同数目和资金均为负增长的局面,表明外商在广州的投资趋于回暖。与此同时,广州营商环境随着新型城市化的顺利推进得以进一步提升。广州借助开办汽车展、海事展、建筑展以及传统的广交会、留交会展会,在领域和深度

———————————

① 《2013 年 1～12 月广州市利用外资情况统计》,广州市外经贸局。

上持续开展"新广州、新商机"推介会，推出国际服装节、国际灯光节、国际购物节等多类型和多样化的招商活动。尤其值得注意的是，广州正式试点商市登记改革，包括公司登记不限注册资本、放宽住所登记条件、注册资本不需实际注资、有条件认缴登记等措施，无疑会对广州营商环境的升级提供更为强大的动力支持。除此之外，广州逐步强化与穗港、穗澳在行政机构协作、金融服务业合作、人才交流、法治建设等领域的合作，使其商务竞争力持续增强（广州成为国家外商投资商业保理试点城市、广州获评2013广东最佳营商环境城市），营商环境进一步高端化、规范化、可持续化。

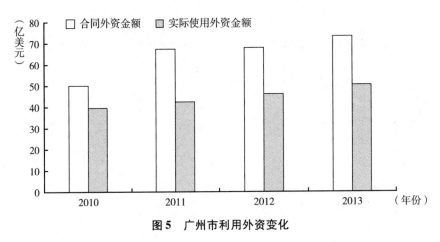

图5　广州市利用外资变化

资料来源：《2013年1~12月广州市利用外资情况统计》，广州市外经贸局。

二　2013年广州市外经贸发展存在的主要问题分析

（一）促进外经贸发展的动力和转型升级问题亟待解决

这些突出问题主要表现在三个方面：首先是广州制造业正逐步向外转移，支撑外贸增长的传统企业规模逐步减小，而目前高端企业总体发展规模难以弥补转移出去的企业，产业升级面临"空心化"的局面；其次是近些年广州服务外包业虽然得到了长足发展，但是能够从事并熟稔国际化、专业化服务贸易的产业和企业不多，其资金实力、发展水平、人才支持、科研保障等方面依旧滞后;最后是引进外来资金的环境限制和各项成本(国内企业劳动力工资、汇率和出口退税三大核心成本)不断上升,阻碍了高端外资项目的进入和发展,而本土成长的产业和企业在扩大出口能力、提升核心竞争力和研发水平等方面依旧存在诸多不足。

(二)贸易摩擦有所增多,一定程度上阻碍了产品进出口的质量和水平的提升

2013 年,广州市进出口产品频繁遭遇贸易摩擦,据不完全统计,2013 年广州企业反倾销反补贴案 16 起,直接涉案金额 1.2 亿美元,涉及 80 多家外向型企业。广州海关已监控重点进出口产品 110 项,发布预警信息 40 多条。[①]这表明,随着国际竞争压力增大,全球技术性贸易措施进入了活跃期,这会对广州较多的外向型企业的生产和出口造成一定程度的负面影响。一方面由于这些外向型企业出口的产品难以符合国外市场严苛的标准而导致退货积压;另一方面是为了通过国际市场的准入门槛,相关企业加大对认证、检测,改进原材料和工艺等的投入,客观上提高了贸易壁垒的层次。与此同时,高科技产品在国际贸易中的比例迅速提高、技术密集型产品与劳动密集型产品之间的差距以及传统关税壁垒的相对弱化也为技术贸易壁垒提供了空间,进而对广州中小企业自身扩大再生产和价值链的向外拓展增加了更多风险。

(三)货物贸易进出口增长相对缓慢,导致进出口的整体发展面临较大的下行压力

2013 年,广州市货物贸易整体处于低位运行的状态。据有关方面的统计数据显示,2013 年 1 ~ 12 月,广州市进出口总额 1188.88 亿美元,同比增长不到 2%。其中出口额 628.07 亿美元,同比增长达 6.61%;进口额 560.82 亿美元,同比出现接近 4% 的负增长。货物贸易出口增长趋缓,进口下滑明显的原因主要在于:首先,出口的传统市场增长相对乏力,新兴市场反复出现波动,加之人民币升值因素影响了出品产品的竞争力;其次,国内工业生产和消

---

① 《2013 年 1 ~ 12 月广州外经贸进出口统计》,广州海关。

费低位运行影响了进口需求,国际市场大宗商品价格下降也拉低了进口金额;最后,汽车行业不景气,零部件国产化趋势加快,影响外部进口需求的增加。这表明广州市相当一部分外贸出口企业的代工贴牌生产比例仍较高,出口附加值较低,由于产品缺乏定价话语权和市场竞争力,因此在国际贸易环境多变的情况下,企业不敢轻易增值扩产,直接对吸引外资带来压力,也间接导致原有企业进口后劲不足;同时这些企业受劳动成本上升而用工不足的影响较大,也限制了自身的扩大出口。此外,广州市优先发展服务业、外贸企业自身不断调整结构、加快转型升级、个别地区对港贸易套利等因素也影响了货物贸易的发展。

三 2014 年广州市外经贸发展形势展望与对策建议

(一)2014 年广州市外经贸发展形势展望

2014 年,广州外经贸发展面临的内外部环境可能略好于 2013 年,但风险和不确定因素依然较多。

从全球范围来看,在各国宽松政策的刺激下,世界经济复苏步伐有所加快,发达国家经济有望延续回升向好态势。IMF 预计,2014 年世界经济将增长 3.6%,增速比 2013 年提高 0.7%。全球贸易增长有所回升,跨国投资缓慢回稳。主要能源资源供应充足,通胀压力总体不大。但全球经济仍处于政策刺激下的脆弱复苏阶段,发达国家经济仍低于潜在增长率,新兴经济体经济也难以恢复到前两年的高增速。

1. 传统市场复苏不稳定,新兴地区国家增速趋缓,广州外经贸或将继续保持低位增长

在技术进步缺乏突破的情况下,发达国家难以形成新的市场热点,居民呈消费中低速增长,企业投资意愿不强,经济内生增长动力不足。与此同时,发达国家财政整固步伐加快,2014 财年美国财政赤字率预计将从 2013 年的 3.9%降至 3.3%,日本拟从 2014 年 4 月起将消费税率从 5%上调至 8%,欧元区重债国继续增税减支,将进一步削弱经济增长动力。对于新兴国家而言,一些国家面临结构调整滞后、依赖能源资源出口、受国际市场能源资源价格下滑冲击严重、财政和经常账户双赤字等突出问题，经济增速明显放缓，对经济拉动作用有所减弱。因此，预计 2014 年，广州外贸进出口依然将保持低位增长的态势。

2. 全球范围内贸易保护主义回潮会对广州进出口造成一定程度的冲击

近年来，主要经济体之间掀起商签自贸协定潮流，推动全球贸易投资自由化深入发展，贸易自由化和便利化措施有所增多。但主要发达国家失业率仍然处于历史较高水平，一些新兴经济体制造业发展陷入困境，各国倾向于通过保护本土企业、促进就业的做法重振经济发展内生动力，贸易保护主义形势依然严峻。据英国智库"全球贸易预警（Global Trade Alert）"的统计，金融危机爆发 5 年来，二十国集团成员出台的贸易限制措施中，近 90% 仍在实施。据相关方面统计，截至 2013 年 9 月，世界各国新出台了 300 多项保护本土企业的贸易措施。因此，2014 年，面对原材料成本和劳动力以及国际大宗商品价格持波动不定的情况，广州进出口商品的种类将根据内外部市场环境进行调整，以适应合理需求释放和结构转型的需要。

在这其中，出口领域：劳动密集型产品及机电出口将继续保持稳步增长。其中，机电产品类中的太阳能电池、电话机、录音机、集成电路、电线电缆、收音及录音设备零部件等将出现较大幅度的增长；同时，劳动密集型产品中的服装、玩具、鞋类、艺术品、贵金融、箱包、厨具等将保持一定的增长势头。

进口领域：资源、原材料和部分高技术产品将会持续稳定增长。其中，资源、原材料中的锯材、合成纤维、矿砂、成品油、天然气、钢坯、钻石等将会出现一定幅度的增长；同时，部分机电和高新技术产品如锅炉、净水设备、建筑类设备零部件、半导体、变流机、雷达及遥控设备、显像管、收录音设备零部件等将会保持持续稳定增长势头。

3. 中国经济平稳实现从高速增长阶段到中高速增长阶段的转换，广州面临加快转型升级和跨越式发展的新机遇和新局面

工业化、信息化、城镇化以及农业现代化的深入推进，将创造新的消费和投资需求，拓展更大的国内市场空间。新一届政府实施更加积极主动的开放战略，上海自由贸易试验区启动运行，与冰岛、瑞士签署自贸协定，进一步改善了外贸发展的制度和政策环境。特别是十八届三中全会对经济体制改革做出全面部署，《中共中央关于全面深化改革若干重大问题的决定》强调："推进金融、教育、文化、医疗等服务业领域有序开放，放开育幼养老、建筑设计、会计审计、商贸物流、电子商务等服务业领域外资准入限制，放开一般制造业，允许自担风险到各国各地区自由承揽工程和劳务合作项目，允许创新方式走出去开展绿地投资、并购投资、证券投资、联合投资等。加快同有关国家和地区商签投资协定，改革涉外投资审批体制，完善领事保护体制，提供权益保障、投资促进、风险预警等更多服务，推进海上丝绸之路建设，形成全方位开放新格局。"广州在推行新型城市化的过程中能够顺应趋势，做到因势利导，全方位、多角度激发市场活力，提升广大进出口企业的信心，实现传统制造业转移和升级，增强中小企业的融资能力和竞争力，促进粤港澳金融深度合作，从而推动新一轮改革的深层次发展和外贸的可持续发展。

（二）对策建议

1. 根据国际市场变化主动调整外经贸结构，加快贸易方式的深度转型

（1）提升货物贸易的后续发展能力。2013年广州货物贸易保持低位运行。2014年，广州将根据国内外环境变化和自身结构调整的诉求，对货物贸易结构和方式进行适度调整和改善，增强其适应市场变化和多方竞争的能力。

——广州市应充分利用国家、省、市等各级的促进进口的扶持政策，鼓励企业扩大能源资源、先进技术设备、关键零部件和国内有需求的消费品进口。如组织企业参加国内外进口展会和采购活动，扩展进口渠道；积极争取在南沙新区开展整车进口业务，探索在南沙新区建设进口汽车展示交易中心；申报开发区进口贸易创新促进示范区、花都区升级为国家级开发区、从化扩区等。结合全市重点项目建设，统筹规划重大先进装备设备进口；结合重大科技攻关项目做好技术设备进口工作。

——推动加工贸易调整转型。广州应以国家和广东省加工贸易转型升级示范基地建设为重点，完善扶持配套政策和工作机制，推动加工贸易企业成立研发机构、设立总部和地区总部、加快品牌建设、强化质量管理体系和产品认证；以省级加工贸易转型升级示范企业为基础，推动设立研发机构并创建品牌；推动外贸公共服务平台申请省级认定，并申报相关资金予以扶持。

（2）挖掘并加快服务贸易的潜力和发展动力。2013 年，广州服务贸易呈现出快速增长态势。2014 年，广州将以培育新的外贸业态，增强外贸发展后劲为依托，强化服务贸易发展水平和国际竞争力。

——以平台和品牌为抓手，推动服务贸易强劲发展。以中国服务外包示范城市建设为依托，稳步发展商业服务、运输、旅游等传统服务贸易，加快拓展技术、金融、文化等新领域；出台新的服务外包发展政策，加大对重点外包领域的扶持力度；组织企业参加京交会、大连软交会等服务贸易交流活动，组织中医药企业开拓东欧等新兴国际市场；加大国际服务外包 100 强企业和其他大型跨国企业的招商力度；争取市场采购贸易方式出口试点；协调相关部门，统筹安排好营改增税制改革后服务外包免征增值税的业务衔接。

——以构建国际会展中心为核心发展会展都市。广州应在境内外经贸交流活动中广泛宣传广交会，扩大广交会品牌效应，吸引更多优质采购商参会。与港澳有关机构和国际知名展会组织机构加强合作，吸引更多国际专业展会在广州举办，鼓励跨国展会组织机构在广州设立分支机构。继续打造品牌展会，重点举办好"澳门·广州"名品展、进口商品展、绿创展、汽车展、摩托车展、海事展等展会，提高展会品质，扩大展会影响力，提升"广货"国际知名度。

2. 积极应对贸易摩擦，有效规避各类型贸易壁垒

（1）加大产品创新力度，积极开发绿色产品。面对全球经济发展的新环境，广州的相关企业在寻求外部途径解决贸易壁垒问题的同时，还应该从企业自身出发，采取增加科技投入、强化技术创新等方式提高产品的质量，通过积极发展绿色产品生产技术，提高产品自身的附加值，让产品成为优质的绿色产品，这对于突破绿色贸易壁垒等新型的技术性贸易壁垒，拓展企业的国际市场空间尤为重要。与此同时，积极地开展 ISO14000 等相关认证工作，加快对产品的绿色认证，获得国际贸易的"绿色通行证"尤为重要。

（2）积极调整出口产品结构，利用转型实现贸易壁垒的曲线突破。从企业的长远发展角度而言，减少并防范国际贸易中的摩擦是减少贸易壁垒损失的重要途径。因此，应对贸易壁垒的有效方式是规避贸易壁垒。受长期粗放式的经济发展方式影响，广州传统产品生产方式将更加容易遭受国际贸易壁垒的限制，并在贸易过程中遭遇贸易摩擦。因此，政府除了为企业提供完善的技术创新环境之外，还应该通过产业结构升级、强化知识产权保护等方式促进出口型企业的产业升级与转型。此外，加大力度对新兴市场发展中国家的产品市场进行开发，采用"走出去"的方式，利用投资国的贸易优势进行产品生产也是规避贸易壁垒的有效方式。

（3）与发生摩擦的国家和机构进行相关的协商和对话。一旦中小企业发生贸易摩擦，政府就要在政治上出面进行引导。政府要积极同摩擦国进行经济与政治谈判，为出口企业的发展营造良好的政治与经济环境，不能让企业独自承担，中小企业大多没有承担的能力。将增长最快的一些国外市场作为重点，政府应针对这些国家提供更多的出口便利。同时也要加强行业协会在经济对话中的主动权，行业协会代替出口企业协同国家共同出席经济会议参与对话，为出口企业的发展谋取更多的利益。

（4）建立一些贸易摩擦案件的信息库和预警体系。构建贸易壁垒综合信息平台，有效整合信息资源，建立壁垒通报、咨询、评议、预警综合系统，建立重点产品生产及进出口数据的通报交流制度，实现信息共享和交流。通过建立信息库和预警体系，可以帮助企业避免一些贸易摩擦的发生，进行有针对性的相关准备，保证出口渠道的畅通，包括市场信息的收集和及时发布以提高运输效率。通过收集市场信息，可以根据外国消费者对农产品及其加工品的需求变化和质量标准，有针对性地组织生产、加工、包装、储运和销售，不断开辟、巩固和扩大国际市场。

3. 通过传统市场挖潜、新兴市场拓展的方式提升外经贸发展的平衡性和稳定性

2014年，广州外经贸发展仍面临较多的不确定、不稳定因素，特别是考虑到国外传统和新兴市场变动情况的影响，因此需进一步强化忧患意识和危机意识，增强主导性和战略性新兴产业的核心竞争力，全面提升企业在全球价值链中的功能定位，深化外经贸改革转型，促进开放型经济平衡发展。

（1）推进传统市场稳定出口。对于美欧日及东盟等传统市场而言，应加强出口退税进度；完善大型成套设备出口融资保险专项政策，扩大出口信用保险规模，提高覆盖面；拓宽外贸企业融资渠道，改善对中小企业的金融服务；推进贸易便利化，清理规范各环节的不合理收费；有针对性地完善出口商品法检目录，严格控制"两高一资"产品出口；适时推出负面清单和外商投资准国民待遇及相关配套政策；大力发展跨境电子商务和供应链管理企业，在境外建立自主营销和售后服务网络等。通过这些措施来降低企业税费负担、交易费用和额外成本，保障传统市场的稳定性和延续性。

（2）积极扩大新兴市场进口。对于中东欧、非洲和拉美、大洋洲等新兴市场和地区而言，应继续实施鼓励进口的贴息政策，扩大技术设备、关键零部件、能源原材料和消费品进口以及保障境外开采权益和资源产品回运。此外，还应通过建立进口促进公共服务平台，培育新兴国家进口贸易促进创新示范区等方式大力提升与新兴市场合作的深度和广度。

（3）全方位改善贸易发展环境，维护和拓展外贸竞争的优势。在此，广州应积极深化与周边国家和区域的双边与多边经贸合作，一方面强化与美欧等传统市场的经贸联系，另一方面则提升与以金砖国家为代表的新兴经济体和发展中国家的贸易投资便利化水平（尤其是注重拓展广州强化海上丝绸之路经济带功能和作用的研究和实践）。具体而言，应围绕十大重点产业进行招商，放开市场准入，对引资目录予以备案登记管理；建立企业服务专业体系，为重点企业提供从立项到投产运行及外汇管理、金融服务等全流程的免费代办服务；提高审批速度，重塑审批办事流程，压减审批环节，缩短审批时限；清理与准国民待遇不符的一系列涉外法规；协调财、税、银、关、检等部门，联动解决企业经营难题等。通过借助机制调整、产品展览、业务洽谈、远程会议、商贸推荐、咨询中介、产权协商等多种形式和方式推动自身贸易环境的改善，巩固外贸竞争优势并提升影响力和辐射力。

（审稿 栾俪云）

B.17

2013 年广州工商业经济发展情况及 2014 年展望

郭海彬　肖泽军*

摘　要:

本文在对 2013 年广州市工商业发展整体情况和发展措施进行分析的基础上,从推动产业转型升级、培育新兴产业、培育内生增长动力、优化空间布局、产业可持续发展、产业创新改革六个方面提出了 2014 年的发展建议。

关键词:

工商业经济　发展情况　广州

一　2013 年广州工商业发展总体情况

2013 年,广州市实现工业增加值 4755 亿元,社会消费品零售总额 6883 亿元,分别增长 9.9%、15.2%,完成了年度预期目标,并第三次荣登福布斯中国大陆最佳商业城市榜首。广州工商业在转型发展中呈现五大特点。

一是向质量效益型转型。工业增加值率为 25.6%,同比提高 0.1 个百分点,连续 5 年居五大国家中心城市第二位。实现工业利润 1044 亿元,同比增长 32.9%,高于全国平均水平 20.7 个百分点,工业企业亏损额大幅下降 50.6%。规模以上工业企业全员劳动生产率为 27 万元/人,居五大国家中心城市第二位。二是向创新驱动和内生增长转型。全市大中型骨干企业标准化体系建设超过 60%,国家、省、市三级企业技术中心总数达 360 家,居全省

---

* 郭海彬、肖泽军,广州市经济贸易委员会综合处。

首位。工业品内销产值 13729 亿元，对工业产值增长的贡献率达 92%。完成民间投资额 1513 亿元，增长 31.6%，对全市投资增长的贡献为 52%。完成民营经济增加值 6043 亿元，增长 11.3%。三是向绿色低碳转型。累计 152 家企业获"省清洁生产企业"称号，累计节能 54 万吨标准煤，减排废水 1205 万吨。规模以上工业单位增加值能耗下降 10% 左右，提前两年完成"十二五"时期的工业节能目标。四是向高端化转型。高技术制造业和先进制造业实现总产值 11962 亿元，增长 15.8%，合计占规模以上工业总产值的比重为 70% 左右，广汽工业集团成为首家市属世界 500 强企业。电子商务交易额超万亿元，交易规模全国领先。国家级电子商务示范企业 5 家、省级示范企业 32 家，分别占全省的 45%、44%。新认定内资总部企业 63 家。全市重点展馆展览面积逾 800 万平方米，展览规模居亚洲或世界第一的展会有 5 个，展览规模超 10 万平方米的展会达 16 个。A 级、5A 级物流企业总数分别达 80 家、7 家，位居全国城市前列，物流业实现增加值约 1191 亿元，占全市 GDP 的比重为 7.7%。20 多家餐饮企业荣登中国饭店金马奖餐饮百强榜，新增 10 家国家五钻（白金五钻）级酒家。五是向集群化转型。约 70% 的工业产值来自工业园区（产业基地），汽车、电子、石化、电力四大千亿级产业集群产值共 9272 亿元，同比增长 15.7%，占规模以上工业总产值的 54%，对全市工业产值增长的贡献达 64%。天河路商圈成为全国最大的商业集聚区。电子商务、工业设计、总集成总承包服务、供应链管理服务、节能环保服务、检验检测服务等一批新业态功能区集聚水平不断提升。

二 2013 年广州促进工商业经济发展的具体措施

（一）着力促进服务企业（项目）稳增长

1. 开展专责服务大行动

发挥市重点企业（项目）服务工作联席会议办公室的统筹协调作用，制定服务准则和服务指南，举办 9 期培训，统筹安排 37 位市领导深入 300 多家企业开展服务。市区联动成立 12 个民营企业专责小组，"一对一"服务 173

家重点民营企业，现场调研 398 次，政策指引 378 项，协调推进代办、服务 122 项，解决了 50 多家重点企业在转型升级和增资扩产中遇到的用地、技术改造、融资、人才、市场开拓等瓶颈。推动餐饮企业、加油站审批流程再造，分别提速 50%、90%。协调三大整车制造商加快恢复生产。

2. 推进重点项目建设

推动北汽（广州）汽车有限公司首期 10 万辆产能扩建、东风日产 60 万辆/年产能扩建、广汽乘用车工厂 10 万～20 万辆产能扩建、金发科技生物降解塑料产业化项目、佳都轨道交通智能化产业基地、唯品会、亚马逊、阿里巴巴华南运营中心等新型城市化十大产业项目、全球最大的珠江钢琴生产基地，以及乐金显示 8.5 代液晶面板、南丰国际会展中心等新业态重点项目已动工、建成运营或投达产。联合广州供电局推进"十二五"时期电网规划 131 座高压变电站建设，协调 500 千伏穗西、沥滘、科北等变电站选址和建设，推进完成 4 个城中村输变电系统改造。

3. 培育大企业和大集团

制定培育大型骨干企业和行业领先企业的指导意见，提出 21 条支持措施。广州有 87 家企业入围省大型骨干企业培育库，占全省的近五成。

4. 加强经济运行监测

每月发布全市制造业采购经理指数，探索构建零售业商务活动指数，健全粮油、猪肉等八大类生活必需品监测网络。修订完善供用电管理规定，做好电力平衡和调配，保障居民生活及企业生产用电需求。全面推广使用国Ⅳ标准车用柴油。

（二）推动产业转型升级

1. 订标准抓示范

制定十大重点领域转型升级标准，认定了 189 家转型升级示范企业（平台），其中制造业 31 家、工业设计 55 家、专业批发市场 15 家、产业物流 15 家、餐饮业 18 家、中小企业公共服务平台（创业示范基地）23 个、电子商务 11 家、百货企业（门店）6 家、工业园区（产业基地）5 个、清洁生产 10 家，并在资金、用地、用电、技术改造、宣传等方面给予优先支持。

2. 改造提升传统专业批发市场

强化规划指引和"一场一策",以荔湾区、白云区为试点,支持一批专业批发市场向现代展贸中心原地转型,引导一批专业批发市场向零售、商业街等业态转营,推动一批专业批发市场园区和快消品市场建设网上交易平台,提升塑料、木材、服装、皮革等一批"广州价格"的影响力,培育 10 个成交额超百亿元、158 个成交额超亿元的专业批发市场。

3. 培育发展新业态

在制造业领域以智能制造、新材料、新能源为试点,在商贸服务业领域以融资租赁为试点,探索新业态的发展机制,先后制定工业机器人及智能装备产业发展实施意见、发展汽车服务业工作方案,推动成立工业机器人制造和应用产业联盟、融资租赁产业联盟,集中资源聚焦培育一批新业态领先企业和成长性企业。

4. 强化循环经济和节能工作

出台循环经济发展规划,组织 4000 多家工商企业推行清洁生产,完成 689 家企业清洁生产审核验收,新增 2 家省级资源综合利用龙头企业。落实 300 家重点用能单位的节能目标责任制,培育 127 家节能服务机构。

(三)建设国际商贸中心

1. 建设国际购物天堂

结合广州市"123"① 城市功能布局,出台大型零售商业网点规划,优化提升和规划建设天河路、白云新城、番禺万博等 16 个都会级商圈,大力发展大型都市购物中心、国际知名百货店,汇聚国内外 6000 多个知名品牌,成功举办以购物天堂为主线、凸显中法文化交流的国际购物节,打造国际商贸中心标志性商圈。支持江南西地区等区域级商圈建设高品质、现代化、综合性商业设施。建成北京路广州"老字号"一条街,首期吸引 16 家百年老店入驻。完

---

① 1 个都会区指越秀区、荔湾区、海珠区、天河区、黄埔区、白云区南部、萝岗区的南部地区和番禺区。2 个新城区指南沙滨海新城,包括南沙;东部山水新城,包括萝岗区的北部地区和增城市的中新镇、朱村街道。3 个副中心指花都副中心、增城副中心、从化副中心。

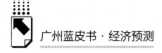

善社区便利店、肉菜市场、家政服务网点等配置，创建了 12 个商业示范社区，打造 10 分钟便利消费圈。

2. 建设国际会展中心

铺开广交会展馆四期和番禺、增城、空港经济区 3 个会展区的规划，加快建设琶洲会展产业孵化基地，重点扶持壮大品牌展、网上展会。

3. 建设电子商务中心

加大龙头企业培育、公共平台打造、支付体系健全等方面的政策扶持，推动成立行业协会，争取 1.3 亿多元各类财政资金支持了近百个电子商务企业（集聚区），引导 85% 以上的品牌专卖店开展网络零售，推动黄埔、荔湾电子商务园纳入省市共建战略性新兴产业基地，黄埔国家电子商务示范基地集聚了一批龙头企业区域总部。

4. 建设现代物流中心

积极发展电子商务物流、大宗商品交易物流、展贸物流、冷链物流，推进 30 个总投资额近 70 亿元的物流项目建设，用信息化改造提升库存控制、托盘共用、集装分拣等，促进物流公共信息平台扩大覆盖面。

5. 建设美食之都

制定餐饮业发展和空间布局规划，实施粤菜名店、名厨、名菜、名街培育工程，市区共建"商旅文"融合的番禺大道地标式美食集聚区，支持天河建设荟萃中西的中森食博汇时尚餐饮集聚区。成功举办国际美食节，吸引国内外游客近 200 万人次，拉动全年餐饮零售额增长约 11%。

（四）壮大民营和中小企业

1. 优化发展环境

修订完善《关于进一步加快发展民营经济的实施意见》"1+9"系列政策文件，着力从放宽投资准入、优化融资环境、集约节约用地等九个方面支持民营和中小企业创业创新。安排 1 亿元专项资金奖励了 100 家优秀民营企业。实施"双百"计划，通过政策倾斜、贴心服务、要素保障等措施抓百户龙头企业做大做强，通过上市辅导、经济运行监测、融资服务等手段抓百户成长性企业提速增效，培育了 20 家百亿级民营企业，30 家民营企业被评为省重点创新帮扶高成长性中小民营企业。

2. 创新融资服务模式

实施股融通工程，促成 393 家民营企业在广州股权交易中心挂牌，累计实现融资及流转交易金额达 13.1 亿元。建立 150 多家上市后备资源库。促成 70 家金融机构加盟中小企业投融资平台，累计为企业融资 91.2 亿元。

3. 完善公共服务平台

培育了 6 家省级中小或民营企业公共服务示范平台，由金融、法律、创业、管理咨询等 21 家机构组成的中小企业服务联盟服务了近万户民营企业。

三　2014 年广州市工商业发展展望

（一）推动产业转型升级

1. 加快制造业转型升级

一是提升传统优势制造业。推进汽车产业多元化发展，重点推进北汽（广州）首期工程投达产、广汽集团乘用车公司 10 万～20 万辆产能扩建等项目建设。研究出台支持自主品牌汽车迅速成长的有效措施。重点发展日用化工产品、化工新材料等精细化工产业。重点发展新型显示、半导体照明、集成电路、物联网、面向 3G 和 4G 的新一代移动通信先进技术研发和产品制造。对纺织服装、食品饮料、家具制造、皮具皮革、家用电器、灯光音响等产业，重点通过技术改造、品牌提升、产业链延伸推动形成本地研发设计和营销结算、外地加工制造的"两头在穗、中间在外"发展模式。

二是推动制造业服务化。支持行业龙头企业开展生产服务环节分离试点或业务流程再造，开展面向社会及母体企业的研发设计、检验检测、信息服务、总集成总承包和供应链管理服务。引导有条件的企业从提供设备，向提供设计、承接项目、实施工程、项目控制、设施维护和管理运营等一体化服务转变。

三是促进信息技术与制造业融合。大力推进智能制造生产模式的集成应用，推动物联网在工业领域的集成创新和应用，发展网络制造等新型生产方式。突出抓好智能装备和产品，开展两化融合核心装备示范项目，重点突破大规模集成电路、核心工业软件、数字化装备三大领域，推动研发设计工具、无线传感技术、智能测控装置、智能制造系统的综合集成应用，支持一批有条件的企业向智能制造发展。

2. 加快商贸业转型升级

一是加快专业批发市场转型升级。实施专业批发市场"五化"（展贸化、国际化、电子化、园区化、价格指数化）转型提升，推进市场价值链从低端向高端发展，辐射面从国内向国际延伸，交易和结算手段从传统向现代转变。分类摸查具有国际影响力、华南地区影响力、市内影响力等的三大类专业批发市场现状，通过试点推进、分类指导、政策扶持，循序渐进地推动市场转型升级。抓住"三旧改造"契机，统筹推进市场转型与城镇扩容提质相结合，对花都狮岭皮具、增城牛仔服装两大市场园区，拓展市场综合服务功能，鼓励建成集仓储、物流配送、旅游购物、流行趋势发布于一体的专业批发市场综合体。对白云区罗冲围农副产品集散地进行市场与城市一体化改造，高标准、高起点规划建设和改造提升大型农副产品批发市场，实行商流和物流分离，以市场的繁荣提升区域发展水平。积极推动专业批发市场接轨电子商务、现代物流、现代会展、跨境电子商务等新业态。

二是加快餐饮业转型升级。组织餐饮企业按照国家标准改造提升硬件设施、提升服务水平，力争新培育6~8家国家五钻级酒家，打造15个具有区域影响力的连锁餐饮服务品牌。打造2~3家中心大厨房和配送体系示范企业。推广餐饮业电子商务，发展网络预订、在线购买、跨店电子点菜等新模式，逐步实现"全球点菜、广州吃饭、尝遍美食"。

三是推动会展业转型升级。推动"线上＋线下"会展模式，鼓励发展网上会展。打造一批与市十大重点产业相衔接的专业会展。着重培育和壮大规模可突破5万平方米的品牌专业展。撰写首份广州市会展业年度白皮书。加大营造城市会展氛围，鼓励品牌展览、会展领军企业走出去开拓市场。

四是推动物流业转型升级。选择医药、快消品等行业龙头企业为试点，推进标准化托盘循环共用系统的企业应用，争取培育一批国家级应用试点。以国家城市共同配送试点为契机,指导 26 个试点项目承载企业开展模式创新,畅通物流配送"最后一公里"。编制冷链物流发展规划。

五是加快百货零售业转型升级。鼓励传统零售业与"O2O"等新型电子商务联动发展,强化消费体验。支持大型零售企业探索发展奥特莱斯、主题百货、高端超市、社区生活中心、工厂店和信用消费等新模式。支持大型商贸企业探索与金融机构联动发展消费金融,扶持 1~2 家示范企业。力争新创 3~5 家金鼎和达标百货店。

(二)培育新兴产业形态

1. 积极发展以工业机器人为代表的智能装备制造业

发挥工业机器人产业联盟作用,在机械装备、汽车、食品、医药、电子、危险品制造等行业领域,抓好一批效果突出、带动性强、关联度高的典型应用示范工程。引导和鼓励企业开展减速器等机器人关键零部件核心技术的研发,加强协同攻关和持续创新,弥补产业链的薄弱环节。重点扶持发展 1~2 家工业机器人龙头企业。

2. 积极发展电子商务

吸引国际知名的网商、零售商在广州市建立全球商务平台总部,重点培育 10 家本土综合性电商平台,在电子信息、家电、服装、家具、皮具等优势领域培育 20 家行业性电商平台。支持大型骨干企业以供应链协同为重点发展电子商务,引导中小企业利用第三方电子商务服务平台拓展国内外市场。重点支持一批有条件的企业开展跨境贸易电子商务服务试点工作。积极发展农村电子商务。

3. 积极发展融资租赁

出台加快促进融资租赁业发展的实施意见,探索建设试验区,推动广州市成为华南地区的融资租赁中心。依托产业联盟推进融资租赁企业与重点民营企业、重大发展项目、重要产业园区等的对接,切实解决企业融资难、融资贵问题。支持市内外融资租赁机构在广州开展单机、单船等业务。

4. 积极发展汽车服务业

编制广州汽车服务业发展规划,加快发展汽车租赁、汽车金融、汽车会展等汽车服务业。按照总部企业标准，采取"一企一策"，在用地指标、用电保障、技术改造、资金补贴、低息、贴息和人才等方面给予政策优惠，培育一批百亿元级汽车服务业龙头骨干企业。

5. 积极发展新能源汽车

重点推进广汽比亚迪汽车项目落户。完成修编《广州市电动汽车充换电设施规划》。协调广州供电局建设我市充电设施公共监测平台系统。新建一批充电站、充电桩（机）、交流充电桩、直流充电机。做好纯电动车量产及新能源汽车在相关领域的示范推广工作。

（三）培育内生增长动力

1. 做好服务重点企业（项目）工作

科学统筹全市服务重点企业（项目）活动，推进审批流程再造、代办服务、商事登记改革有机结合，探索审批服务事项代办新方法。利用市级网上办事大厅、商事登记管理信息平台、"民意直通车"工作站等公共服务平台，构建管理部门窗口一站式代办制，形成代办服务长效机制。进一步加强经济运行监测，完善工商指数发布机制。加快乐金显示8.5代液晶面板等工业重点项目和广州绿地中心、番禺万达广场等重点商业项目建成或开业。

2. 推动工业投资和民间投资

建立国内500强、民营100强企业的信息库、投资项目库和招商行动计划，做好产业链招商。

3. 培育大型骨干企业和行业领先企业

制定行业领先企业认定标准，建立100家重点企业培育库，完善大型骨干企业联席会议、综合统计和目标评价等制度，促使土地供给、金融信贷、财政扶持等资源和相关优惠政策向培育企业倾斜。帮扶广药集团、东风日产、金发科技等企业冲刺千亿级企业。

4. 推动民营和中小微企业大发展

探索建立民营经济投资领域负面清单。培育200家高成长性中小微企业。建立"成长之翼"股权服务机构库，构建"股权托管＋股权转让＋股权融资"融资服务体系。推进中小微企业公共服务平台延伸到街镇、产业园、创业基地等，建立分中心或代办机构，重点完善创业代理、市场开拓、科技、融资、法律、信息等公共服务。大力发展国有资本、集体资本和非公有制资本等交叉持股、相互融合的混合所有制经济。

（四）优化空间布局

1. 调整优化产业园区

编制《广州市产业园区布局规划》。组建广州市产业园区协会。利用省奖励广州市的 5000 万元珠三角地区产业跨市转出奖励资金，设立市产业集聚发展园区建设发展专项资金，用于扶持经认定的市产业集聚发展园区（基地）基础设施、公共服务平台建设和园区企业商会组建等，推动园区完善配套能力。将年度用地指标的 50% 以上安排给规模大、效益好、主导产业突出、服务平台完善、土地节约集约利用水平高的重点园区。

2. 规划建设新业态产业园区

在 2 个新城区、3 个副中心选址建设 2～3 个业态新、规模大、功能强、交通优的现代化综合展贸园区（市场综合体）。积极协调萝岗、黄埔、增城等区（县级市）落实产业用地，打造 2～3 个集机器人整机、关键零部件制造及集成应用产业集聚区及专业基地，并配套建设成果孵化、研发检测、认证认可、教育培训及金融租赁等公共服务平台以及公共交通、商业服务等设施。积极推进广州番禺南站开展省市共建省级大中型骨干企业公共服务平台和华南大中型骨干企业新业态经济总部基地。规划建设广州汽车服务业产业园和花都汽车服务业专业创新园区。推进广州国际生物岛国家"千人计划"生物医药创新创业示范园区建设。联合荔湾区、白云区等区共建广州工业设计科技园、白云科技创意园等一批设计集聚园区（中心）。

3. 打造一批代表千年商都的商贸集聚区

加快规划建设番禺大道（美食集聚区）、海珠湖生态美食城建设，完善提升中森食博汇、兴盛路国际美食街、沙面欧陆风情美食街、广州美食园、惠福美食花街、从化温泉美食街等区域，形成东西南北中"食在广州"特色美食集聚区。加快推进越秀区、荔湾区集文化（技艺）传承、体验、旅游和购物于一体的老字号一条街建设。规划建设 2～3 个大型综合性电商园区，继续支持黄埔国家电子商务示范基地和荔湾省市共建基地建设,大力推动海珠、越秀、番禺等区的电子商务集聚区加快建设。重点建设天河路商圈,加快天河城广场、宏城广场、正佳广场地下空间联系通道等立体步行廊道等商业设施配套,推进商圈智能交通的建设,增设绿化景观、引导系统、艺术元素等。

4. 推进对口帮扶产业转移示范园扩能增效

推进广州(清远)、广州(梅州)2个省级产业转移示范园建设,"一园多区"统筹兼顾两市其他省级园区开发建设、招商引资和管理运营,一并纳入广州市优惠政策扶持范围。集中力量做好广州(清远)产业园起步区建设。推动广州与清远合作共建专业批发市场发展区及公共物流配送中心(物流园区),引导专业批发市场或物流仓储落户。在清远和梅州市交通便利区域分别选址建设1个大型冷链物流中心,推动与农副产品批发市场对接和两地"净菜"入穗。

(五)培育产业可持续发展能力

1. 加快循环经济发展

加快推进国家循环经济示范城市建设,发挥联席会议作用,制定实施《创建国家循环经济示范城市三年行动计划》。推动4400家规模以上工业企业和重点商贸企业清洁生产全覆盖,力争累计实现800家企业审核验收。选择一批工业园区(产业基地)推进园区循环化改造,开展集中供热、集中治污、分布式光伏发电,力争新增20家循环经济示范项目、企业和园区。重点提升广州开发区国家循环经济试点园区、花都汽车城省市共建循环经济产业基地。实施电机、中央空调等重点节能工程。

2. 打造不同发展特色的产业区

推动越秀区总部经济发展,重点打造广州民间金融街、北京路广府商贸旅游区、老字号一条街等特色街区。推动荔湾区打造现代展贸市场和国际采购中心,重点推进广州圆大厦区域总部、广州花地电子商务园等重点项目建设。推动海珠区打造琶洲会展总部功能区,联动中大国际设计城发展。推动天河区中央商务区、互联网产业园建设,带动金融城、智慧城及天河路商圈加快发展。

推动白云区建设现代物流基地、民科园"一核四区"、广州国际健康产业城等发展平台。推动黄埔区建设国家级食品产业基地、腾讯大厦,加快跨境电子商务服务试点。推动番禺区打造食、住、游、购、乐番禺大道五星商旅带,加快申建珠宝玉石和有色金属交易中心。推动花都区发展产城一体化汽车及零部件集聚区,重点加快和谐型大功率机车修造基地建设。推动南沙区建设临港装备制造业和临港现代物流基地。推动萝岗区发展以工业机器人为代表的智能装备制造业,围绕中新知识城、科学城、生物岛培育一批战略性新兴产业项目。推动从化市发展以"万村千乡"网络实施农村电子商务应用试点、绿色产品供应基地和生态旅游休闲产业。推动增城市加快服装、摩托车等传统优势产业转型升级。

3. 加快淘汰落后产能和城市矿产开发利用

将年度淘汰落后产能任务分解下达到各区(县级市)政府,加快淘汰印染、制革等行业的落后产能。出台低值废弃物回收处理补贴政策,支持生产、流通企业等社会各类投资主体参与"城市矿产"回收和网点建设,畅通工业垃圾、生活垃圾、建筑垃圾等各类固体废弃物回收渠道。

(六)拓宽产业改革发展路径

1. 强化企业和平台转型升级的主体作用

出台专业批发市场、制造业转型升级和促进新业态发展三个文件,加大扶持新业态企业(平台)成长,做大做强转型升级示范企业(平台)。

2. 推进产业投融资机制创新

创新重大项目和原创性项目投融资体制,建立智能制造、融资租赁、生物医药三个产业子基金。

3. 强化负面清单管理模式创新

探索建立非公有制负面清单管理方式。探索基于产业限制类、淘汰类目录的产业投资项目"负面清单"管理机制。

4. 深化重点企业(项目)服务

继续统筹好全市服务重点企业(项目)活动,推进审批流程再造、代办服务、商事登记改革三者融合,结合区(县级市)党的群众路线教育实践活

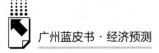

动，强化市、区两级民营企业代办服务，营造良好的营商环境。

5. 探索产业用地机制创新

建立先行储备产业用地机制，形成园区认定、重点园区土地预储备、产业用地指标倾斜及产业用地供地园区化的完整工作链条。年度产业用地指标按不少于50%的比例安排给重点园区。每年新增建设用地一定比例地向新业态项目倾斜。

（审稿　陈浩钿）

资源性产品价格上涨对广州
居民消费支出的影响研究

国家统计局广州调查队课题组

摘 要：

本文根据广州市相关调查资料，运用描述统计分析及 OLS 计量
模型分析研究了广州市近年来资源性产品价格上涨对居民消费
的影响及其程度，并在此基础上提出相应的政策建议。

关键词：

资源性产品价格　居民消费　OLS 计量模型

近年来，受社会、经济发展以及政府实施资源性产品价格改革等因素的影
响，与居民日常生活息息相关的水、电、气、油的价格进入上涨通道，直接影响
到居民的日常生活开支，资源性产品价格每一次上涨都会成为百姓关注的话题。
根据近期国家统计局广州调查队开展的"资源性产品价格变动对居民生活影响
调查"的结果表明，居民对资源性产品的价格上涨趋势非常关注，且价格上涨对
居民生活的影响也日益凸显，不少市民已经相应调整了自己的消费行为以应对这一
轮价格上涨。本文借助资源性产品价格上涨对居民生活影响的专项调查资料以及相
关常规调查资料，采取定量与定性分析相结合的方法分析广州市资源性产品价格上
涨对城市居民生活的影响等相关问题，为政府制定资源性产品价格政策提供参考。

一 近年来广州资源性产品价格变动情况分析

（一）资源性产品特性及其价格机制的特殊性

有限、稀缺是资源性产品最重要的特征，是资源性产品区别于普通商品

的关键。由于资源性产品有稀缺性，因此资源性产品的价格机制异于普通商品简单的由市场供需决定价格的机制。资源的拥有量、国际环境、公共服务产品提供机制、社会需求、环境保护等方面都是对资源性产品价格产生影响的因素。

（二）资源性产品价格机制比较

1. 我国政府严格管制价格

对于水、电、气、成品油等资源性产品价格，我国一直采取限价政策，价格变动受到政府的严格管制，价格难以体现市场供需关系，远低于市场均衡水平。这对于当前我国欲摆脱粗放式经济增长结构和提高能源利用率都极为不利。与此同时，我国虽属能源大国，但资源分布极不均衡，资源的无度消费显然也不现实，资源价格改革的全面推行势在必行，资源性产品价格将进入上涨通道。

2. 美、英采取适度竞争形式

美国对"水、电、气"价格的管制是由政府通过法律指导，通过市场竞争降低成本，控制价格上涨；英国"水、电、气"价格管制是由政府确定价格，并控制价格上限，企业通过市场适度竞争，提高效率，降低成本，实现政府的调控目标。

（三）近年来广州资源性产品价格变动情况

1. 资源性产品价格整体呈现不断攀升态势

近年来，汽油、液化石油气价格大幅飙升，随着资源类产品价格改革的推进，使得居民生活必需的生活用水、电、燃气等资源性产品价格上涨幅度较大。

据广州市居民消费价格调查资料显示（下同）：2011年，水、电、燃料类价格指数比2005年累计上升了17.2%，年均上升2.7%。

水价平稳增长，阶梯水价后大幅上涨。2006年，受政策性调价影响，水价上升27.5%（见图1），2005～2011年，居民用水价格累计上升39.2%，年均上升5.7%；2012年5月开始实施阶梯水价第一步后，水价上升31.0%。

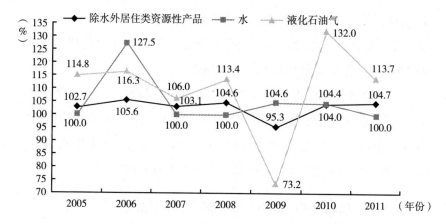

图 1　2005～2011 年广州水、液化石油气及除水外居住类资源性产品
价格指数走势（以上年价格为 100）

电价多年未变，阶梯电价后小幅上升。2005～2011 年，电价一直保持稳定，在 2012 年 7 月开始实施阶梯电价后，电价上涨 3.7%。

液化石油气价格波动上行。受国际原油价格大幅震荡影响，2005～2008 年液化石油气价格上升较快，累计上升 39.8%，2009 年受 2008 年国际金融危机影响，液化石油气价格大幅下降，降幅 26.8%，此后价格继续大幅上涨，2005～2011 年累计上升 53.5%，年均上升 7.4%（见图 1）。

汽油价格大幅飙升。近年来国际油价变动频繁，国内成品油价格大幅上涨，2005～2011 年，汽油价格累计上升了 66.0%，年均上升 8.8%；柴油价格累计上升了 70.0%，年均上升 9.2%。

2. 资源性产品价格变动的传导效应

资源性产品价格上涨不但影响到一系列居民生活成本的即时上涨，而且对未来市场价格走势会产生预期影响。近年来，国际石油、天然气价格的持续大幅上涨，使企业的生产成本不断提高，对下游行业产生巨大的潜在的价格上涨压力。如国内油价 2013 年先扬后抑，航空、出租车、长途客运等消费价格也在纷纷向油价看齐。油价上升直接影响物流成本的上升，受运输成本上升等因素的影响，广州食品类价格指数变动较大，2011 年比 2005 年累计上升了 50.5%，年均上升 7.1%。其中居民在外用膳价格累计上升了 48.4%，年均上升 6.8%。

3. 价格指数上涨对低收入居民生活的影响情况

受液化石油气价格变动影响，居住类价格对低收入居民价格影响较为显著。如 2008 年，居住类价格指数上升 6.8%，其中液化石油气上升 13.4%，拉动低收入居民消费价格指数上升 0.8 个百分点；2009 年，居住类价格指数下降 10.4%，其中液化石油气下降 26.8%，拉低低收入居民消费价格指数 1.2 个百分点。2011 年，居住类价格指数上升 9.8%，其中液化石油气上升 5.7%，拉动低收入居民消费价格指数上升 0.5 个百分点。

（四）近年来广州资源性产品价格上涨的原因分析

由于资源性产品都具备稀缺性、需求刚性及开发边际成本递增等一些很难由市场定价的特性，从国内和国际影响因素来看，引起资源性产品价格上涨的原因也是复杂多样的。

1. 国内因素

一是随着国家节能减排，资源价格改革的深化，客观上将进一步促进水、石油、天然气、土地等资源价格的上升。二是各地方政府为理顺公共服务价格矛盾，提高了居民用水价格、用电价格、污水处理价格、天然气和煤气价格。三是部分资源性产品价格仍然存在提价幅度未到位的问题，如天然气、煤气与相关产品的比价矛盾仍然很大，这些产品价格未来仍然会呈持续上涨态势。四是企业一直面临原材料上涨压力问题，上游企业成本的增加要转嫁到消费者身上，而价格总水平的上涨又会间接引起资源性产品价格上涨。

2. 国际因素

一是美元贬值。历史上看，美元指数与资源性产品价格指数之间具有较强的负相关性。美联储自 2008 年国际金融危机后至今仍保持宽松的货币政策，使得弱势美元助涨资源价格的格局难以发生根本改变。二是需求稳定回升。随着世界经济缓慢复苏，特别是新兴发展中国家城市化、工业化进程加快，对石油等大宗资源性产品的需求持续性增加。三是资源产品投机性增强。世界范围内释放的大量流动性多数囤积在金融机构投资者手中，增多的投资资金部分涌入短缺商品，尤其是资源性产品市场，从而推动价格上涨。四是涨价预期影响。2010 年以来，国际大宗商品价格出现全面上涨态势。美国定量宽松货币政策长期化，强化了国际大宗商品价格上涨的预期。

二 资源性产品价格上涨对广州居民消费支出影响分析

随着社会的发展和人们生活水平的提高，城市居民的日常生活对各类资源性产品的依存度越来越强。资源性产品价格的上涨不但对整体物价水平、通货膨胀存在一定程度的影响，还对居民整体的消费水平都带有不小的冲击[①]。

（一）资源性产品价格上涨直接导致居民生活成本上升

与居民生活密切相关的水、电、油、气等资源性产品价格的上涨直接导致居民在此方面的支出明显增加，2011 年，广州城市居民居住类价格较上年上升 4.7%，影响居民人均支出多增加 94 元，占价格影响人均消费性支出增加额的 6.4%，其中，液化石油气涨 13.7%，影响人均多支出 10 元。低收入居民因居住类资源性产品价格上升 5.7%，影响人均支出全年多增加 50 元，占价格影响消费性支出增加额的 7.7%。2005~2011 年，广州市居民用水、燃气、汽油等资源性产品价格均有不同程度的上涨，使得居民在涉及资源性产品类的消费支出均有不同程度的增加，据广州城市住户抽样调查资料显示（下同）：2011 年广州城市居民家庭人均水、燃料支出较 2005 年分别增长 64.7%、31.9%。在广州市相继实施阶梯水、电政策后，根据 2012 年三季度居民用水资料显示，居民人均水费支出要比阶梯水价前增长 12.3%。近年来成品油价格上涨较快，直接拉动了出租车、长途汽车、飞机等交通价格上涨，居民出行成本明显上升，2011 年广州城市居民家庭平均每辆私家车车用燃料支出为 8267 元，比 2005 年增加 3484 元，增长超七成。

（二）资源性产品价格上涨导致居民其他相关消费支出增加

资源性产品价格的上涨，也直接拉动了与其相关的下游商品及服务项目价

---

① 张欢、成金华：《中国能源价格上涨对居民消费水平的影响》，《经济经纬》2011 年第 4 期。

格的上涨，这样的价格传导效应间接影响了居民在其他方面消费的支出成本。成品油的价格上涨、运输成本的上升影响了农产品的经营成本，提高了其市场零售价格，导致了居民食品消费支出的增加，2011年广州城市居民人均食品支出为9592元，比2005年增长77.7%，其中3220元是价格上升所致，实际增长仅18.0%。水、电、油、气价格的上涨也间接影响到旅游、餐饮业等行业价格上涨，导致居民实际消费水平降低。

（三）资源性产品上涨对低收入群体影响更为明显

资源性产品大多为居民生活必需品，消费需求弹性较小，资源性产品价格上涨，对一般居民而言消费支出增加一些虽对其生活有些影响，但还可承受，但对于每月收入较低的居民来说，日常生活压力明显增大。2007~2011年，液化石油气多次价格飞涨，推动低收入居民水、电、燃料支出增长，2011年广州城市低收入居民家庭人均水、电、燃料支出为695元，较2007年增长17.0%，其中因价格上涨增长10.6%，实际增长6.4%。为了应对必需品价格上涨，低收入居民在有限收入的情况下，只能压缩必需性较低的消费开支，如衣着、医疗、教育等，这对其生活水平的提高有较大的影响。

（四）资源性产品价格上涨对居民消费行为的潜在影响

由于资源性产品价格变动的规律总体呈现单向性，即价格"只升不降"，不像食品类价格会呈现波动，因此在某种程度上说，资源性产品价格变动影响更加具有长期性，会对居民的消费行为产生一系列深远影响。

1. 实际影响和心理感受存在较大偏差

自2012年阶梯水电价格方案实施后，居民水电总支出下降7.5%，占消费总支出的比例降低了0.8个百分点，水电价格的上涨对居民的消费支出实际影响并不大，甚至有居民是因节水省电而减少了支出。但根据"资源性产品价格变动对居民生活影响"问卷调查结果显示，大部分居民家庭认为阶梯电价政策实施对其生活会产生不同程度的影响。其中，有43.7%的被访者表示实施阶梯电价对自己的生活"有点影响，会采取措施减少用电"；有27.3%的被访者表示"影响较大，会导致生活质量下降"。此外，对于水价的调整，有41.3%的被访者表示调整水价对自己的生活"有点影响，会采取措施减少用水"；有17.3%的被访者表示"影响较大，会导致生活质量下降"（见表1）。显然，居民受到的实际影响和居民的心理感受是有较大偏差的，这是值得有关部门注意的问题。

表1　市民对该次水电价格调整的反映

单位：%

项目	影响较大，会导致生活质量下降	有点影响，会采取措施减少用水/电	影响一般，可接受	没有影响，还会照常用水/电
水	17.3	41.3	33.7	7.7
电	27.3	43.7	24.0	5.0

2. 密集调价影响了居民价格心理预期

水价、电价、出租车运价等集中进行调整，让不少市民感觉近年的调价太过频繁，有点难以招架。从近期资源性产品的价格集中变动的趋势可以判断，未来价格走势必将影响整个CPI价格指数，同时，更会对居民的价格心理预期产生影响。从本次调查结果来看，居民对资源性产品的价格变动表现出高度敏感，有64.7%的被访者认为水、电、燃气、汽油等资源性产品价格上涨程度仅次于食品，仅有3.3%的被访者支持本轮水电的调价，大家对价格变动普遍持紧张态度，价格上涨对居民的心理层面的冲击显然要大于实际层面的影响，居民对政策的认同和接受还需要时间慢慢消化。出于心理应激的反映，不少市民表示在涨价之初会采取各种方式开源节流，应对物价上涨，这无疑会对当前居民消费在短期内产生负面影响。

三　对资源性产品价格影响居民消费支出的实证分析

我们运用相关数据建立相应的计量模型，研究资源性产品价格上涨对居民消费支出的直接影响和传导效应，对资源性产品价格与广州居民消费支出的关系作实证分析。

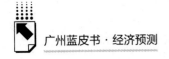

（一）模型构建及数据说明

宏观经济学的消费理论认为，价格指数与居民消费支出存在很强的线性关系，故本文拟采取 OLS 回归模型。

模型假设只存在一种消费群体，即居民消费，居民消费仅取决于价格，其他影响因素，如市场因素、社会因素、产品因素、结构因素等暂不考虑。由于低收入居民相关调查历史数据资料的缺乏，资源性产品价格上涨对低收入居民的影响不在模型估计范围内。

数据来源于广州市城镇住户调查、广州市居民消费价格调查、广州市工业生产者价格调查。为达到模型所需要的自由度，数据时间跨度为 2001～2011 年。通过对指标的相关性研究，本文对指标进行了初步筛选，最终选取居民消费支出，居民水电燃料支出，水电燃料消费价格指数，动力、燃料购进价格指数四个指标。为保证指数的可比性及连续性，相关价格指数以 2001 年指数为基期进行了可比价格的调整。为体现价格对居民支出的影响，居民支出不作可比价格调整。

（二）实证结果检验及分析

1. 资源性产品价格上涨对居民消费支出的直接影响

居民汽油直接消费仅占少部分，故不作为影响指标在模型内体现，模型仅选取水、电、燃料作为资源性产品代表。

通过对 2001～2011 年广州城市居民水电燃料消费支出数据分析发现，居民水电燃料占消费支出比重均较小，并且因居民消费水平的提升及消费结构的优化，该比重呈逐年下降趋势，说明水电燃料价格上涨对居民整体的消费水平影响不大。对水电燃料价格指数及居民消费支出的相关性进行检验发现，水电燃料价格指数与居民消费支出的相关性较小，为检验水电燃料价格上涨对居民消费支出的直接影响，直接选取居民水电燃料支出作为被解释变量。

对居民水电燃料支出（SDRLXF）及水电燃料价格指数（SDRL）作 OLS 回归模型估计，估计方程为：

$$SDRLXF = 18.2SDRL - 1150.9$$

根据方程估计，在其他影响因素不变的情况下，水电燃料价格指数（$SDRL$）对比基期2001年（基期=100）每上升1个百分点，将影响居民水电燃料消费支出（$SDRLXF$）平均增加18.2元。

2. 资源性产品价格上涨的传导效应对居民支出增加的影响

资源性产品价格上涨对居民消费的传导效应，通过居民消费价格指数难以选取具体指标体现，但根据资源性产品作为基础性产品的特性，其价格上涨会引起下游企业生产成本提高，影响产品出厂价格，从而导致消费品价格上涨，最终影响居民支出增加。故模型选取动力、燃料购进价格指数和居民消费支出两个指标来体现资源性产品价格上涨对居民消费支出的间接影响。

对居民消费支出（XF）和动力、燃料购进价格指数（$DLRL$）作OLS回归模型估计，估计方程为：

$$XF = 159.8DLRL - 5527.2$$

根据方程估计，在其他影响因素不变的情况下，动力、燃料购进价格指数（$DLRL$）对比基期2001年（基期=100）每上升1个百分点，将影响居民消费支出（XF）平均增加159.8元。

根据上述分析可以看到，资源性产品价格和居民消费有较强的线性关系，对居民消费支出存在正向影响，无论是从直接影响还是从间接影响来看，其价格上涨均会在一定程度上增加居民的消费支出。

四 建议

资源性产品既是重要的生产要素，又是人们生活的必需品，其价格上涨不仅关系到行业、企业、政府的利益，更是与百姓的生活息息相关。在当前我国大多数的资源性产品还处在政府垄断经营的状态下，从资源的管理和使用上具有非竞争性和非排他性，这种产品的属性决定了资源性产品在我国仍然属于公共服务领域，针对资源性产品的相关决策也应当属于公共决策的范畴，这就要求政府在进行资源性产品价格改革的同时，要考虑居民尤其是低收入居民的承受能力，力争把资源性产品价格上涨对居民的影响降到最低。

（一）提高居民收入是增强居民承受资源性产品价格上涨冲击的根本措施

一般而言，居民对资源性产品价格上涨的敏感度和其收入的高低是成反比的，收入越低对价格变动越敏感，提高居民收入是增强居民对资源性产品及其相关产品、服务价格上涨承受能力的根本措施。调查显示，有38.3%的被访者表示其家庭收入在过去一年中有所增长，但同时也有不少居民表示其收入增幅仍赶不上物价上涨的幅度；此外有近五成（48.4%）的被访者表示其家庭收入与上年持平；有13.3%的被访者表示其收入比上年有所下降。在相当部分居民的收入水平并没有比过去有所提高或提高不多的前提下，资源性产品价格上涨带来的冲击更为明显。切实提高居民实际收入，一是要把保障居民就业作为政府工作的重点，制定相关制度和措施，大力开发就业岗位，拓宽居民就业门路，加强居民就业培训，提高居民就业竞争力，及时帮助就业困难人员解决就业难题；二是健全完善工资正常增长机制，在稳步提高最低工资标准的同时，大力推进工资集体协商制度，维护劳动者的合法权益，逐步增强劳动者在劳资市场的话语权；三是加大收入分配改革的实施力度，近年来我国居民收入占国民收入比重不断下降，政府必须深化改革，提高劳动者报酬，有效增加劳动者收入。

（二）构建更加完善的社会保障网，保障低收入群体生活稳定

低收入居民是受物价上涨影响最大的群体，政府需要确保该群体的生活质量不会因为资源品价格大幅上涨而下降。一是政府要继续对低收入居民维持基本生活的必需品如水、电、燃气等，给予一定的补贴或优惠措施，尽量减少该群体受资源性产品价格上涨的冲击；二是完善低收入群体社会保障体系，教育和医疗一直是压在低收入居民肩头的"两座大山"，政府需要加大在这方面的救助力度，增强其承受能力。

（三）加强对市场物价的监管力度，保持物价基本稳定

政府进行资源性产品价格调整的目的是节约能源，但要防范相关生产经营者跟风涨价，扰乱市场正常秩序，引发新一轮涨价风波。因此，一是妥善把握和控制政府资源性产品价格调整政策的出台，防止资源性产品相关的公共产品和服务价格的上调引起价格总水平上涨过快。二是实行行业成本利润控制、重要商品价格实行提价申报和调价备案制度管理等，严格控制防止相关行业经营者借资源性产品价格上调而大幅涨价。三是增强对市场相关资源性产品物价变动信息的收集和报送工作，使价格管理部门及时了解市场价格动态，采取相应措施，保障市场物价的稳定。

（四）建立科学合理的资源性产品价格改革机制

资源性产品作为公共产品，政府在按照一定的市场法则进行配置的大前提下，必须在这一过程中合理划分政府与市场的边界，建立科学合理的资源性产品价格改革机制，切实保障市民的基本权益不受侵害。一是对资源性产品价格改革应积极稳妥、逐步进行，要充分考虑各方面的承受能力，落实好资源价格改革的配套措施，处理好各方的利益分配。二是尽快建立公开透明的经营管理机制，防止追求利润最大化的市场化模式渗入到资源性产品的供给中，使本属于公共服务领域的资源性产品变成某些企业或利益集团赢利的工具，扭曲了资源性产品本身的公益性质。三是借鉴英、美等国家的做法，适当引入资源行业竞争，通过市场竞争降低成本，控制价格上涨，同时有效提高资源性产品生产效率。

（审稿　陈浩钿）

参考文献

张欢、成金华：《中国能源价格上涨对居民消费水平的影响》，《经济经纬》2011 年第 4 期。

刘佳杰：《居民消费价格指数对消费需求影响分析》，《商业经济》2012 年第 25 期。

韩瑾：《住宅价格波动与居民消费支出增长的实证分析》，《统计与决策》2010 年第 4 期。

易丹辉：《数据分析与 Eviews 应用》，中国人民大学出版社，2008。

张晓峒：《计量经济分析》，经济科学出版社，2000。

B.19

广州市推进专业批发市场转型升级研究

郭海彬

摘　要：

广州专业批发市场的传统优势正在弱化，必须通过推动市场转型升级，提升和带动珠三角产业发展，强化广州作为中心城市的辐射、带动和引领作用。

关键词：

广州市　专业批发市场　转型升级

改革开放以来，广州凭借千年商都的优势，依托广交会和珠三角世界级制造业基地腹地的区位优势，使连接产销两端中间枢纽的专业批发市场蓬勃兴起和繁荣兴旺，并带动和辐射全国，成为广州经济发展的一大特色和优势。但应该看到，当前广州专业批发市场的体制机制、市场领先、传统业态三大优势正在弱化，当务之急要突破市场同构、产品低端、外拓无序的局限，把市场作为转型升级的向导，让市场成为广货销全球的渠道，全力推动市场在转型中加快发展，用市场的提升带动产业和珠三角制造业的有效转型、区域的统筹协调发展，以强化国家中心城市的辐射、带动和引领作用。

一　广州市专业批发市场转型升级现状

目前全市有约 700 个单体专业市场（不含肉菜市场、农贸市场）15 个专业批发市场园区，涵盖皮革皮具、鞋业、纺织服装、水产品、珠宝、茶叶、酒店用品、化妆品等多个领域，带动形成了享誉全国的白马服装、花都狮岭皮具和增城牛仔服装等产业集群。目前市场年总交易额约 5000 亿元，超亿元市场

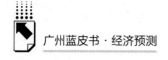

158 个，超百亿元市场 10 个。近年来，广州市采取规划指引、标准制定、示范认定、关停并转等有效措施力促专业批发市场转型升级。

（一）以规划引导促转型

编制出台《广州市产业物流发展规划》，与现代物流接轨，科学布局，强化城区外围用于承载迁移的大型现代展贸市场园，加快城区批发市场有序外迁提升。目前已在番禺区化龙镇规划占地 4800 亩的广州国际商品展贸城首期"广州光谷"和海印国际名车城基本建成并投入使用，推动享誉全球的花都狮岭皮具和增城牛仔服装两大批发市场规模、效益双提升，对优化中心城区批发市场密集分布的不合理布局起到一定的调整作用。

（二）以示范带动促转型

出台专业批发市场转型升级评价管理办法，创建 15 家示范市场，涌现了由单体市场向园区化集聚发展的站西鞋城、白云皮具等一批大型批发市场集群，打造了"广塑指数"、"鱼珠·中国木材价格指数"、"狮岭皮革价格指数"等一批国家、省级价格指数。

（三）以改造提升促转型

选择荔湾区、白云区作为全市专业批发市场转型升级的试验区，市区联动推进广州国粹花卉市场等一批市场与物流企业对接，实施商流物流分离，向电子化、展贸化转型发展，一批现代展贸型市场已显雏形。

（四）以业态创新促转型

利用电子商务、现代分销等新商业模式，引导海印电器城、天雄布匹市场等传统批发市场向零售、商业街等业态转营；推动太平洋电脑城、增城牛仔城等开展网上交易平台建设；推动衣联网、爱购网、汇美等电子商务专业运营公司与传统批发市场对接，形成"线上＋线下"经营模式；推动广东塑料交易所等一批大宗商品交易平台建设和发展，形成集电子交易、仓储配送、质押融资等功能于一体的新型综合服务平台，推动传统流通方式转型升级。

二　进一步加快广州市专业批发市场转型升级的必要性

（一）能够加快广州市产业转型升级步伐

从市场实力来看，广州仅中大布匹市场进入全国前50强商品交易市场（排第34位），2012年交易额250亿元，仅为排名第一的上海物贸有色金属交易市场交易额（2532亿元）的1/10。从市场层次来看，主要集中在皮革皮具、鞋业、纺织服装、水产品、茶叶、酒店用品等低端行业。85%的专业批发市场以出租物业为最大的收入来源，仅限于物业、租售管理。主要采用传统的现货、现金、现场交易方式，交易结算少、税收少、配套不完善、业态单一、竞争力低。如果能够推动这些专业批发市场加快转型升级，从"小麻雀"蜕变成"大凤凰"，培育一批实力居全国前列的大型龙头市场，可以极大地强化广州"大市场、大流通、大商业"格局，这对于我们加快产业转型升级，打造广州经济"升级版"具有积极作用。

（二）能够助力宜居城市建设

从布局来看，老城区低端集聚，新城区成长缓慢。目前，专业批发市场约85%集中在都会区，其中越秀、荔湾、海珠、白云各分布100个以上，且单体面积小（多在5万平方米以下）；占据了19平方公里左右的宝贵土地，带来了人口、交通等诸多问题，给城市形象和环境造成负面影响。从配套来看，缺乏专业货运站场，与货运物流脱节，第三方物流发展滞后，市政配套设施缺乏。从安全来看，很多专业批发市场依托临时建筑甚至违法建筑，"小、散、乱"现象明显，"脏、乱、差"情况严重，"住改仓"隐患突出，存在消防、治安等安全隐患，出现了大量"五类车"交通违法和非法营运行为。按照"123"城市发展战略，推动专业批发市场就地转型升级，或搬迁转移到两个新城区、三个副中心或周边城市集聚发展，既能为都会区优化提升腾出空间，优化改善周边环境，也会促进两个新城区、三个副中心城市功能完善，极大地推动广州宜居城市建设，改善营商环境，提升广州城市发展软实力。

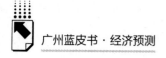

（三）能够有效激发市场活力

广州市专业批发市场的交易主体（即入场商户）大多数是个体商贩，以个体或家族经营为主，组织化程度较低，税收贡献有限，且市场之间呈现低层次的价格竞争，甚至采取不正当竞争，无序竞争、恶性竞争现象仍然存在。结合商事登记制度改革，推动这些市场主体更多地向企业转变，建立现代企业制度，将极大地激活民资、民智，对于增强经济内生动力和市场活力，增创市场经济机制新优势具有十分重要的意义。

三　推动广州市专业批发市场加快转型升级的对策措施

党的十八届三中全会明确提出，经济体制改革是全面深化改革的重点，核心问题是处理好政府和市场的关系，使市场在资源配置中起决定性作用和更好地发挥政府作用。中央经济工作会议也要求，坚持通过市场竞争实现优胜劣汰，加快传统产业优化升级。这为专业批发市场转型升级指明了方向——必须遵循市场规律。从世界批发市场发展规律来看，批发市场必须具备"商品集散、财务结算、信息传播和形成价格"四大功能。下一步，广州市专业批发市场转型升级，需顺应国内外专业市场发展的潮流，突出广州特色，实现价值链从低端向高端转型，管理服务从无序到有序，市场辐射面从国内向国际转变，交易手段从传统向现代转变，不断增强广州的城市核心竞争力。

（一）构建与广州城市发展战略和珠三角一体化相适应的新布局

结合广州城市发展规划、广清一体化、广佛肇经济圈发展，按照优化增量和提升存量相结合的原则，分类推进、系统优化专业批发市场、货运站场规划布局，同步完善公共配套设施和建立集信息发布、价格指导、在线交易等行业性公共服务平台，依托商贸优势做精都会区现代展贸市场群、依托产业优势做大2个新城区生产资料市场群、依托集群优势做强3个副中心与产业集群互动共荣的专业市场群。拟在2个新城区、3个副中心选址建设2~3个业态新、规模大、功能强、交通优的现代化综合展贸园区，引导中心城区内有发展前景的市场和珠三角地区"散小乱"市场分期分批搬迁入驻，抽疏中心城区的市场密度。在清远和梅州市交通便利区域分别选址建设 1 个大型冷链物流中心，无缝对接广州农副产品市场，让两地农副产品安全、高效地销往珠三角城市，推进广佛同城化、广清一体化。

（二）积极接轨电子商务、现代物流、现代会展、跨境电子商务等新业态

引领不同类型的专业市场发展电子商务接轨现代物流，对辐射力强的集散型大型批发市场，引导市场举办者利用现货市场的优势，创办网上市场，建立网上商铺，实现与现货交易并行的电子商务模式；对产品标准化程度高、品种单一的市场，引导采用会员制，发展网上交易，配套建立信息系统、交易系统、结算系统、第三方物流配送系统等较为完善的电子商务模式；支持有条件的生产资料经营企业和专业批发市场开展大宗商品网上现货交易，在化工、有色金属等领域建成一批以商品交易为核心、现代物流为支撑、金融及信息等配套服务为保障的大宗商品现货交易电子商务平台；对一般的专业批发市场，引导建立网上信息平台，充分发挥信息流的功能，带动商流、物流的电子化。引导大龙网、米兰网等跨境电子商务龙头企业以及国内外知名电子商务企业在具有行业影响力的专业批发市场设立采购中心，打造一个线上虚拟仓库与线下实体仓库及物流集散中心相结合的广货开放库，并与国内外各大电商平台相连接实现销售。探索建立广货购电子商务平台，将线下成千上万个商铺放到线上，建立"B2R"模式（"互联网＋仓储配送"模式），把广州建成广货全球网货中心，吸引广东制造产品集聚广州，再辐射全球。加强与会展业的融合。利用广交会会展经济优势，大力发展"网上交易会"，引导白马服装市场、步云天地、白云世界皮具贸易中心等开展电子招商招展，积极参与网上参展参会，打造永不落幕的"网上广交会"。推广"前展后场"模式，集聚跨国贸易企业、采购商、品牌商，培育和发展与市场配套的专业展会，实现展贸联动、以展促贸，成为推广新产品、新产业、新技术、新服务的重要阵地，支撑制造业转型升级。

（三）统筹推进市场转型与城镇扩容提质相结合

对花都狮岭皮具、增城牛仔服装两大市场园区，结合城镇化改造，拓展市场综合服务功能，鼓励建设物流中心、会展中心、检验检测中心、研发设计创意中心、教育培训中心、融资服务中心以及商品信息、商品价格等公共服务平台，建成以产业为基础，以市场为依托，集仓储、物流配送、旅游购物、流行趋势发布于一体的专业市场综合体。强化市场助推产业发展功能，并依托市场商品信息和采购需求高度集聚的优势，探索市场与产业集群合作机制，推动众多服务市场的中小微企业和传统产业转型升级，增强促进市场集群与产业集群融合发展，辐射带动镇村协调发展。对白云区罗冲围农副产品集散地进行市场与城市一体化改造，高标准、高起点规划建设大型农副产品批发市场，实行商流和物流分离，以市场的繁荣提升区域发展水平。

（四）坚持因区制宜，一场一策分类改造

着力推动商流与物流分离，充分发挥专业市场的辐射带动功能，引领会展、旅游、物流、餐饮、住宿等现代服务业发展，促进市场从单一产品交易向"商品集散、财务结算、信息发布、价格形成、国际规则制定"等综合功能转变。分类摸查具有国际影响力、华南地区影响力、市内影响力的三大类专业市场现状，通过试点推进、分类指导、政策扶持、循序渐进地推动市场转型升级。一是对服装、鞋业、酒店用品、茶叶、牛仔服等在国际、国内有较强行业影响力的市场，由市相关部门牵头，区（县级市）政府配合组织实施转型升级，包括在符合消防安全要求的前提下实施原地转型升级，推进商流、物流分离，创新经营业态，提升市场发展水平。二是对皮革皮具、纺织辅料、水产品、化妆品、中药材等在华南地区有较强行业影响力的市场，由区（县级市）政府牵头，市相关部门配合组织实施转型升级，分类指导推进市场的原地转型升级、异地搬迁或业态转营等。三是对蛋品、钟表、五金建材、花卉苗木等在市域范围有一定影响力的市场，由区（县级市）政府负责组织实施转型升级，对其中不符合规划及消防规范要求的，将依法予以关闭。通过努力形成一批交易方式现代化、运营管理专业化、物流网络高效化、商品辐射国际化、市场经

营品牌化的全国领先的现代展贸市场和国际采购中心以及全球网货枢纽，打造一批"广州价格"、"广州标准"、"广州质量"、"广州效益"，提升国内、国际市场话语权，拉动广货外拓和外销。

（五）坚持改革创新，建立转型发展机制

一是建立市、区（县级市）两级专业批发市场转型升级联席会议制度，属地党政"一把手"亲自挂帅，制定相关配套政策措施和年度工作计划，明确工作目标、标准、要求及措施，完善专业批发市场转型升级检查督办机制。二是充分发挥财政资金引导作用，利用好市战略性主导产业专项资金，对主动从中心城区向外搬迁发展的专业批发市场，以竞争性配置方式给予支持。三是建立由属地职能部门组成的批发市场开办联合审批机制，严格执行规划、环保、交通、消防等各项有关规定，中心城区严格禁止传统"三现"（现金、现场、现货）批发市场开办，实行"一票否决制"；政府各职能部门各司其职，开展系列专项整治行动，加强对专业批发市场周边出租屋的管理，坚决取缔和打击"住改仓"行为；依法查处无照经营、偷漏税、出售假冒伪劣、侵犯知识产权商品等违法行为；对各专业批发市场附近"五类车"交通违规违法和非法营运行为开展集中整治；开展消防安全整治行动，清查整治全市专业批发市场消防安全隐患。

（审稿　栾俪云）

B.20

广州南沙新区粤港澳跨境电子商务与物流产业合作研究

李新庚 叶丹*

摘 要:

本文分析了南沙新区跨境电子商务与物流产业发展的条件与局限性,并从产业布局与产业发展等方面提出了促进粤港澳跨境产业合作的建议。

关键词:

南沙新区 粤港澳跨境合作 电子商务与物流产业

一 南沙新区跨境电子商务与物流产业发展现状

(一)我国跨境电子商务与物流产业发展现状

电子商务是全球经济发展的趋势产业。我国电子商务交易规模从2006年的1.5万亿元到2013年的9.9万亿元,年均增长超30%。2013年电子商务所创造的直接与间接就业人数超2000万人。目前我国70%以上的网购业务依靠快递完成。2013年,全国规模以上的快递服务企业业务量累计完成92亿件,位居世界第二;业务收入累计达1441.7亿元,同比增长36.6%。

跨境电子商务是国家政府部门高度重视的电子商务增长热点。继中国工业和信息化部发布《电子商务发展"十二五"规划》后,中国商务部于2013年11月发布了《促进电子商务应用的实施意见》,明确支持跨境电子商务的创新

---

* 李新庚,广州白云学院管理学院院长、教授;叶丹,广州白云学院管理学院教师。

与发展，并鼓励边境地区选取重点贸易领域建立面向周边乃至全球各国的跨境电子商务贸易服务平台。

随着上海自贸区的落成，国务院宣布上海、重庆、杭州、宁波、郑州为跨境电子商务通关服务试点，中国中部城市已初步形成跨境电子商务的产业聚集，如大型的中国跨境电子商务服务平台速卖通、敦煌网、eBay 等均把总部设在中国中部城市。义乌更专门成立电子商务工作领导小组办公室，和敦煌网签订协议，共同建设"义乌全球网货中心"。2013 年义乌跨境电子商务零售额首次突破 100 亿元大关，义乌速卖通卖家的年交易额居全国各城市第三位。中国中部的电子商务产业聚集区的形成将对粤港澳跨境电子商务贸易形成强大的竞争压力。

（二）广东及南沙新区跨境电子商务发展现状

2013 年，广东省电子商务交易总额超过 2 万亿元，增长超过 30%。广东作为外贸第一大省，跨境电子商务交易额占全国的 70%，其中"B2C"出口年均增长超过 60%，电子商务核心数据排名均居全国首位。据估算，目前广东的跨境电子商务企业销售额占比中，深圳和广州市稳占第一集团（见图 1），但许多制造业城市表现出惊人的跨境电子商务发展态势，如东莞市国际邮政小包已达 30000 件/日，是广东省第三大跨境电子商务城市。

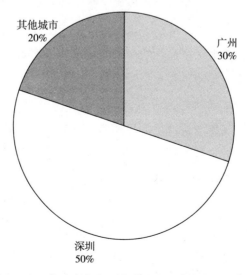

图 1   2013 年广东各市跨境电子商务企业销售额占比

作为省内电子商务龙头城市，广州市已于 2013 年 10 月获批成为中国华南区首个跨境电子商务试点城市。市内拥有一批如唯品会、梦芭莎、环球市场等优质本土电子商务企业，共计 1800 多家。广州正积极建设电子商务产业园，促进产业聚集，并吸引了阿里巴巴、慧聪网、卓越亚马逊、拉卡拉、苏宁电器等国内外电子商务龙头企业在市内设立地区总部。其目标是打造面向国际、辐射全国的电子商务运营中心、服务外包中心、支付结算中心和物流配送中心。

南沙作为新区，其地理位置稍微偏离广州的传统商圈和物流圈，电子商务的发展还处于起步阶段。区内产业聚集程度较低，缺乏电子商务龙头企业带动。但南沙新区优良的地理位置、广阔的土地资源和坚实的产业基础为电子商务提供了巨大发展空间。

（三）南沙新区发展跨境电子商务与物流产业的资源禀赋分析

南沙新区位处珠江三角洲经济区的中心，距香港 38 海里，距澳门 41 海里。区内规划总面积达 803 平方公里，现时人口仅 70 万，发展空间广阔。《广州南沙新区发展规划》明确提出大力与港澳合作发展高端商贸、特色金融与专业服务、科技研发、航运物流、商贸会展等产业。这都为南沙新区成为粤港澳在电子商务与物流产业的增长中心提供了坚实的布局基础。

周边城区如番禺、佛山、虎门、东莞、中山交织成为世界一流的制造业网络，出口产品包括高新电子产品、纺织服装、家居及日化用品、珠宝首饰等，品类齐全，价廉物美，跨境小包裹运输轻便、成本低，能为跨境电子商务贸易提供过硬的商品生产基础。

南沙新区依托广州华南快速、广深高速、京珠高速、南沙港快速、沈海高速等快速公路网，拉近了港澳和周边制造业城市的关系，联通了白云机场、深圳宝安机场等省内多个跨境电子商务物流枢纽。而地铁四号线的投入使用则为广州中心市区及广州琶洲国际会展中心的商客游访带来便利。未来南沙港铁路的建成，将有助于南沙港区疏运和发展临港工业物流，是珠三角西部货运的重要通道。

南沙新区港口拥有国际级的 10 个 5 万～10 万吨级的深水泊位码头，已开辟了 24 条国际航线。2012 年的货运吞吐量突破 960 万标准货柜（TEU）。与港澳相比，南沙港区的综合运输成本更低廉。目前南沙港已开通了来往香港、澳门的客轮航线，可帮助带动港澳游客前来南沙新区购物娱乐。

二 南沙新区粤港澳电子商务物流产业的问题分析

（一）产业合作亟须形成聚集中心，共享三地优势资源

港澳是国际旅游与商贸城市，拥有丰富的旅客资源，其中国内旅客占了 60% 以上；2013 年中国香港和澳门的零售交易额增长率约为 11.6% 和 20.6%，主要集中在国内需求极大的进口母婴、电器、珠宝、钟表、皮具类产品方面，相较国内同类产品其价格和质量优势明显。中国香港是国际金融与物流中心，具有先进成熟的电子商务支付与物流配送系统，资金储备丰富，外商投资环境良好。且自 2009 年成为离岸人民币结算中心以来，至 2012 年底，香港人民币存款上升 10 倍，达 6030 亿元。

但受市内人口密度高，可开发土地面积少，土地及人力资源成本高等因素制约，港澳电子商务的发展遇到瓶颈。且随着内地经济腾飞，粤港澳经济贸易正由传统的"前店后厂"合作模式演变为三地间的资源竞争。粤港澳跨境电子商务的发展亟须一个产业聚集中心，打通并连接三地进出口的商流、物流、客流与资金流通道，实现区域经济的互补互利。

（二）粤港澳跨境物流缺乏有效调度机制，阻碍跨境电子商务发展

物流配送系统是电子商务发展的重要保障。中国香港物流运作效率高，承担着大部分跨境电子商务产品的国际物流中转业务，是中国跨境电子商务的物流枢纽。然而其机场与港口的物流业务量已近饱和，且陆路运输堵塞，造成进出口物流不畅，货运量增幅缓慢，如表 1 所示。与中国香港相比，南沙周边机场以及南沙港的物流业务量、航线覆盖及物流处理能力则有很大的上升空间，如表 2 所示。总的来看，粤港物流发展水平的不对称，以及两地物流调度机制的缺失，都严重制约了广东跨境电子商务的发展。

表1 中国香港国际机场近5年客、货运量对比

	2009 年	2010 年	2011 年	2012 年	2013 年
航空货运量(吨)	3347000	4128000	3939000	4100000	4120000
按年增减(%)	-7.7	+23.3	-4.6	+4.1	+0.4
航空客运量(万人次)	4500	4980	5390	5650	5990
按年增减(%)	-4.5	+10.6	+5.9	+4.8	+6.0

表2 粤港澳机场2013年货运、客运量及航线覆盖范围对比

机 场	货运吞吐量(万吨)	客运(万人次)	航线覆盖范围
香港国际机场	412	5990	全球180个国家与地区
澳门国际机场	2.6	502	国内城市及亚洲地区
白云国际机场	172	5265	国内城市及世界部分地区
深圳宝安国际机场	91	3200	国内城市及亚洲地区
珠海机场	22	290	国内城市

(三)缺乏跨境电子商务与支付监管机制,大量关税与外汇流失

进出海关的跨境电子商务产品大多没有正式报关,加上缺乏有效的监管机制,银行和海关无法监控跨境电子商务贸易的实际情况,使得大量关税流失,结汇截留在香港及境外。

(四)产业人才结构亟须优化

目前广东已具备电子商务与物流产业的基础人才,但高端产业人才的质与量还远远不够。而港澳国际营商环境优良,跨境电子商务发展较早,积累了丰富的人才资源。所以,南沙可以有针对性地重点引进及培养以下产业配套人才:①全球多语种人才;②融通电子商务、物流、金融、法规等多方面技术与知识的综合性人才;③具有国际化视野的管理人才;④高新技术研发人才。

三　南沙新区粤港澳电子商务与物流产业布局及发展建议

（一）产业整体布局与定位

1. 将南沙新区建设为制造业、电子商务与物流业一条龙的中心产业园区

以南沙为圆心，将方圆 100 公里的珠三角大中城市划归为电子商务及物流产业的重要商圈，优化圈内的制造业资源、人力资源、资金资源、技术资源、基础设施，形成产业配套。

2. 将港澳打造为南沙新区电子商务与物流产业的两个支柱性门户

中国香港是国际金融中心和跨境电子商务物流中转中心。南沙新区将承担起货物从中心产业园区出发至中国香港、澳门及周边其他机场港口的调度职责，分担中国香港货运处理压力。

3. 将港澳作为国外商品输入南沙新区的桥头堡

南沙新区内实施从港澳中转及进口的商品减免税的政策，大力吸引国外如母婴类、3C 电器类、奢侈品类品牌商家入驻，进而在区内设立生产加工基地，为南沙电子商务企业在网上经营外国品牌商品提供坚实基础。

4. 将港澳作为南沙新区的旅客导入中心

中国香港和澳门的旅游娱乐产业每年吸引近亿的国内外旅客参观游玩。中国香港、中国澳门、南沙三地政府可以建立旅游合作机制，深化港澳企业在南沙新区的旅游产业投资，带动在港澳的旅客进入南沙旅游购物，使南沙电子商务及配套产业最终受惠。

（二）产业配套发展建议

1. 电子商务产业园发展建议

——电子商务产业园总体布局。根据《广州南沙新区发展规划》，电子商务及相关服务产业如"B2C"电子商务信息平台、电子商务实体展示店等属于高端商贸服务，可设置于中部组团。电子商务的仓储业务则需根据其所售的产品特点及物流线路而选择设置在北部或南部的仓储物流区。而部分高新技术制造业可设置于北部组团，但大部分的产品如服装、鞋具、玩具等不属于南沙新区的规划行业，还应以南沙新区周边的产区作为货源供应地。

——择优吸引电子商务企业进驻电子商务产业园。电子商务产业园应首先邀请面向国际的大型跨境电子商务平台如速卖通、兰亭集势、eBay 等，在园区内设立地区总部或办事机构，从而吸引更多的跨境电子商务企业进驻；其次，优先考虑粤港澳跨境电子商务企业的进驻，为园区带来实质性的销售规模和稳定的海外客户网络，并起示范性作用；再次，可吸引国内实力型电子商务企业进驻，并给予政策优惠，帮助其开拓跨境电子商务市场；最后，应鼓励环保型、高科技电子商务企业及服务型企业进驻园区，以促进园内高新技术交流与特色产业发展。

——电子商务产业园内应建设大型电子商务实体展览馆。电子商务企业在线上销售的产品可放在展馆展示。国外品牌特别是母婴类、3C 数码类、奢侈品类等产品可以通过免税政策进驻展览馆，吸引大量粤港澳及内地游客前来购物，并最终在区内建立国内电子商务销售平台，形成线上线下旅游商贸一体化产业。

2. 物流协调发展建议

政府部门应放宽港澳物流企业进驻南沙的条件，简化物流从业资格的申报政策及流程，使本土企业与港澳物流企业展开良性竞争，提高物流业整体运作水平。

南沙新区应吸引跨境物流公司进驻，提供大型仓储服务，形成战略性合作伙伴关系。区内应建设物流大数据处理中心，建立并完善进出口产品的全程寄递跟踪服务，形成可视化的供应链运营平台，从而优化粤港澳电子商务与物流供应链管理。

——空运。香港国际机场应继续加强货运处理能力；努力提升南沙新区周边机场货运量，扩大国际货运覆盖范围，分担中国香港航空运输压力。三地航空运输部门应建立合作机制，定期互访交流，提升三地航空物流运作效率。

——海港运输。积极完善南沙港基础设施建设，引进港澳先进的港口管理模式，提升江河联运效率。支持南沙港区口岸开展零担拼柜出口业务。增加并共享南沙新区及粤港之间的货运、旅运海上航班与信息，简化南沙港区与香港葵涌码头的对接手续,加快南沙与港澳间的运输速度,从而分担公路货运压力,拉动更多中国香港和澳门旅客进入南沙新区。

——陆路运输。依托高速公路建立全省快速运力网,建设从南沙直通中国香港和澳门的快速路。建议在南沙新区备案的物流企业的运输车辆可享受省内重点物流线路通行优惠。车辆一律配备 GPS 跟踪系统,并与粤港澳三地交通部门、物流部门联网,实现实时运力调度,提升运输速度。铁路方面,加快南沙疏港铁路项目的建设,设计合理的货运线路,缩短南沙物流仓库至铁路站的运输距离。尽快开通南沙新区连接各大制造业城市及内陆主要商贸发达城市,乃至港澳的铁路线。

3. 海关政策建议

——海关进口管理政策。建议减免区内来自港澳的进口和转口货物关税。鼓励国外品牌在南沙新区设立工厂,建立国内电子商务销售网络,并对该类电子商务生产销售型企业进行备案,对其通过互联网售至全国各地的产品给予一定的税费优惠。建立南沙新区海关关卡及信息化管理制度,严格审查从区内运至区外各地的货物,坚决打击走私、偷税、漏税行为。

——出口管理政策。建议对区内的制造业产品实施出口退税优惠。完善跨境电子商务产品出口报关制度,降低报关费用,简化报关流程。严厉打击区内侵犯知识产权和销售假冒伪劣产品等行为。

4. 金融业发展建议

建议放宽区内人民币与外汇兑换业务,吸引国际金融机构及第三方支付机构在区内设立办事机构,吸引外贸结汇资金驻留本地。积极引进境外的投资基金,对区内的跨境电子商务及物流企业提供金融服务,以扶持其成长。完善境外投资管理制度,建立境外投资信息共享平台,鼓励在区内开设对外投资企业及项目。

5. 人才培养及科研机构建设建议

——人才引进。积极引进港澳以及海外中高层次产业人才,学习其先进的管理模式与技术。实现港澳专业人才在中国大陆享受如社保、医疗福利等国民待遇。完善粤港澳三地间的人才资格认证。放宽区内工作的港澳人士在南沙新区的购房条件,帮助其融入当地社区。

——科研合作及人才培育。积极引进国内外应用型科研机构及创意产业，与粤港澳知名高校建立合作机制，鼓励区内企业设立实践基地，培养具有实际操作能力的产业人才。

6. 休闲旅游服务业发展建议

优化及完善区内的湿地资源与基础设施建设，开通粤港澳国际邮轮服务。以中国香港和澳门为门户，积极吸引外商在南沙投资、管理酒店餐饮、娱乐场所和旅游服务，共同开发具有海滨休闲、原生态、水乡一体化特点的旅游文化景点，促进粤港澳电子商务及物流配套性产业的建设。

（审稿　栾俪云）

就 业 篇

Labor Employment

B.21

2013 年广州市城镇单位人员
需求情况分析

广州市统计局人口和社会科技处 咨询中心课题组*

摘　要：

为掌握 2013 年广州市城镇单位人员的需求情况，广州市统计局组织开展了"城镇就业人员变动和新增就业岗位需求情况"调查。根据调查数据，本文对全市 2013 年城镇单位人员需求状况及其特点进行了分析，并提出解决对策。

关键词：

广州市　城镇单位　人员需求情况

一　人员需求的总量

调查数据显示，2013 年广州城镇机关、企事业单位（简称城镇单位，下

---

* 课题组成员：孙晓茵、梁汉学、倪静、乐晶、陈朝阳；执笔：乐晶、陈朝阳。

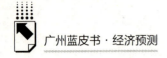

同。不包括个体工商户和私营企业）用人需求总量比上年有所减少。全市调查的共 16667 个城镇单位中，2013 年预计用人需求总量为 18.52 万人，比 2012 年用人需求量减少 1.12 万人，下降 5.7%。

二 人员需求的行业分布

（一）第三产业人员需求量有所增加，需求总量超过第二产业

从三次产业看，2013 年第三产业人员需求量最多，为 9.74 万人，占人员总需求的 52.6%；其次为第二产业，需求量为 8.74 万人，占 47.2%；第一产业需求量最少，为 376 人，仅占 0.2%（见表 1）。

2013 年，第三产业人员需求量增长迅速，需求总量首次超过了第二产业，人员需求比重从上年的 49.3% 提高到 52.6%。而第二产业人员需求量持续下降，比上年减少 1.14 万人，同比下降 11.5%，占总需求的比重从上年的 50.3% 下降到 47.2%。

（二）制造业仍然是广州市用工需求最大的行业

调查数据显示，2013 年广州市制造业需 7.97 万人，占全市人员需求量的 43.0%，远高于其他 18 个行业。第二产业从业人员的需求量中 91.1% 来自制造业。与上年相比，制造业需求人数减少了 1.13 万人，同比下降 12.4%。制造业占人员总需求量的比重比上年下降 3.3 个百分点。

（三）第三产业中批发和零售业的人员需求量最大

2013 年，全市批发和零售业人员需求总量 2.10 万人，占全市总需求量的 11.3%，占第三产业需求量的 21.6%，是第三产业中需求量最大的行业。与上年相比，批发和零售业需求人数增加 3825 人，同比增长 22.3%，在人员总需求量中的比重比上年上升 2.6 个百分点。居民服务业和其他服务业，交通运输、仓储和邮政业两个行业的需求量在第三产业中分列第二位和第三位。

（四）居民服务和其他服务业，科学研究、技术服务和地质勘查业及房地产业等三个行业的人员需求量增长最快

19 个行业中，2013 年有 10 个行业的人员需求量比上年有所增加，且大部分来自第三产业。其中居民服务和其他服务业的需求量比上年增加 4042 人，同比增长 54.3%，增长幅度最大；科学研究、技术服务和地质勘查业的人员需求量比上年增加 1358 人，同比增长 52.3%，增速排在第二位；房地产业的需求量比上年增加 963 人，同比增长 42.4%，增速排在第三位。

（五）水利、环境和公共设施管理业，租赁和商务服务业及农林牧渔业等三个行业的人员需求量大幅下降五成以上

调查数据显示，2013 年水利、环境和公共设施管理业，租赁和商务服务业，农林牧渔业三个行业的人员需求量与上年相比大幅下降，下降幅度超过五成，分别下降 66.2%、52.9% 和 52.5%，人员需求量分别比上年减少 1633 人、4076 人和 416 人，是 19 个行业中需求量下降幅度最大的三个行业。

表 1　2013 年广州市城镇单位人员需求的行业结构

单位：人，%

行　业　类　别	需求人数	比重	需求人数同比增速
第一产业	376	0.2	-52.5
1. 农林牧渔业	376	0.2	-52.5
第二产业	87430	47.2	-11.5
2. 采矿业	405	0.2	-33.9
3. 制造业	79660	43.0	-12.4
4. 电力燃气及水的生产和供应业	1995	1.1	-2.8
5. 建筑业	5370	2.9	2.8
第三产业	97409	52.6	0.7
6. 交通运输、仓储和邮政业	10488	5.7	-13.4
7. 信息传输、计算机服务和软件业	6055	3.3	5.0
8. 批发和零售业	20998	11.3	22.3

续表

行 业 类 别	需求人数	比重	需求人数同比增速
9. 住宿和餐饮业	9962	5.4	3.1
10. 金融业	7647	4.1	-28.2
11. 房地产业	3232	1.7	42.4
12. 租赁和商务服务业	3622	2.0	-52.9
13. 科学研究、技术服务和地质勘查业	3957	2.1	52.3
14. 水利、环境和公共设施管理业	834	0.5	-66.2
15. 居民服务和其他服务业	11487	6.2	54.3
16. 教育	6517	3.5	13.5
17. 卫生、社会保障和社会福利业	8638	4.7	2.5
18. 文化、体育和娱乐业	1519	0.8	29.2
19. 公共管理和社会组织	2453	1.3	-31.1
合　计	185215	100	-5.7

三　人员需求的职业分布

（一）生产、运输设备操作人员及有关人员需求量最大，办事人员和有关人员需求量有所上升

从调查的六大类职业来看，2013年生产、运输设备操作人员及有关人员的需求量最大，为6.75万人，占需求总量的36.4%；其次是商业、服务业人员，需求5.15万人，占27.8%；再次是专业技术人员，需求4.30万人，占23.2%（见表2）。商业、服务业人员在总需求中的比重有所上升（上升6.9个百分点），专业技术人员和生产、运输设备操作人员及有关人员的比重均有所下降（分别下降8.1个和4.3个百分点）。

与上年相比，办事人员和有关人员及商业、服务业人员的需求量有所增加，其中办事人员和有关人员的增幅最大，比上年增长32.5%，需求量增加4491人；商业、服务业人员的需求量也有一定增长，同比增长25.3%。

表 2 2013 年广州市城镇单位人员需求的职业类别结构

单位：人，%

职 业 类 别	所需人数	比重	需求人数同比增速
专业技术人员	42962	23.2	-30.0
办事人员和有关人员	18296	9.9	32.5
商业、服务业人员	51500	27.8	25.3
农林牧渔水利业生产人员	143	0.1	-40.2
生产、运输设备操作人员及有关人员	67452	36.4	-15.6
其 他	4862	2.6	—
合　计	185215	100	-5.7

（二）在生产、运输设备操作人员及有关人员中，简单体力劳动人员需求最多

调查结果显示，2013 年，在生产、运输设备操作人员及有关人员中，简单体力劳动人员的需求量最大，为 2.12 万人，占生产、运输设备操作人员及有关人员类需求数量（6.75 万人）的 31.4%，占人员需求总量的 11.4%，居各职位需求量之首。此外，裁剪缝纫、鞋帽制作、橡胶和塑料制品生产、玩具制作、纺织针织印染等职位的需求量也较大，其中裁剪缝纫人员需求量为 8118 人，占生产、运输设备操作人员及有关人员的 12.0%；鞋帽制作、橡胶和塑料制品生产和玩具制作人员的需求量分别为 3984 人、3568 人和 3325 人，分别占该类人员需求的 5.9%、5.3% 和 4.9%；此外，纺织、针织、印染人员和电子器件制造人员的需求量分别为 2630 人和 2424 人，分别占 3.9% 和 3.6%（见表 3）。

（三）商业、服务业人员中，其他商业、服务业人员需求量最大

2013 年，其他商业、服务业人员的需求量居各职业需求量的第二位，达 1.52 万人，占商业、服务业人员类需求量（5.15 万人）的 29.5%。此外，餐厅服务人员、营业人员、公路道路运输服务人员及司机等职位的需求量在本类职业中分列第二、第三、第四位（见表 3）。

（四）专业技术人员中，建筑工程技术人员需求量大

调查结果显示，2013 年全市所需各类专业技术人员中，建筑工程技术、护理、保险、教育、医师等职位需求较大。其中建筑工程技术人员需求 4376 人，占专业技术人员需求总量的 10.2%；护理人员需求 3701 人，占 8.6%；保险业务人员需求 3576 人，占 8.3%；在本类人员需求量中位列前三。此外，高等教育教师和西医医师等职位的需求也较多（见表 3）。

表 3　2013 年人员需求量居前 20 位的职业结构

单位：人，%

职　　业	需求数量	占人员需求总量的比重
简单体力劳动人员	21169	11.4
其他商业、服务业人员	15222	8.2
餐厅服务人员	12098	6.5
其他办事人员和有关人员	8127	4.4
裁剪缝纫人员	8118	4.4
营业人员	7129	3.8
建筑工程技术人员	4376	2.4
鞋帽制作人员	3984	2.2
护理人员	3701	2.0
保险业务人员	3576	1.9
橡胶和塑料制品生产人员	3568	1.9
治安保卫人员	3522	1.9
玩具制作人员	3325	1.8
高等教育教师	3281	1.8
公路、道路运输服务人员及司机	3271	1.8
行政事务人员	2957	1.6
行政业务人员	2650	1.4
西医医师	2631	1.4
纺织、针织、印染人员	2630	1.4
电子器件制造人员	2424	1.3
合　　计	117759	63.5

（五）办事人员和有关人员需求量主要集中在治安保卫与行政事务、业务人员方面

在办事人员和有关人员类别中，2013 年需求量最大的是其他办事人员和有关人员，需求量为 8127 人，占本类人员需求总量（1.83 万人）的 44.4%；其次是治安保卫人员，需求量为 3522 人，占 19.2%；再次为行政事务人员和行政业务人员，需求量分别为 2957 人和 2650 人，分别占 16.2% 和 14.5%（见表 3）。

四　人员需求的地区、经济类型分布

（一）萝岗区用人需求总量继续保持全市第一，南沙、白云和天河需求量增长较快

调查数据显示，2013 年萝岗区和越秀区的人员需求量最多，分别达 3.35 万人和 3.15 万人，占全市人员需求总量的比例分别为 18.1% 和 17.0%；白云区和天河区的人员需求量分列第三位和第四位，分别为 2.58 万人和 2.47 万人，占全市需求总量的 13.9% 和 13.4%。萝岗区用人需求量 2010 年以来已经连续四年居全市各区人员需求量第一位（见表 4）。

表4　2013 年广州市城镇单位人员需求的地区分布

单位：人，%

区　域	人员需求量	需求量占全市比重	需求人数同比增速
荔湾区	6125	3.3	-7.5
越秀区	31530	17.0	-1.6
海珠区	13009	7.0	0.3
天河区	24737	13.4	20.6
白云区	25837	13.9	22.0
黄埔区	4221	2.3	-35.9
番禺区	19998	10.8	10.5
花都区	3611	1.9	-2.2
南沙区	10558	5.7	35.9

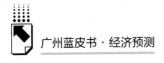

续表

区 域	人员需求量	需求量占全市比重	需求人数同比增速
萝岗区	33458	18.1	-36.3
增城市	7403	4.0	-19.3
从化市	4728	2.6	-9.1
总 计	185215	100	-5.7

与上年相比,南沙区的用人需求量增长最大,为35.9%,其次是白云区和天河区,分别增长22.0%和20.6%;此外,虽然萝岗区的人员需求绝对量最大,但较上年还是有所下降,降幅为36.3%;值得引起关注的是黄埔区,人员需求量连续两年均有所下降,2013年下降35.9%。

(二)其他内资企业用人需求量在各类型企业中最多,且增幅最大

按单位所属的经济类型划分,2013年其他内资企业人员需求量最多,达5.76万人,占人员需求总量的31.1%,人员需求量比上年增长28.7%。外商投资企业、港澳台商投资企业和国有企业的人员需求量分别居第二、第三、第四位,需求量分别为4.35万人、4.21万人和3.82万人,占全市总需求量的23.5%、22.7%和20.6%;上述4类企业的用人需求量合计占全市97.9%。

与上年相比,其他内资企业、集体企业用人需求量有所增加,同比分别增长28.7%和9.5%;外商投资企业、国有单位、港澳台商投资企业人员需求量则有所减少,其中外商投资企业和国有单位人员需求量有所下降,同比分别下降22.6%和18.0%(见表5)。

表5 2013年广州市城镇单位人员需求的单位类型结构

单位:人,%

项 目	人员需求量	需求量占全市比重	需求人数同比增速
国有单位	38177	20.6	-18.0
集体企业	3782	2.1	9.5
其他内资企业	57617	31.1	28.7
港澳台商投资企业	42132	22.7	-7.3
外商投资企业	43507	23.5	-22.6
总 计	185215	100	-5.7

五 人员需求的素质构成

（一）近七成职位对人员学历有要求

2013 年城镇单位计划招录的 18.52 万个职位中，70.5%（13.06 万个）的职位对学历有要求，29.5%（5.46 万个）的职位对学历无要求。其中，17.4%（3.22 万个）的职位要求高中、中专、中技学历；15.8%（2.92 万个）的职位要求大专学历，37.4%（6.92 万个）的职位要求具有本科及以上学历。

与上年相比，各种学历人员需求比例均有所增加，其中要求具有大学本科及以上学历的人员需求比例增加 1.0 个百分点；大专学历以及高中、中专、中技学历的人员需求比例分别增加 0.2 个和 0.1 个百分点（见图 1）。

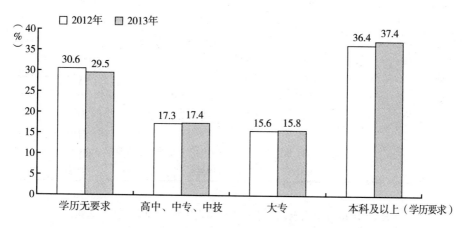

图 1 近两年来广州市城镇单位用人需求的学历要求比重变化

1. 简单体力劳动人员，其他商业、服务业人员和其他办事人员和有关人员 3 个职业对本科及以上学历人员的需求量最大

调查数据显示，2013 年本科及以上学历人员需求量中，简单体力劳动人员的需求量排第一位，为 1.22 万人，其他商业、服务业人员和其他办事和有关人员分别需 8141 人和 5893 人，分别排第二位和第三位，这三类人员的需求量占该学历人员需求总量的 37.9%。

大专学历人员需求量中，餐厅服务人员、保险业务人员和其他商业服务业人员居前3位，该学历人员需求量分别为3019人、2494人和2195人，占该学历人员需求总量的26.3%（见表6）。

2. 教师、金融、保险等各类专业技术职业对人员的学历要求普遍较高

表7列出了2013年各职业类别人员需求总量中本科及以上学历人员需求量的比重在90%以上的职业，在36个职业的2013年计划招录人员中，九成以上要求具有本科及以上学历。

表6　本科及以上、大专学历人员需求量前十位职业

单位：人

本科及以上学历人员			大专学历人员		
职业	本科及以上	应届生	职业	大专	应届生
简单体力劳动人员	12230	8382	餐厅服务人员	3019	1297
其他商业、服务业人员	8141	5911	保险业务人员	2494	235
其他办事人员和有关人员	5893	4650	其他商业、服务业人员	2195	1177
高等教育教师	3268	1055	营业人员	1849	898
西医医师	2563	1290	护理人员	1627	908
建筑工程技术人员	2508	1570	简单体力劳动人员	1540	1319
行政事务人员	2150	905	航空运输服务人员	1352	327
银行业务人员	2065	1434	推销人员	1162	562
餐厅服务人员	1839	977	其他办事人员和有关人员	1009	532
护理人员	1800	1204	日用机电产品维修人员	802	500

表7　2013年本科及以上学历人员需求比例在90%以上的职业

单位：人，%

排位	职业	本科及以上人员需求量	占该职业总需求量的比重	排位	职业	本科及以上人员需求量	占该职业总需求量的比重
1	高等教育教师	3268	99.6	19	林业工程技术人员	28	90.3
2	西医医师	2563	97.4	20	考古及文物保护工作人员	27	100
3	银行业务人员	2065	98.9	21	特殊教育教师	19	95
4	中等职业教育教师	737	92.6	22	乐器演奏员	17	94.4

续表

排位	职 业	本科及以上人员需求量	占该职业总需求量的比重	排位	职 业	本科及以上人员需求量	占该职业总需求量的比重
5	中学教师	753	98	23	律师	15	93.8
6	铁路、地铁运输机械设备操作及有关人员	600	96	24	编导音乐指挥人员	12	92.3
7	地质勘探工程技术人员	214	94.3	25	电信通信传输业务人员	11	100
8	民用航空工程技术人员	135	98.5	26	物流师	9	90
9	证券业务人员	112	100	27	播音员及节目主持人	6	100
10	铁路工程技术人员	103	97.2	28	地震工程技术人员	4	100
11	审计人员	98	100	29	环境监测人员	4	100
12	记者	68	100	30	矿山工程技术人员	3	100
13	书记员	57	98.3	31	农林专用机械操作人员	3	100
14	检察官	48	100	32	仪器仪表装配人员	2	100
15	气象工程技术人员	45	100	33	文物保护作业人员	2	100
16	计算机硬件开发人员	36	90	34	邮政工程技术人员	1	100
17	新材料研发人员	36	90	35	营养配餐人员	1	100
18	翻译	29	93.5	36	水土保持作业人员	1	100

在这 36 个职业中，有 28 个为专业技术人员类职业，占 77.8%，4 个为生产、运输设备操作人员及有关人员类职业（占 11.1%），2 个为农林牧渔水利业生产人员（占 5.6%），商业服务业人员、办事人员和有关人员类职业分别有 1 个，占 2.8%。由此可见，专业技术人员类职业对人员的学历要求更高。其中，工程技术人员、教师（特别是高等教育教师）、西医医师、银行业务人员等职业不仅需求量大，而且普遍需要高学历人员。

简单体力劳动人员这一职业，受人员需求总量较大的影响，虽然只有 6.6% 的职位要求具备本科及以上学历，但人员需求绝对量仍然占据了第一位。

3. 保险业务人员、航空运输服务人员等职业对大专学历人员的需求度高，且需求量大

从各职业对大专学历人员的需求比例来看，表 8 中的 13 个职业对大专学历人员的需求度较高，其中保险业务人员、航空运输服务人员两个职业的人员需求量较大，对大专学历人员的需求量也相应较大。

表8 2013年大专学历人员需求比例在60%以上的职业

单位：人，%

排位	职　　业	大专学历人员需求量	占该职业总需求量的比重
1	消防人员	1	100.0
2	供水、供热及生活燃料供应服务人员	120	100.0
3	河道、水库管养人员	3	100.0
4	影视制品制作人员	1	100.0
5	雕刻工艺品制作人员	2	100.0
6	美术品制作人员	1	100.0
7	家畜饲养人员	15	93.8
8	烟草及其制品加工人员	215	93.5
9	拍卖、典当及租赁业务人员	9	90.0
10	航空运输服务人员	1352	78.8
11	商品监督和市场管理人员	8	72.7
12	保险业务人员	2494	69.7
13	饮料生产加工人员	30	66.7

4. 服务业、制造业对人员学历要求不高，商业、服务业对高中（中专、中技）学历人员需求量大

2013年广州市城镇单位需求人员要求具有高中（含中专、中技）学历的职位主要集中在一般性服务业和电子制造业，其中餐厅服务人员、营业人员和其他商业、服务业人员组成的一般性服务业共需1.05万人，占该学历人员需求总量的32.6%；公路道路运输服务人员及司机、社会中介服务人员等商业、服务业职业对高中（含中专、中技）学历人员的需求量也较大。

对人员学历无要求的职位主要集中在传统制造业，包括裁剪缝纫人员、简单体力劳动人员、鞋帽制造人员、玩具制作人员、橡胶和塑料制品生产人员和纺织针织印染人员，这6类制造业岗位共需2.38万人，占该类人员需求总量的43.6%（见表9）。

表9　2013 年高中（含中专、中技）、学历无要求人员需求量前十位职业

单位：人

高中(含中专、中技)学历人员			学历无要求人员	
职　业	高中(中专、中技)	应届生	职　业	人数
餐厅服务人员	5556	1068	裁剪、缝纫人员	7270
营业人员	2972	704	简单体力劳动人员	4964
其他商业、服务业人员	2014	402	鞋帽制作人员	3808
公路、道路运输服务人员及司机	1946	135	玩具制作人员	3305
简单体力劳动人员	1106	143	其他商业、服务业人员	2872
治安保卫人员	973	18	橡胶和塑料制品生产人员	2852
电子器件制造人员	956	130	治安保卫人员	2347
基础件、部件装配人员	947	558	餐厅服务人员	1684
纺织、针织、印染人员	850	472	纺织、针织、印染人员	1577
裁剪、缝纫人员	823	40	营业人员	1425

5. 不同地区对人员的学历要求不同

2013 年广州市城镇单位要求人员具有本科及以上学历的地区主要集中在萝岗区、天河区、海珠区和越秀区，分别需 2.79 万人、1.16 万人、5003 人和 1.08 万人，合计占全市该学历人员总需求量的 80.0%，占 4 个区人员需求总量的 53.9%，即这 4 个区域 2013 年计划招录的人员中超过一半需具有本科及以上学历。

对需求人员没有学历限定的地区则主要集中在番禺区和白云区，南沙区对无学历人员的需求也较多，3 个区域分别需 1.15 万人、1.14 万人和 7033 人，合计约 3 万人，占全市该类人员需求总量的 55.0%。

从不同区域企业对本科及以上学历、无学历两类人员的需求比例来看，萝岗区八成以上的职位要求具备本科及以上学历，南沙区对本科及以上学历人员的需求比例则不到一成；另一方面，番禺区、增城区、南沙区等 3 个区域的人员总需求中，均有超过一半对人员没有学历要求，其中比例最高的为南沙区（见表10）。

广州高新技术产业聚集的萝岗、天河区对人员有更高的素质要求，而传统工业聚集的番禺区、南沙区和工业相对欠发达的增城、从化市等区域对人员的素质要求则相对较低。

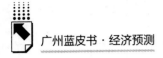

表10　2013 年不同区域企业对高学历人员和无学历人员的需求结构

单位：%

区　域	本科及以上学历人员		无学历人员	
	比重	排位	比重	排位
荔湾区	26.4	6	30.4	8
越秀区	34.4	4	14.7	11
海珠区	38.5	3	16.4	10
天河区	46.8	2	18.8	9
白云区	16.6	10	44.3	5
黄埔区	26.0	7	40.0	6
番禺区	12.6	11	57.7	3
花都区	28.0	5	32.7	7
南沙区	9.4	12	66.6	1
萝岗区	83.3	1	—	12
增城市	18.7	9	59.2	2
从化市	19.7	8	45.1	4
全　市	37.3	—	28.4	—

6. 国有单位对高素质人员的需求比例最高

从不同注册类型的单位来看，国有单位对高素质人员的需求比例在五类单位中最高（见表11）。2013 年，在 3.82 万国有单位的人员需求总数中，需本科及以上学历 2.54 万人，占 66.5%；需大专学历 6867 人，占 18.0%。外商投资企业和其他内资企业对高素质人员的需求量也较大，分别需大学本科及以上学历人员 1.50 万人和 1.94 万人，分别占其人员需求量的 34.6% 和 33.7%。

表11　2013 年不同类型单位对不同学历人员的需求结构

单位：%

项　目	本科及以上学历人员比重	大专学历人员比重	无学历人员比重
国有企业	66.5	18.0	7.5
集体企业	15.3	5.9	65.4
其他内资企业	33.7	19.8	24.3
港澳台商投资企业	20.8	9.5	49.0
外商投资企业	34.6	15.5	29.2
全　市	37.3	15.8	28.4

集体企业、港澳台商投资企业对聘用人员的学历需求相对较低，无学历要求的人员数分别占各自类别需求总人数的 65.4% 和 49.0%。

（二）全市对人员的职称及职业技能需求保持稳定，近六成职位对人员职称及技术等级有要求

调查数据显示，2013 年全市 18.52 万个职位中，有 10.96 万个职位对职称资格和技术等级有要求，占需求总量的 59.2%，需求比例保持稳定。

具体来看，全市需具备职称的人员 6.28 万人，占全市需求人员总量的 33.9%。其中，中级及以上职称需 1.34 万人，占职称人员需求总量的 21.3%；初级职称需 4.94 万人，占 78.7%。

职业技能方面，全市需具备职业技能的人员 4.68 万人，占全市需求总量的 25.3%。其中，技师及以上人员需 2.14 万人，高级工需 8272 人，中级工及以下人员需 1.72 万人，分别占具备技术等级人员需求总量的 45.7%、17.7% 和 36.8%。

从近三年广州市各单位对具备各等级职称及职业技能人员的需求比例来看，对具有各类职业技能人员的需求渐趋稳定，对具有中级职称及以上人员的需求比例有所增加，对具有初级职称人员的需求比例显著上升（见图2）。

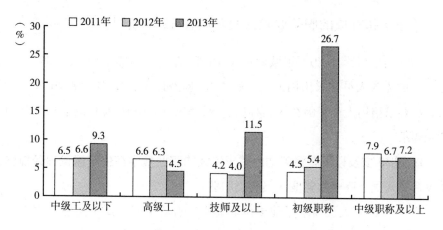

图2　近三年来城镇单位用人需求的职称技术等级要求变化

1. 专业技术人员类职业对具备中级及以上职称的人员需求量最大

2013 年对职称资格有一定要求的职业类型主要来自专业技术人员，其中

要求具备中级及以上职称的人员需求量为 5986 人，占职称资格人员需求总量（1.34 万人）的 44.7%。

对技术等级有要求的职业类型主要为生产运输设备操作人员及有关人员。其中要求技师及以上 9518 人，高级工 3262 人，中级工及以下 8360 人，分别占职业技能需求总量（4.68 万人）的 20.3%、7.0% 和 17.9%。

2. 萝岗区对人员职称资格和技术等级要求较高

分区域来看，萝岗区对具备职称和职业技术等级的人员需求量更大。2013 年萝岗区单位需具有中级及以上、初级职称人员 4.53 万人，占全市职称资格人员需求总量（6.28 万人）的 72.1%；需具有技师及以上、高级工技术等级人员 2.58 万人，占全市该类技术等级人员需求总量（2.96 万人）的 87.2%。

3. 国有单位对具备中级及以上职称人员的需求量最大

从单位的注册类型来看，国有单位对人员的职称要求较高。2013 年国有单位需中级及以上职称人员 4788 人，占有职称资格人员需求总量（1.34 万人）的 35.7%。

外商投资企业和其他内资企业对人员的技术等级要求较高。两类企业的人员总需求中，分别有 30.8% 和 25.2% 的职位对技能等级有要求。

（三）超五成的职位要求人员年龄在 35 岁及以下

调查结果显示，2013 年城镇单位 18.52 万的人员需求中，53.0%（9.82 万人）的需求人员要求招用人员年龄在 35 岁及以下；4.7%（8776 人）的需求人员要求招用人员年龄在 35 岁以上；41.5%（7.68 万人）的需求人员对年龄无要求。

1. 对 35 岁及以下年轻劳动力需求量大的职业集中在生产运输设备操作人员及有关人员、商业服务业人员两类职业

35 岁及以下人员需求量前十位职业中，有三个职业属于商业、服务业人员类，三个属于生产、运输设备操作人员及有关人员类，三个为专业技术人员类，还有一个属于办事人员和有关人员类。其中其他商业、服务业人员和餐厅服务人员对年轻劳动力需求量最大，其次是简单体力劳动人员和营业人员等。

35 岁以上人员需求量大的前十位职业中，有四个是商业、服务业类职业，三个是专业技术人员类职业，三个属于生产、运输设备操作人员及有关人员类职业。本类人员需求量前三位分别是营业人员，公路、道路运输服务人员及司机和高等教育教师。

无年龄限制职业排在前三位的依次是简单体力劳动人员，其他商业、服务业人员和其他办事人员和有关人员。

从以上结果可以看出，对年轻劳动力需求较大的主要集中是制造业和服务业；教育行业、各类技术工种等专业技术人员类职业对中年以上劳动力的需求相对较大；对劳动力需求较大且没有年龄限制的职业主要集中在制造业、服务业和教育行业（见表 12）。

表 12　2013 年 35 岁及以下、35 岁以上和对年龄无要求的前 10 位职业

单位：人

35 岁及以下		35 岁以上		年龄无要求	
职业	人数	职业	人数	职业	人数
其他商业、服务业人员	7686	营业人员	1036	简单体力劳动人员	14357
餐厅服务人员	7464	公路、道路运输服务人员及司机	692	其他商业、服务业人员	7178
简单体力劳动人员	5221	高等教育教师	582	其他办事人员和有关人员	6078
营业人员	5100	简单体力劳动人员	417	裁剪缝纫人员	5800
保险业务人员	2972	其他商业、服务业人员	358	餐厅服务人员	4441
鞋帽制作人员	2868	建筑工程技术人员	342	玩具制作人员	3300
护理人员	2783	裁剪缝纫人员	283	橡胶和塑料制品生产人员	1787
建筑工程技术人员	2355	银行业务人员	229	治安保卫人员	1695
裁剪缝纫人员	2035	物业管理人员	210	建筑工程技术人员	1679
行政事务人员	1856	橡胶和塑料制品生产人员	210	包装人员	1353

（四）超过七成半的职位对就业人员来源地不设限制

2013 年在全市 18.52 万的人员需求量中，77.1%（14.27 万人）对人员的来源地不设限制；11.3%（2.09 万人）需本市户口；11.7%（2.16 万人）需

广州市外人员。七成以上职位对就业人员来源地没有限制,外地人员和本市户籍人员的需求量比较接近。

从近三年的调查结果来看(见图3),城镇单位对本市户籍人员和外地人员的需求总体呈下降趋势,没有户籍限定的人员需求数量持续上升,可见,来源地对单位招用人员的影响越来越小。

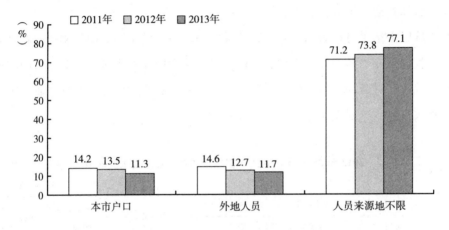

图3 近三年城镇单位用人来源地要求变化

六 存在的问题

存在的问题主要体现在对劳动力的需求量有所减少。2013年广州市城镇单位人员预计需求总量为18.52万人,与2012年相比,用人需求量减少1.12万人,同比下降5.7%。其中第二产业除了建筑业外,其他行业的人员需求量均有所下降;第三产业中水利、环境和公共设施管理业,租赁和商务服务业,金融业以及交通运输、仓储和邮政业等行业人员需求量有所下降,特别是前三个行业,需求量分别下降66.2%、52.9%和28.2%。制造业人员需求量的下降是经济结构调整升级的必然结果,第三产业人员整体需求量同比虽有所增长(增长0.7%),但其中一些行业的人员需求量下降显著。如何消化这些行业人员需求量减少对总体就业市场的影响,积极发展吸纳劳动力的各类服务业和新兴产业,是今后面临的一个现实问题。

七 建议

（一）积极扶持和大力发展第三产业，特别是各类服务业，创造就业岗位

第三产业特别是服务业，对劳动力的吸纳能力强，特别是批发零售业、住宿餐饮业等部分行业对劳动力的需求量大，且对劳动者的素质和学历要求相对较低，是扩大就业、解决第二产业转移劳动力就业的良好途径。此次调查结果显示，2013 年第三产业人员需求量较上年增长 0.7%，其中居民服务和其他服务业、房地产业以及批发和零售业的人员需求量分别增长 54.3%、42.4% 和 22.3%。因此，应继续扶持第三产业的发展，特别是与国民经济重点布局的先进制造业、高新技术产业相配套的生产性服务业，就业容量大、与经济发展和居民生活密切相关的商贸、金融、旅游、中介服务和社区生活服务业。

（二）完善就业服务政策，大力发展职业教育和技能培训

随着经济结构的转型升级，大量从制造业转移出来的劳动力，需要经过一定的培训才能重新适应新岗位的要求，因此大力发展职业教育和技能培训，能有效提高转移能力。此外，近几年的调查结果显示，本地相当部分职位对人员的职称和职业技能有所要求，因此，大力发展职业教育，提高劳动者素质，也是协调劳动力供需关系的有效途径。

（审稿 周凌霄）

B.22
关于广州市失业率的调查研究

广州市劳动就业服务管理中心

摘　要：

　　本文通过对广州市常住人口的抽样调查，分析了广州市居民就业基本情况及其特征，并提出了相应的对策建议。

关键词：

　　广州市　失业率　影响因素

　　为进一步掌握广州市就业形势，为公共就业服务提供数据和决策参考，2013年11月，广州市劳动就业服务管理中心开展了全市失业率调查工作，调查情况如下。

一　调查设计概述

　　本次调查的样本库由电信公司和市就业培训信息系统所提供，样本范围覆盖全市12个区（县级市），按照各区（县级市）常住人口比例以电话访问方式进行随机抽样调查。

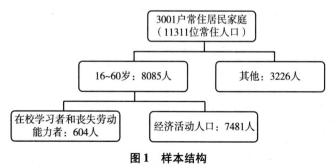

图1　样本结构

本次共调查了 3001 户常住居民家庭，涉及 11311 位常住人口（包括广州市户籍人口 5231 人和在广州居住满半年的非广州市户籍人口 2854 人），从中登记了 8085 位 16~60 岁家庭成员的个人资料和就业状况。在 8085 人中，包括在校学习者和丧失劳动能力者 604 人，经济活动人口（在业人员和失业人员的合计）7481 人。7481 是计算调查失业率和就业不足率的分母。

二　调查结论

（一）调查失业率为 4.85%，秋季招聘以来居民失业状况有所好转

通过甄别，发现有符合国家通行标准的失业人员[①] 363 人，常住人口调查失业率 = 363/7481 × 100% = 4.85%，比 2013 年 8 月的调查失业率（4.91%）降低了 0.06 个百分点，自秋季以来，企业招聘规模有所扩大，居民失业状况有所缓解（见图 1）。

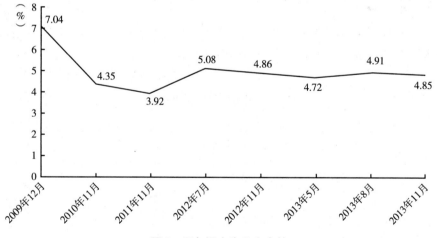

图 2　历年调查失业率走势

---

①　失业人员：具有广州市户籍或在广州居住满半年的 16~60 岁的常住居民（不包括在校学习者和丧失劳动能力者），只要在调查日前一周内没有为取得收入而工作了 1 小时以上的（不包括在职正休假、学习、临时停工或季节性失业人员），且同时满足以下三个条件即界定为失业人员：一是目前想工作的；二是在近三个月内寻找过工作的；三是如有合适的工作两周内能去工作的。

（二）外来流动人员的调查失业率明显低于本市户籍人员

外来流动人员（非广州市户籍且在穗居住满半年的人员）的调查失业率为1.54%，分别比2013年5月、2013年8月调查结果降低0.75个和1.23个百分点，低于本期本市户籍人员3.63个百分点，差距明显（见表1），表明外来流动人员在一定程度上能获得更多的就业机会，这与其在穗就业迫切性较强，就业期望值（包括工作环境、工作强度、劳动报酬等）相对较低密切相关。

（三）新成长劳动力的调查失业率仍居高位，大龄劳动力总体失业状况有所缓解

新成长劳动力（16～25岁）的调查失业率在2013年三期调查中都在7%以上，本期调查为7.10%（见表1），明显高于其他年龄段人员；大龄劳动力（46～60岁）为4.81%，自2013年8月起已连续两期回落至5%以下，表明大龄劳动力总体失业状况有所缓解，与市就业培训信息系统所掌握的数据"2013年11月就业困难人员再就业人数达111714人，比上年同期增加12000余人"吻合（就业困难人员多为大龄劳动力）。

表1　不同分组居民失业率情况

单位：%

不同分组		失业率	不同分组		失业率
不同户籍	广州市户口	5.17	不同年龄	16～25岁	7.10
	无广州市户口但在广州居住满半年	1.54		26～35岁	3.91
				36～45岁	4.43
不同受教育程度	小学及以下	5.87		46～60岁	4.81
	初中	5.98	不同性别	男	5.25
	高中/中专	4.85		女	4.45
	中技/高技	7.23	不同区域	老城区	5.26
	大专	4.39		郊区	4.32
	本科及以上	2.59		—	

（四）就业不足率略微上升，年龄、受教育程度是重要影响因素

甄别得出就业不足人员①175人，常住人口就业不足率 = 175/7481 × 100% = 2.34%，比8月调查的就业不足率（2.22%）提高了0.12个百分点。其中"46~60岁"在不同年龄分组中的就业不足率最高，"小学及以下"在不同受教育程度分组中的就业不足率也为最高，说明年龄、受教育程度是就业不足率的重要影响因素（见表2）。

表2 不同分组居民就业不足率情况

单位：%

不同分组		就业不足率	不同分组		就业不足率
不同户籍	广州市户口	2.33	不同年龄	16~25岁	2.05
	无广州市户口但在广州居住满半年	2.46		26~35岁	1.49
				36~45岁	2.55
不同受教育程度	小学及以下	3.95		46~60岁	2.91
	初中	2.96	不同性别	男	2.91
	高中/中专	2.56		女	1.77
	中技/高技	3.21	不同区域	老城区	2.30
	大专	1.24		郊区	2.39
	本科及以上	0.94		—	

（五）近六成全职料理家务者的年龄在40岁以上

在问及适龄劳动者因何种原因未做任何工作时发现，一成以上劳动者处于"半退休或离退休"，过半的劳动者正在"在校学习"（25.0%）和"料理家务"（26.4%）中，在校学习者当中有九成是在22岁以下，料理家务者当中

---

① 就业不足人员：具有广州市户籍或在广州居住满半年的16~60岁的常住居民（不包括在校学习者和丧失劳动能力者），只要在调查日前一周内平均每工作日工作不足5小时，且同时满足以下两个条件即界定为就业不足人员：一是在非自愿的情况下；二是在统计前三个月内有找寻更多工作，或即使没有找寻更多工作，但在统计前两周内可担任更多工作者。就业不足人员包括一周内完全没有工作或工作少于1小时的失业人士。

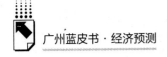

近六成是在 40 岁以上。说明 22 ~ 40 岁的劳动者较少存在主动失业；一定比例的 40 岁以上的适龄劳动者对就业的内在紧迫性减弱。

（六）人际关系和网络求职仍是劳动者寻找工作的主要途径

调查劳动者的求职方式时发现：以"委托亲友找工作"和"网络求职"的最多，分别占 25.0% 和 10.8%，说明上述两种方式的求职成效与其他求职方式相比最为显著，也广受大众欢迎。劳动者选择其他方式求职的依次为："参加招聘会"（6.3%）、"在职业介绍机构登记"（5.0%）、"媒体求职"（1.9%）、"创业"（1.1%）、"接受政府帮扶就业"（0.7%），还有 3.8% 的人通过其他途径寻找过工作。

（七）日均工作不足 5 小时的劳动者中，六成人没有再寻找任何兼职

在近七个工作日内平均每日工作 5 小时以上的有 5776 人，占经济活动人口（7481 人）的 77.21%，说明在岗人员工作时间饱满，较少出现开工不足的情况；在近七个工作日内平均每日工作不足 5 小时的有 175 人，其中六成人在不放弃原工作的情况下，在近三个月内没有采取任何方式寻找兼职或创造副业，更多人选择把时间花在家庭、学习、社交和娱乐上。

三 调查评价及对策建议

（一）调查评价

（1）随着调查的深入开展，单一的失业率和就业不足率已不能反映更多的就业失业状况，可考虑在以后的调查问卷中增加具体职业、周工作时间的具体数值调查等，以呈现更丰富的信息和动态。

（2）结合多期调查发现的结构性失业问题，可在适当的时间探索开展特定人群的专项调查，以增强调查的针对性和科学性。

（二）对策建议

（1）针对人力资源市场的结构性失业问题，应强化新成长劳动力、大龄劳动力的就业观念辅导、职业技能和创业技能培训工作。

（2）针对劳动者求职方式较单一的情形，政府及民间需充分发挥求职媒介功能，开拓通畅和多样的就业信息渠道，提高求职者的岗位对接成功率。

（3）目前国内外经济形势依然错综复杂，广州经济在稳增长的前提下更加注重产业结构的内部调整和升级，短期内对就业的拉动效应不明显，但劳动者的就业需求连年递增，整体就业形势不容乐观。人社部门应继续做好就业失业动态监测工作，做好各种公共就业服务工作，积极应对，有效疏导各方就业压力。

（审稿　周凌霄）

B.23
广州市工资与劳动生产率问题研究

国家统计局广州调查队课题组*

摘　要：

本文分析了广州 2000 年以来劳动者工资和劳动生产率的总体变动走势，对广州行业劳动生产率与工资增长的同步性潜力进行了分析，提出了一系列关于经济增长和收入分配问题的政策建议，以促进广州实质性跨越"中等收入陷阱"。

关键词：

工资　劳动生产率　中等收入陷阱

工资是劳动者收入中最主要的部分，劳动生产率是衡量一个地区经济发展的重要指标，研究工资和劳动生产率问题关系着社会经济能否可持续发展和民生幸福。本文分析了广州 2000 年以来劳动者工资和劳动生产率的总体变动走势，对广州工资与劳动生产率在国内和国际上所处的位置以及不同行业的劳动者工资和劳动生产率进行了比较，以期找出当前经济规模下，广州在经济增长和收入分配中存在的问题，并在此基础上有针对性地提出相关政策建议。

一　广州工资与劳动生产率总体情况

（一）广州工资水平情况

1. 名义工资水平总体呈上升趋势

工资是居民最主要的收入来源，从 2000～2012 年广州城镇非私营单位在

＊　课题组组长：贾景智；课题组成员：叶思海、陈炼、于荣荣、陈贝、胡丹丹；执笔：陈贝。

岗职工平均工资①看，总体呈上升趋势（见图1），由2000年的1.91万元上升至2012年的6.38万元，12年间增长了约2.3倍。

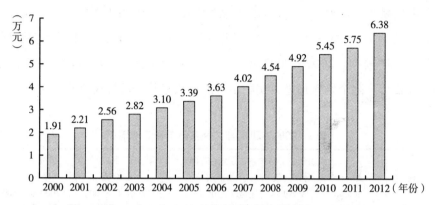

图1　2000～2012年广州城镇非私营单位在岗职工平均工资

从工资增幅看，2000～2012年② 12年间广州城镇非私营单位在岗职工平均工资年均增长10.6%，呈现出明显的阶段性特征：第一阶段为2000～2006年，广州平均工资增幅呈持续下降走势，从2000年的17.8%下降至2006年的7.3%；第二阶段为2007～2012年，年均增幅在10%左右，呈波动式回升走势（见图2）。

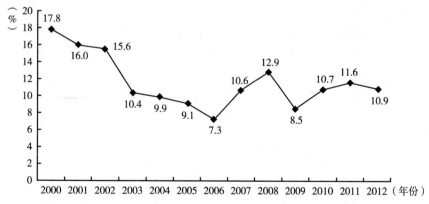

图2　2000～2012年广州非私营单位在岗职工平均工资增幅变动情况

---

① 受统计年鉴中劳动工资统计数据完整性影响，本文利用城镇非私营单位在岗职工平均工资近似作为广州的劳动者工资来进行分析，城镇非私营单位在岗职工平均工资在2011年以前为城镇单位职工平均工资。

② 2011年城镇非私营单位在岗职工年均工资指数按可比口径计算。

2. 实际工资水平增幅总体呈波动下降走势

将物价变动考虑在内（在此用广州居民消费价格指数代表广州物价变动水平进行测算），2000～2012年广州实际工资增长了约1.7倍（见表1）。由于12年来物价有10年保持上涨，因此这段时间广州实际工资增长率多数低于名义工资增长率。2000～2002年，实际工资增长率均能维持在15%以上，2003年以后，除个别年份外，实际工资的增长率基本维持在5%～10%。

表1　2000～2012年广州实际工资变动情况

年份	①工资（元）	②名义工资增长指数（%）	③居民消费价格增长指数（上年=100）	④=②/③实际工资增长指数（上年=100）	⑤实际工资增长指数（2000年=100）
2000	19091	117.8	102.8	114.6	100.0
2001	22141	116.0	98.9	117.3	117.3
2002	25583	115.5	97.6	118.4	138.8
2003	28237	110.4	100.1	110.3	153.1
2004	31025	109.9	101.7	108.0	165.4
2005	33853	109.1	101.5	107.5	177.8
2006	36321	107.3	102.3	104.9	186.5
2007	40187	110.6	103.4	107.0	199.5
2008	45365	112.9	105.9	106.6	212.7
2009	49215	108.5	97.5	111.3	236.6
2010	54495	110.7	103.2	107.3	253.9
2011	57473	105.5	105.5	100.0	253.8
2012	63752	110.9	103.0	107.7	273.4

（二）广州劳动生产率情况

1. 名义劳动生产率水平总体呈上升趋势

劳动生产率是衡量一个地区经济发展水平和生产力发展水平的核心指标。从广州劳动生产率总体水平来看，2000年为5.02万元，到2012年上升至18.04万元，12年间增长了2.6倍（见图3）。

从劳动生产率增幅的变动情况来看，2000～2012年广州劳动生产率平均增幅为11.2%，总体波动较大（见图4）。劳动生产率年增幅波动较大的原因

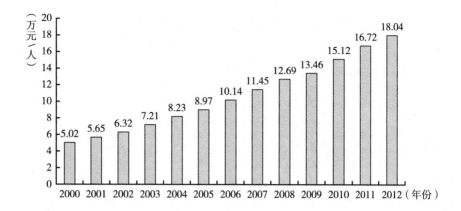

图 3　2000～2012 年广州劳动生产率发展

是多方面的，是经济发展环境、技术进步、劳动效率、产业结构变动等因素综合作用的结果。

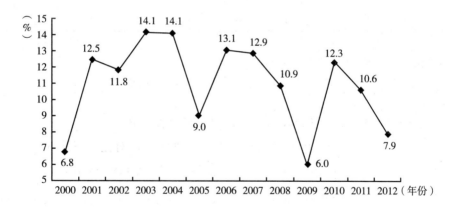

图 4　2000～2012 年广州劳动生产率增幅变动

2. 实际劳动生产率增幅低于名义劳动生产率增幅

以 2000 年广州 GDP 为计算基期，利用 GDP 增长率计算以 2000 年价格为基期的实际 GDP，测算出 2000～2012 年广州的实际劳动生产率情况（见表 2）。广州的年均劳动生产率从 2000 年的 5.02 万元/人增长至 2012 年的 14.67 万元/人，12 年来增长了约 1.9 倍。从波动幅度来看，广州实际劳动生产率增幅波动幅度小于名义劳动生产率，但两者基本呈同向走势。

表2　2000～2012 年广州实际劳动生产率变动情况

年份	GDP 增长指数	实际 GDP (亿元)	从业人员(人)	年均劳动生产率 (万元/人)	实际劳动生产率增长指数 (上年＝100)	实际劳动生产率(2000 年＝100)
2000	113.3	2492.74	4962579	5.02	—	100.0
2001	112.7	2809.32	5029338	5.59	111.2	111.2
2002	113.2	3180.15	5070216	6.27	112.3	124.9
2003	115.2	3663.54	5210706	7.03	112.1	140.0
2004	115.0	4213.07	5407087	7.79	110.8	155.1
2005	112.9	4756.55	5744550	8.28	106.3	164.8
2006	114.9	5465.28	5994973	9.12	110.1	181.5
2007	115.3	6301.46	6236312	10.10	110.8	201.2
2008	112.5	7089.15	6529045	10.86	107.5	216.2
2009	111.7	7918.58	6791495	11.66	107.4	232.1
2010	113.2	8963.83	7110695	12.61	108.1	251.0
2011	111.3	9976.74	7431755	13.42	106.5	267.3
2012	110.5	11024.30	7512997	14.67	109.3	292.1

（三）广州劳动生产率和工资水平的横向比较

1. 国内比较：劳动生产率较高，工资水平位居中游

将2011年广州劳动生产率与全国、广东省的数据对比（见表3）可知，广州劳动生产率分别高出全国和广东省10.70万元/人和7.79万元/人，是全国劳动生产率的2.8倍，广东省的1.9倍。与北京、上海、天津、重庆四个中心城市对比来看，上海和广州位居前两名，劳动生产率均超过16.5万元/人，北京和天津排在第三、第四名，劳动生产率均在15.0万元/人左右，重庆最低仅为6.3万元/人。

从城镇非私营单位在岗职工平均工资来看（见表4），2011年广州平均工资分别高出全国和全省1.5万元和1.2万元，是全国的1.4倍，广东省的1.3倍。与北京、天津、上海、重庆四个中心城市比较来看，居前两位的是上海和北京，年平均工资均超过7.5万元；广州和天津居第三、第四位，年平均工资在5.6万元左右；重庆最低，约为4万元。

表3　2011年广州与全国、省和其他中心城市劳动生产率对比

地区	地区生产总值(亿元)	从业人数(万人)	劳动生产率(元/人)	排名
广东	53210	5961	89267	—
北京	16252	1070	151930	3
天津	11307	763	148164	4
上海	19196	1104	173822	1
重庆	10011	1585	63157	5
广州	12423	743	167165	2
全国	472882	78579	60179	—

表4　2011年广州与全国、省和其他中心城市工资对比

单位：元

地　区	平均工资	排名	地　区	平均工资	排名
广　东	45152	—	重　庆	40042	5
北　京	75835	2	广　州	57473	3
天　津	55636	4	全　国	42452	—
上　海	77031	1			

可见，从全国范围看，广州的劳动生产率大幅度高于全国和全省平均水平，在国内中心城市相比中位居前列，工资水平在国内中心城市中处于中游。

2. 国际比较：广州劳动生产率、工资水平与部分东欧国家相当

为明确广州工资与劳动生产率在国家范围内所处的位置，我们利用汇率折算方法来进行国际对比[①]，通过与其他国家的横向比较，发现广州劳动生产率和工资水平在国际上所处的位置基本相吻合。

从表5可以看出，劳动生产率最高的国家是澳大利亚、美国和法国，人均超过10万美元。大多数发达国家劳动生产率在6万~9万美元。广州劳动生产率约为2.5万美元/人，和捷克、波兰和俄罗斯等东欧国家处于同一个水平，大致相当于美国的22%、日本的33%、韩国的54%。

---

① 进行国际比较的，最客观的是用购买力平价法来进行对比，但由于数据难以获得，故本文采用汇率折算法，此方法会存在低估国内劳动生产率水平的可能。

表5　广州与国际其他国家和地区劳动生产率对比

国家和地区	GDP(亿美元)	从业人数(万人)	劳动生产率(美元/人)
澳大利亚	12631.82	1125	112283
美　国	149913.00	13906	107805
法　国	26650.62	2576	103457
荷　兰	8055.52	837	96243
意大利	21092.51	2297	91826
加拿大	15423.95	1704	90516
德　国	34315.04	3974	86349
英　国	23628.46	2908	81253
西班牙	14327.74	1810	79159
日　本	48177.32	6256	77010
新西兰	1521.93	219	69495
韩　国	11051.27	2383	46375
捷　克	1860.84	490	37976
波　兰	4584.83	1613	28424
广　州	1882.00	751	25059
俄罗斯	16517.60	6979	23668
墨西哥	9921.96	4387	22617

注：由于汇率因素，以上数据为估算值。其中新西兰数据为2009年数据，澳大利亚、加拿大、日本、墨西哥为2010年数据，其他国家和地区为2011年数据。

由于没有平均工资指标的国际数据，为了便于比较，我们以人均劳动者报酬即劳动报酬总额除以全社会从业人员数近似代替平均工资来进行分析①。

从表6可以看出，人均劳动者报酬最高的国家是美国、法国和澳大利亚，超过5万美元。大多数发达国家人均劳动者报酬在3万~5万美元。广州约为1.06万美元，和捷克、俄罗斯和波兰等东欧国家处于同一个水平，大致为美国的20%、日本的30%、韩国的50%。

――――――――――

① 2000~2012年12年来广州人均劳动者报酬是城镇非私营单位在岗职工平均工资的1.07倍，可以近似代替。

表6　广州与国际其他国家和地区人均劳动者报酬对比

国家和地区	劳动者报酬（亿美元）	从业人数（万人）	人均劳动者报酬（美元）
美　　国	83032.00	13906	59709
法　　国	14248.99	2576	55314
澳大利亚	6003.99	1125	53369
荷　　兰	4092.50	837	48895
加 拿 大	8066.10	1704	47336
德　　国	17703.45	3974	44548
英　　国	12693.17	2908	43649
日　　本	24378.92	6256	38969
意 大 利	8911.12	2297	38795
西 班 牙	6788.79	1810	37507
新 西 兰	684.79	219	31269
韩　　国	4984.91	2383	20919
捷　　克	794.35	490	16211
俄 罗 斯	8220.92	6979	11780
广　　州	790.44	743.18	10636
波　　兰	1652.19	1613	10243
墨 西 哥	2799.07	4387	6380

注：由于汇率因素，以上数据为估算值。其中新西兰数据为2009年数据，澳大利亚、加拿大、日本、墨西哥为2010年数据，其他国家和地区为2011年数据。

二　广州工资与劳动生产率的比较分析

（一）近年来广州工资与劳动生产率保持较为平稳的关系

2000～2012年，广州平均劳动工资和劳动生产率均保持上升，12年来实际劳动工资增长约1.7倍，实际劳动生产率增长约1.9倍。为了客观反映两者之间的关系，现将表2中的实际劳动生产率增长指数（上年＝100）与表1中的实际工资增长指数（上年＝100）以及表2中的实际劳动生产率（2000年＝100）与表1中的实际工资增长指数（2000年＝100）两组数据进行对比（见表3），发现两组数据的变化数量和趋势密切相关，且保持相近的变化率。我们采用弹性分析方法进行观察，发现2001～2012年广州工资与劳动生产率保持了较为平稳的关系（见表7）。

表7　2001～2012年广州劳动生产率与实际工资增长率的弹性分析

年　份	2001	2002	2003	2004	2005	2006
Rp/实际 R_w	0.95	0.95	1.02	1.03	0.99	1.05
Rp/实际 R_w（2000 年 = 100）	0.95	0.90	0.91	0.94	0.93	0.97
年　份	2007	2008	2009	2010	2011	2012
Rp/实际 R_w	1.04	1.01	0.97	1.01	1.07	1.01
Rp/实际 R_w（2000 年 = 100）	1.01	1.02	0.98	0.99	1.05	1.07

（二）劳动生产率对工资具有时滞影响

为了验证劳动生产率对工资的影响程度，本文以广州2000～2012年总体劳动生产率（P）和工资（W）数据为基础建模，量化二者之间的关系。由于劳动生产率的提高会对工资产生持续的影响，在建模时需要考虑劳动生产率滞后项对工资的影响。具体做法是：首先通过相关分析确定滞后阶数，然后用阿尔蒙（Almon）变换定义新变量来减少解释变量个数，最后通过最小二乘法估计参数，得出分布滞后模型如下：

$$W = 0.57 + 0.23 \times P + 0.11 \times P(-1) + 0.06 \times P(-2)$$
$$t = (4.87) \quad (0.65) \quad (16.53) \quad (2.90)$$
$$\overline{R^2} = 0.9872$$

以上模型的 $\overline{R^2} = 0.9872$，说明生产率能在98%的可信度水平上通过 t 检验，模型拟合程度较高。模型显示劳动生产率对工资的影响存在滞后，即广州劳动生产率的提高会带动当期工资的上升，同时也存在两年的滞后性——劳动生产率提高的部分影响会在之后两年间反映在工资的提高上。

（三）广州单位劳动成本与发达国家相比差距较大

为了便于横向比较，本文引入"单位劳动成本"概念，即劳动者每生产一个单位的增加值所获得的收入比重，公式为：单位劳动成本 = 平均工资

（用人均劳动报酬代替）/劳动生产率。表 8 显示，从世界范围上看，美国单位劳动成本最高，达到 0.55；世界大多数发达国家单位劳动成本也在 0.5 以上。虽然广州的劳动生产率和人均劳动者报酬与捷克、意大利等国家差距较大，但单位劳动成本相当，为 0.42；比美国低约 0.13，比大多数发达国家低 0.08% 左右。

表8　广州与其他国家和地区单位劳动成本比较

国家和地区	劳动生产率（美元）	人均劳动者报酬（美元）	单位劳动成本
美　　国	107804.54	59709	0.55
英　　国	81253.30	43649	0.54
法　　国	103457.36	55314	0.53
加 拿 大	90516.15	47336	0.52
德　　国	86348.86	44548	0.52
荷　　兰	96242.75	48895	0.51
日　　本	77009.78	38969	0.51
俄 罗 斯	23667.58	11780	0.50
澳大利亚	112282.83	53369	0.48
西 班 牙	79158.80	37507	0.47
韩　　国	46375.44	20919	0.45
新 西 兰	69494.58	31269	0.45
捷　　克	37976.39	16211	0.43
意 大 利	91826.34	38795	0.42
广　　州	25059.00	10635	0.42
波　　兰	28424.25	10243	0.36
墨 西 哥	22616.74	6380	0.28

注：由于汇率因素，以上数据为估算值。其中新西兰数据为 2009 年数据，澳大利亚、加拿大、日本、墨西哥为 2010 年数据，其他国家和地区为 2011 年数据。

三　广州工资和劳动生产率的行业比较

（一）不同行业的平均工资差距较大

广州不同行业的平均工资差距明显。以 2012 年城镇非私营单位在岗职工平均工资为例①（见表9），金融业平均工资最高，人均达到15.8万元；科学研究、技术服务和地质勘查业，信息传输、计算机服务和软件业，交通运输、仓储和邮政业工资也较高，平均工资均超过9万元；而住宿和餐饮业、居民服务和其他服务业、农业②和工业等行业的平均工资仍然低于5万元。

表9　2004年与2012年广州各行业城镇非私营单位在岗职工平均工资情况

单位：万元，倍

行　业	2004年	2012年	2012年比2004年增长	行　业	2004年	2012年	2012年比2004年增长
农　业	1.75	4.05	1.32	租赁和商务服务业	2.86	6.17	1.15
工　业	2.14	4.88	1.28	科学研究、技术服务和地质勘查业	4.85	9.79	1.02
建筑业	2.27	5.52	1.43	水利、环境和公共设施管理业	2.52	5.26	1.09
交通运输、仓储和邮政业	3.40	7.25	1.14	居民服务和其他服务业	2.07	4.04	0.95
信息传输、计算机服务和软件业	6.39	9.72	0.52	金融业	6.01	15.81	1.63
批发和零售业	3.08	5.38	0.75	房地产业	2.43	5.49	1.26
住宿和餐饮业	1.89	3.34	0.77	文化、体育和娱乐业	4.00	7.63	0.91

从增长速度来看，2004~2012年③广州各行业平均工资都有不同程度的增长，其中增速最高的是金融业，从2004年的6万元增长至15.8万元，增长超过1.6倍；交通运输、仓储和邮政业，农业，工业，租赁和商务服务业，水利、环境和公共设施管理业以及科学研究、技术服务和地质勘查业平均工资增速也较高，增长均超过1倍。居民服务和其他服务业，文化、体育和娱乐业，住宿和餐饮业，批发和零售业，信息传输、计算机服务和软件业增幅较小，增

---

① 由于公共管理和社会组织、卫生、社会保障和社会福利业、教育业大体属于非营利性行业，不在本文讨论范围之内。
② 本文农业代表农、林、牧、渔业。
③ 2004年统计部门对广州各行业统计名称和统计口径做了调整，故本章的行业对比数据为2004~2012年。

长幅度没有超过100%。

为进一步了解广州各行业平均工资之间的差异情况，本文利用标准差、峰度和偏度这三个指标来进行探讨（见表10）。

表10　2004～2012年广州各行业平均工资差异情况

年份	2004	2005	2006	2007	2008	2009	2010	2011	2012
标准差	1.56	1.56	1.74	2.13	2.56	2.6	2.1	3.02	3.06
偏度	0.63	0.49	0.58	1.15	1.61	1.41	1.5	1.52	1.42
峰度	-0.97	-1.16	-0.79	1.45	2.61	2.13	2.12	2.53	2.94

从标准差看，各行业平均工资标准差从2004年的1.56增加到2012年的3.06，差距扩大约1倍，表明广州各行业平均工资水平差距在不断扩大。

从偏度看，各行业平均工资分布偏态系数从2004年的0.63上升至2012年的1.42，表明尽管广州平均工资不断提高，但部分低工资行业的工资水平增长较慢，与平均工资水平的差距正在拉大。

从峰度看，各行业平均工资分布峰度系数从2004年的-0.97上升到2012年的2.94，表明广州中等工资水平的行业数量有增多的趋势。

（二）不同行业劳动生产率差距较大

广州不同行业的劳动生产率差距也较大（见表11）。以2012年为例，劳动生产率最高的是金融业、租赁和商务服务业以及房地产业，均突破50万元。而农业、居民服务业和住宿餐饮业的劳动生产率均不足10万元。

从劳动生产率的增长速度来看，租赁和商务服务业增长最快，从2004年的17.2万元上升至2012年的69.9万元，增长超过3倍。此外，金融业，文化、体育和娱乐业，建筑业以及农业的劳动生产率也增长较快，超过1.5倍。

再从标准差、峰度和偏度这三个指标来进一步了解广州各行业劳动生产率之间的差异情况（见表12）。

从标准差看，各行业劳动生产率标准差从2004年的8.42增长到2012年的21.48，增长超过1.4倍，表明不同行业劳动生产率差距正在逐步扩大。

表11　2004年与2012年广州各行业劳动生产率情况

单位：万元，倍

行　业	2004年	2012年	2012年比2004年增长	行　业	2004年	2012年	2012年比2004年增长
农　业	1.30	3.30	1.54	租赁和商务服务业	17.22	69.89	3.06
工　业	9.19	16.74	0.82	科学研究、技术服务和地质勘查业	14.02	29.11	1.08
建筑业	6.21	16.90	1.72	水利、环境和公共设施管理业	10.57	16.59	0.57
交通运输、仓储和邮政业	18.32	23.28	0.27	居民服务和其他服务业	4.39	5.22	0.19
信息传输、计算机服务和软件业	21.07	34.73	0.65	金融业	27.02	77.10	1.85
批发和零售业	5.67	12.31	1.17	房地产业	32.03	52.99	0.65
住宿和餐饮业	4.16	8.49	1.04	文化、体育和娱乐业	13.96	39.96	1.86

表12　2004~2012年广州各行业劳动生产率差异情况

年份	2004	2005	2006	2007	2008	2009	2010	2011	2012
标准差	8.42	9.41	10.67	13.04	14.89	17.53	18.75	19.24	21.48
偏　度	0.97	1.22	1.13	1.44	1.88	1.86	1.99	1.24	1.29
峰　度	0.47	1.03	0.86	2.09	3.39	3.24	4.46	0.81	0.92

从偏度看，各行业劳动生产率分布偏态系数从2004年的0.97上升到2012年的1.29，表明尽管广州平均劳动生产率在不断提高，但部分低劳动生产率行业劳动生产率与平均劳动生产率的差距却在拉大。

从峰度看，各行业劳动生产率分布峰度系数从2004年的0.47上升到2012年的0.92，表明广州中等劳动生产率行业的数量有增多的趋势。

综观劳动生产率分布的偏态系数和峰度系数，可发现二者在2004~2010年均呈上升的趋势，但在2011年却骤降，2012年略有回升，表明与2011年之前相比，2011年后广州各行业劳动生产率差距有扩大的趋势。

（三）广州多数行业单位劳动成本有所下降

为了解各行业工资和劳动生产率的关系，可从"单位劳动成本"角度，观察各行业对劳动者要素的使用和投入情况，公式为：行业单位劳动成本 = 行业平均工资/行业劳动生产率（见表13）。

表13　2004年与2012年广州各行业单位劳动成本比较

行业	2004年	2012年	2012年比2004年增减	行业	2004年	2012年	2012年比2004年增减
农　业	1.34	1.23	-0.11	租赁和商务服务业	0.17	0.09	-0.08
工　业	0.23	0.29	0.06	科学研究、技术服务和地质勘查业	0.35	0.34	-0.01
建筑业	0.37	0.33	-0.04	水利、环境和公共设施管理业	0.24	0.32	0.08
交通运输、仓储和邮政业	0.19	0.31	0.12	居民服务和其他服务业	0.47	0.77	0.30
信息传输、计算机服务和软件业	0.30	0.28	-0.02	金融业	0.22	0.21	-0.01
批发和零售业	0.54	0.44	-0.10	房地产业	0.08	0.10	0.02
住宿和餐饮业	0.45	0.39	-0.06	文化、体育和娱乐业	0.29	0.19	-0.10

以2012年为例，广州各行业单位劳动成本绝大多数不足0.5，其中租赁和商务服务业，房地产业，文化、体育和娱乐业，金融业，信息传输、计算机服务和软件业以及工业单位劳动成本均不足0.3，可见这些行业对劳动者要素的投入和使用程度不高，更多的是依靠资本和技术等要素。而居民服务和其他服务业、批发和零售业等行业由于对劳动者要素投入和使用程度较高，单位劳动成本均超过或接近0.5。农业的单位劳动成本超过1，这其中有政府补贴的作用。

2004~2012年，广州仅有居民服务和其他服务业，交通运输、仓储和邮政业，水利、环境和公共设施管理业以及工业的单位劳动成本出现上升，而其他行业对劳动者要素的使用均有不同程度的下降，说明广州大部分行业劳动者要素投入有所下降。

四 广州行业劳动生产率与工资增长的同步性及潜力分析

(一)同步性分析

2000~2012年12年间,广州城镇非私营单位在岗职工平均工资实际增长了约1.7倍,而广州劳动生产率实际增长了约1.9倍,广州劳动工资增幅低于劳动生产率增幅,特别是近两年来劳动生产率增速与工资的增速相比有扩大的趋势。收入增长与劳动生产率增长的同步性亟须改善。

衡量2008~2012[①]年广州各行业平均劳动生产率增速和行业平均工资增速的同步性,可以把三次产业的各大类行业划分为三个类别,第一类别是劳动生产率增速明显高于平均工资增速的行业,有较强的收入增长自我潜力;第二类别是劳动生产率增速与平均工资增速基本保持同步的行业,增速之差控制在-2.0~2.0,保持一定收入增长自我潜力,在劳动生产率提高的同时还有一定的收入增长空间;第三类别是劳动生产率增速明显低于平均工资增速的行业,收入增长的自我潜力相对较弱。

以农业为代表的第一产业,劳动生产率增速与平均工资增速基本保持同步,属于第二类别,在劳动生产率提高的同时,工资能够保持同步上升。

以工业和建筑业为代表的第二产业,各大类行业的劳动生产率增速与平均工资增速的同步性见表14:第二产业中有21个大类行业属第一类别,即劳动生产率增速明显高于平均工资增速,其中以石油加工及炼焦业,有色金属矿采选业,电力、热力的生产和供应业,燃气生产和供应业,化学原料及化学制品制造业和农副食品加工业为典型代表。第二类别主要包括通信设备、计算机及其他电子设备制造业,黑色金属冶炼及压延加工业,有色金属冶炼及压延加工业,非金属矿物制品业4个行业。第三类别主要包括烟草制品业,交通运输设备制造业,化学纤维制造业,饮料制造业,医药制造业,专用设备制造业,纺织业,印刷业、记录媒介的复制8个行业。

---

① 广州行业发展变化迅速,为体现近年来广州各行业劳动生产率和工资增长的同步性及潜力情况,故本部分选择广州近五年来的行业数据进行分析。

表14 广州第二产业各行业劳动生产率增速与平均工资增速比较*

类 型	行 业
劳动生产率增速明显高于平均工资增速	石油加工及炼焦业,有色金属矿采选业,电力、热力的生产和供应业,燃气生产和供应业,化学原料及化学制品制造业,农副食品加工业,废弃资源及废旧材料回收加工业,食品制造业,非金属矿采选业,普通机械制造业,造纸及纸制品业,电气机械及器材制造业,金属制品业,仪器仪表及文化、办公用机械制造业,家具制造业,木材加工及木、竹、藤、棕、草制品业,纺织服装、鞋、帽制造业,文教体育用品制造业,建筑业,皮革、毛皮、羽毛(绒)及其制品业,水的生产和供应业
劳动生产率增速基本与平均工资增速持平	通信设备、计算机及其他电子设备制造业,黑色金属冶炼及压延加工业,有色金属冶炼及压延加工业,非金属矿物制品业
劳动生产率增速明显低于平均工资增速	烟草制品业,交通运输设备制造业,化学纤维制造业,饮料制造业,医药制造业,专用设备制造业,纺织业,印刷业、记录媒介的复制

注:广州第二产业除建筑业外,其他行业劳动生产率和平均工资均通过广州各行业规模以上工业企业数据指标计算。由于煤炭开采和洗选业、石油和天然气开采业、黑色金属矿采选业、其他矿采选业、橡胶制品业、塑料制品业和工艺品及其他制造业数据不全,不在讨论范围之类。

以服务业为代表的第三产业,各行业劳动生产率增速与行业平均工资增速同步性见表15:第三产业有5个大类行业属于第一类别,以租赁和商务服务业,文化、体育和娱乐业,科学研究、技术服务和地质勘查业及批发和零售业为典型代表。第二类别主要包括金融业和信息传输、计算机服务和软件业2个行业。第三类别主要包括房地产业,交通运输、仓储和邮政业,水利、环境和公共设施管理业,住宿和餐饮业4个行业。

(二)行业增收空间分析

本文把各行业的平均收入增长空间定义为各行业的平均劳动生产率与平均工资之差,可以近似体现各行业增收空间的总体状况。利用2008～2012年广州各行业劳动生产率和工资之差进行比较分析,把三大产业各行业分为两大类

表15 广州第三产业各行业劳动生产率增速与平均工资比较

类 型	行 业
劳动生产率增速明显高于人均收入增速	租赁和商务服务业,文化、体育和娱乐业,科学研究、技术服务和地质勘查业,批发和零售业,居民服务和其他服务业
劳动生产率增速基本与人均收入增速持平	金融业,信息传输、计算机服务和软件业
劳动生产率增速明显低于人均收入增速	房地产业,交通运输、仓储和邮政业,水利、环境和公共设施管理业,住宿和餐饮业

别,第一类别是增收空间高于全部行业平均增收空间的行业,收入增长空间较大;第二类别是劳动生产率低于全部行业平均增收空间的行业,收入增长空间较小。

以农业为代表的第一产业,收入增长空间最小,属于第二类别。

以工业和建筑业为代表的第二产业,收入增长空间见表16:第二产业中属于第一类别的主要包括烟草制品业,石油加工及炼焦业,有色金属矿采选

表16 广州第二产业各行业增收空间比较

类 型	行 业
增收空间大于广州平均增收空间	烟草制品业,石油加工及炼焦业,有色金属矿采选业,电力、热力的生产和供应业,燃气生产和供应业,化学原料及化学制品制造业,通信设备、计算机及其他电子设备制造业,交通运输设备制造业,农副食品加工业,废弃资源和废旧材料回收加工业,黑色金属冶炼及压延加工业,化学纤维制造业,有色金属冶炼及压延加工业,饮料制造业,食品制造业,水的生产和供应业
增收空间小于广州平均增收空间	木材加工及木、竹、藤、棕、草制品业,纺织业,家具制造业,造纸及纸制品业,印刷业、记录媒介的复制,纺织服装、鞋、帽制造业,文教体育用品制造业,皮革、毛皮、羽毛(绒)及其制品业,仪器仪表及文化、办公用机械制造业,非金属矿采选业,普通机械制造业,非金属矿物制品业,建筑业,电气机械及器材制造业,专用设备制造业,金属制品业,医药制造业

业，电力、热力的生产和供应业，燃气生产和供应业，化学原料及化学制品制造业，通信设备、计算机及其他电子设备制造业，交通运输设备制造业等16个行业，这些行业主要以垄断行业、政府重点扶持以及市场竞争较小的行业为主。第二类别主要包括木材加工及木、竹、藤、棕、草制品业，纺织业，家具制造业，造纸及纸制品业，印刷业、记录媒介的复制，纺织服装、鞋、帽制造业，文教体育用品制造业，皮革、毛皮、羽毛（绒）及其制品业等17个行业，这些行业主要以市场竞争较大以及利润较低的传统行业为主。

以服务业为代表的第三产业，收入增长空间见表17：第一类别主要包括金融业，房地产业，租赁和商务服务业，文化、体育和娱乐业以及信息传输、计算机服务和软件业5个行业，这些行业主要是以提供金融、房地产服务及先进文化和科技的现代服务业为主，具有较大的增收空间。第二类别主要包括交通运输、仓储和邮政业，水利、环境和公共设施管理业，批发和零售业，住宿和餐饮业等6个行业，这些行业以交通运输、批发和零售、住宿餐饮和居民服务等传统的服务业为主，增收空间较小。

表17　广州第三产业各行业增收空间比较

类　　型	行　　业
增收空间大于广州平均增收空间	金融业，房地产业，租赁和商务服务业，文化、体育和娱乐业，信息传输、计算机服务和软件业
增收空间小于广州平均增收空间	交通运输、仓储和邮政业，水利、环境和公共设施管理业，批发和零售业，住宿和餐饮业，居民服务和其他服务业，科学研究、技术服务和地质勘查业

（三）行业增收模式分析

依照行业劳动生产率和平均工资增速，以及行业增收空间与平均增收空间的关系，可将三次产业中全部行业的劳动收入增长模式划分为6种组合，来进一步分析不同行业的增收潜力和可能途径。组合1是劳动生产率增长比平均工资增长快且增收空间较大的行业；组合2是劳动生产率增长比平均工资增长快，但增收空间比较有限的行业；组合3是劳动生产率增长和平均工资增长基本持平且增收空间较大的行业；组合4是劳动生产率增长和平均工资增长基本持平但增收空间较小的行业；组合5是劳动生产率增速明显低于平均工资增速但增收空间较大的行业；组合6是劳动生产率增速明显低于平均工资增速且增收空间较小的行业。

以农业为代表的第一产业，处在组合4区域，即劳动生产率增速基本与平均工资增速持平但增收空间小于广州平均水平。由于农业劳动力投入比例较大，广州第一产业的平均工资和劳动生产率增速基本同步，但由于劳动生产率较低，第一产业的平均工资低，且增收空间较小。

以工业和建筑业为代表的第二产业，大多数行业在组合1~3区域。以对广州经济贡献度较大的行业为例：以石油加工及炼焦业、化学原料及化学制品制造业为代表的石油化工产业，2012年增加值占第二产业增加值的比例达到17.2%，这两个行业的劳动生产率增速均明显高于平均工资增速，且增收空间较大，表现出比较强烈的收入增长自我潜力（见表18）。

表18　广州第二产业各行业综合分类

	增收空间大于广州平均水平	增收空间小于广州平均水平
劳动生产率增速明显快于平均工资增速	石油加工及炼焦业， 电力、热力的生产和供应业， 燃气生产和供应业， 化学原料及化学制品制造业， 农副食品加工业， 废弃资源和废旧材料回收加工业， 食品制造业，有色金属矿采选业， 水的生产和供应业	仪器仪表及文化、办公用机械制造业， 家具制造业， 木材加工及木、竹、藤、棕、草制品业， 纺织服装、鞋、帽制造业， 文教体育用品制造业， 皮革、毛皮、羽毛（绒）及其制品业， 非金属矿采选业， 普通机械制造业， 造纸及纸制品业， 电气机械及器材制造业， 金属制品业，建筑业
劳动生产率增速基本与平均工资增速持平	通信设备、计算机及其他电子设备制造业， 黑色金属冶炼及压延加工业， 有色金属冶炼及压延加工业， 非金属矿物制品业	非金属矿制品业
劳动生产率增速明显低于平均工资增速	烟草制品业， 交通运输设备制造业， 化学纤维制造业， 饮料制造业	纺织业， 医药制造业， 专用设备制造业， 印刷业、记录媒介的复制

以通信设备、计算机及其他电子设备制造业为代表的信息产业，2012年增加值占第二产业增加值的比例约为9.6%，该行业劳动生产率和平均工资同步增长，说明信息产业薪金设置较为合理，由于具有较大的增收空间，信息产业仍然具有较强的收入增长潜力。

以交通运输设备制造业为代表的汽车产业，2012年增加值占第二产业增加值的比例约为20%，受近年来国内外经济环境的影响，劳动生产率增速小于平均工资增速，但由于增收空间仍然较大，如果进一步提高劳动生产率，劳动工资收入将会进一步增加。

以服务业为代表的第三产业，大部分现代服务业行业落在组合1、组合3和组合5（见表19），其中：虽然租赁和商务服务业，文化、体育和娱乐业这两个行业2012年行业增加值占第三产业增加值之比仅为0.08%和0.02%，行业规模较小，但由于劳动生产率较高，增收空间较大，具有较强的收入自我增长潜力。

表19 广州第三产业各行业综合分类

	增收空间大于广州平均水平	增收空间小于广州平均水平
劳动生产率增速明显高于平均工资增速	租赁和商务服务业，文化、体育和娱乐业	批发和零售业，居民服务和其他服务业，科学研究、技术服务和地质勘查业
劳动生产率增速基本与平均工资增速持平	金融业，信息传输、计算机服务和软件业	
劳动生产率增速明显低于平均工资增速	房地产业	住宿和餐饮业，交通运输、仓储和邮政业，水利、环境和公共设施管理业

金融业和信息传输、计算机服务和软件业，2012年行业增加值占第三产业增加值的比例达到7.2%和6.9%，这两个行业的薪金和劳动生产率均较高，劳动生产率和工资保持同步增长，也具有较强的收入自我增长能力。

房地产业，2012年行业增加值占第三产业的比例为7.5%，受2008年和2011年房地产市场波动的影响，劳动生产率增速有所下降，但平均工资增速却维持高位，因此需要持续维持房价的增长才能维持行业的高工资。

传统服务业则多数落在组合2、组合4和组合6，如批发零售业、居民服务和其他服务业，这两个行业2012年行业增加值占第三产业的比例分别为4.45%和0.01%，虽然劳动生产率增速高于平均工资增速，但增收空间较小，收入增长有限。

而受最低工资标准上升和劳动力紧缺影响，2012年增加值占第三产业增加值分别为22.0%和3.8%的交通运输、仓储和邮政业以及住宿餐饮业，劳动生产率增长赶不上平均工资的增长速度，且这些行业增收空间较小，难以进一步提高行业的劳动工资。

五　对策建议

2012年广州人均地区生产总值已经突破1.3万美元，按照世界银行的标准，广州已经跨过"中等收入陷阱"①。但是，当前广州经济发展仍存在类似困于"中等收入"陷阱的特征，从劳动生产率和工资的角度上看，受目前广州产业层级不高和研发能力、人力资本不强的制约，劳动生产率与世界发达地区相比仍然较低；受制于收入分配格局，劳动者的工资水平有待进一步提高；由于各行业发展规模和利润空间不同，各行业工资水平差距较大，导致社会贫富差距较大。针对这些问题，本文提出如下建议。

（一）着力改变经济增长方式，进一步提高劳动生产率

劳动生产率是衡量一个地区经济发展水平和生产力发展水平的核心指标。从历史纵向比较来看，随着经济的发展和劳动者素质的提高，广州劳动生产率有了明显的提高，到2012年已经达到18.04万元。但横向比较来看，广州劳动生产率大致相当于美国的22%、日本的33%、韩国的54%，相对于国外发

---

① 根据世界银行2008年确定的分组，人均GDP介于906美元与1.1115万美元之间的国家都属中等收入国家。当低收入国家跃升为中等收入国家后，经济进一步发展很容易受到原有发展模式的制约而陷入停滞徘徊期，人均GDP便难以突破1.1万美元上限，这就是所谓的"中等收入陷阱"。

达地区还有很大的差距。一方面，提高生产率对广州未来经济发展至关重要，提高生产率将是释放广州经济潜力的关键所在。另一方面，劳动生产率的提高对工资的增长具有时滞的影响，因此提高劳动生产率，是进一步提高广州劳动者收入的重要保障。按广州当前的劳动生产率和工资增长幅度推算，要实现党的十八大"2020年实现城乡居民人均收入比2010年翻一番"的目标，广州劳动生产率到2020年至少要提高至30.24万元。

广州要着力改变经济增长方式，使经济增长方式由以要素投入为主转变到以提高劳动生产率为主，应当重点发展以下几个方面。

一是强化集群发展。广州要全力推进"三个突破"项目建设，着力建设完善一批海陆空交通枢纽、信息等12类战略性基础设施，提升城市综合承载力；重点建设商贸会展、金融保险、新一代信息技术等一批骨干项目及企业，提升产业核心竞争力；精心打造南沙新区、中新广州知识城、海珠生态城等一批支撑全市经济社会发展的重要平台，提升集聚辐射带动力。争取到2015年，建成国家创新型城市和国家对外开放合作核心门户城市，打造具有较强影响力的国际商贸中心、全国领先的先进制造业基地和战略性新兴产业基地，形成城乡一体、功能协调、高效有序的城市发展新格局，确保广州经济进一步做大做强。

二是强化科技创新。大力构建与全球连接的区域创新体系，形成多层次的产学研用协同创新联盟，为进一步提高广州劳动生产率提供技术支撑。大力推进中新知识城、科学城、生物岛等创新载体建设，支持和培育一批国家级、省级重点实验室和企业技术中心。不断完善自主创新与高端产业紧密结合的发展机制，集中人力、物力、财力，组织实施重大科技专项、重点科技工程和科技基本建设三大计划。同时支持大型企业设立研发中心，引导中小型企业联合设立行业研发中心和研发联盟，增强企业自主知识产权的创造、应用和转化能力。

三是强化高端取向。广州要推进核心产业高端化发展，加快占领产业链"微笑曲线"两端的位置，进一步提升作为国家中心城市的产业层次。着力发展新一代信息技术产业，重点发展以下一代互联网、新一代移动通信、物联网、云计算、集成电路设计和半导体照明等为代表的信息技术产业，同时推动传统优势产业智能化，大力发展智能设备，推进研发、生产、管理、营销和服务智能化。力争培育 50 家左右拥有自由核心技术、自主知识产权、自主品牌的百亿级龙头企业。建立以服务经济为主体，以现代服务业为主导，现代服务业、战略性新兴产业和先进制造业融合发展、优势集聚，具有较强竞争力的现代产业体系。

四是强化品牌战略。鼓励以品牌、技术优势进一步提高劳动生产率。要制定和实施知识产权保护战略，推动建设国家知识产权示范城市，鼓励和支持一批优质核心企业以商标、专利、版权等知识产权为纽带，进一步提高产品核心竞争力。重点支持企业和研发机构对引进的境外技术进行消化吸收再创新，协调落实相关优惠政策，对同步设立核心技术研发机构的重大外商投资项目，根据对其地方的经济社会贡献，按比例给予一定补贴，用于技术研究开发。对企业引进消化吸收再创新的成果，获得各级科学技术奖项或专利的，给予奖励。

（二）努力优化收入分配格局，进一步提高工资水平

广州劳动生产率位居全国前列，但工资水平却相对较低。从数据上看，2011 年广州劳动生产率分别是全国和广东省的 2.8 倍和 1.9 倍，但工资水平仅是全国的 1.4 倍，广东省的 1.3 倍。工资水平偏低，不利于广州吸引人才、留住人才。广州优化收入分配格局，进一步提高工资水平，应做好以下几个方面的工作。

一是要建立企业职工工资正常增长机制和支付保障机制。随着广州社会经济发展水平的不断提高，要逐步提高最低工资标准和社会保障标准，保证劳动者能充分享受经济发展的成果，使国民经济进入经济增长—劳动生产率提高—工资增长—消费增长—经济增长的良性循环中。从中长期来看，广州应在不影响经济效率的前提下，制定相关措施，规范初次分配，不断提高每单位增加值的劳动报酬，逐步形成公平合理的收入分配格局。根据广州工业化所处的阶段，劳动者工资收入至少应占每单位增加值（即单位劳动成本）的 50%。

二是增强政府对企业工资发放的监督和对劳动市场的服务。政府应积极推行劳动合同制度和工资集体协商制度，确保工资按时足额发放，严格执行劳动法的有关规定，做到有法必依、执法必严、违法必究。同时政府应增强劳动市

场服务职能，加大对职业教育、在职培训等的公共投入，提高劳动者素质和岗位转化能力，通过增强劳动市场的活力来根本保障劳动者利益。积极发挥工会在劳动者维权上的作用，增强劳动者工资集体谈判能力。在维护劳动者合法权利的同时，要避免过度干预劳动力市场，在不损害市场公平的前提下，提高劳动者报酬。

三是政府要充分发挥对收入再分配的调节作用。财政政策的调整要切实推进财政支出结构优化，确保民生福利支出增长快于财政收入增长。同时堵塞税收征收与监管漏洞，充分发挥税收政策对收入分配格局的调节功能。在社会保障体系建设方面，要"坚持全覆盖、保基本、多层次、可持续方针，以增强公平性、适应流动性、保证可持续性为重点，全面建成覆盖城乡居民的社会保障体系"。要完善贫困线标准和其他社会保障待遇正常调整机制，同时要有计划、有步骤地缩小不同群体之间的社会保障待遇差距。

（三）注重行业特点，促进各行业工资协调增长

要提高各行业的工资水平，应首先加快提升行业劳动生产率，为工资的增长提供更大空间，实现工资与劳动生产率的同步增长，总体来说提高各行业的工资水平更多的是一种市场机制。但与此同时，增加工资，也需要政府在尊重市场经济规律的前提下有所作为。根据本文对工资与劳动生产率的分析研究，可将全部行业划分为5大类，实施不同的政策导向，兼顾企业、政府、个人三者的利益，促进各行业工资的协调增长（见表20）。

一是提高对自身具备增收能力的行业增加劳动收入的比重。这些部门有能力加薪且不需要政府采取配套政策，具有以下特征：劳动生产率增速明显高于工资增速，且增收空间大于广州平均水平，或者劳动生产率增速基本与人均收入增速持平，且增收空间大于广州平均水平。主要包括有第二产业的化学原料及化学制品制造业，食品制造业，通信设备、计算机及其他电子设备制造业，有色金属矿采选业和农副食品加工业以及第三产业的租赁和商务服务业，文化、体育和娱乐业和金融业等。这些行业增加工资的途径应该是增强企业社会责任感，主要是采取企业让利的方式，主动提高职工工资收入，更多让利于普通一线劳动者，提高劳动报酬在收入分配中的比重。

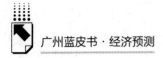

表20 广州行业工资增长政策导向分类

行　业　分　类	主要政策导向
化学原料及化学制品制造业， 食品制造业，通信设备、计算机及其他电子设备制造业， 有色金属矿采选业，农副食品加工业， 黑色金属冶炼及压延加工业，有色金属冶炼及压延加工业， 废弃资源和废旧材料回收加工业， 非金属矿物制品业，租赁和商务服务业， 文化、体育和娱乐业，金融业， 信息传输、计算机服务和软件业	增强企业社会责任感， 企业让利加薪
纺织业，印刷业、记录媒介的复制， 医药制造业，专用设备制造业，非金属矿制品业， 住宿和餐饮业，交通运输、仓储和邮政业， 水利、环境和公共设施管理业	提高劳动生产率， 提高行业最低工资标准， 规范企业工资发放，保证工资合理增长
农业	加大支付转移
石油加工及炼焦业，电力、热力的生产和供应业， 燃气生产和供应业，水的生产和供应业，烟草制品业，	不鼓励企业过快加薪，避免行业收入差距扩大
仪器仪表及文化、办公用机械制造业，家具制造业， 木材加工及木、竹、藤、棕、草制品业， 纺织服装、鞋、帽制造业，文教体育用品制造业， 皮革、毛皮、羽毛(绒)及其制品业，金属制品业， 非金属矿采选业，普通机械制造业， 造纸及纸制品业，电气机械及器材制造业， 交通运输设备制造业，建筑业， 化学纤维制造业，饮料制造业， 批发和零售业，居民服务和其他服务业，房地产业， 科学研究、技术服务和地质勘查业	激发员工劳动积极性， 灵活运用企业让利， 政府引导加薪

　　二是保障对自身不具备增收能力行业的工资合理增长。这些行业有进一步增加工资的需求，但企业增收能力不强，主要有以下特征：劳动生产率增速与工资增速基本持平，且增收空间小于广州平均水平，或者劳动生产率增速明显低于工资增速，且增收空间小于广州平均水平。主要包括第二产业的纺织业和印刷业、记录媒介的复制以及第三产业的住宿和餐饮业，交通运输、仓储和邮政业等，这些行业增加工资的途径应该是着重提高行业劳动生产率，同时规范企业工资发放，提高这些行业的最低工资标准，确保工资合理增长，以此进一

步提高劳动者工资水平。

三是加大对农业的减负和转移支付。由于农业具有特殊性，体现在农业劳动生产率比较低，同时单位劳动成本高，在广州农业劳动生产率增速与工资增速持平，且增收空间较小的情况下，要实现农业行业收入增长，主要途径是在进一步提升劳动生产率的前提下，加大政府转移支付的范围和幅度。

四是制止垄断行业过快提升工资水平。对于石油加工及炼焦业，电力、热力的生产和供应业，燃气生产和供应业、水的生产和供应业和烟草制品业这几个行业，人均工资均较高，且收入增长空间较大，虽然具有加薪能力，但由于此类垄断行业掌握国家资源进行生产经营，员工工资较高且难以公开透明，应制止过快提升垄断行业的工资水平，避免因行业垄断，造成社会收入差距进一步扩大。

五是其他行业依靠市场调节提高工资水平。这类行业发展主要由市场决定，这类可以加薪的部门具有以下特征：劳动生产率增速明显高于工资收入增速，且增收空间小于广州平均水平；或者劳动生产率增速低于或持平于工资增速，但增收空间大于广州平均水平。主要是第二产业的交通运输、设备制造业，化学纤维制造业，家具制造业和电气机械及器材制造业以及第三产业的批发和零售业，居民服务和其他服务业，房地产业等行业。这些行业进一步提高工资收入的主要途径是依靠市场的调节手段，通过采用激发员工劳动积极性，灵活运用企业让利等方式，通过多方面努力，增加职工工资，同时政府应重点关注这些行业的劳动者工作及薪酬情况，有侧重点地出台保护劳动者合理加薪的政策措施。

（审稿　陈婉清）

参考文献

余斌：《国民收入分配困境与出路》，中国发展出版社，2011。

《高铁梅计量经济分析方法与建模》，第二版，清华大学出版社，2009。

伍晓鹰：《经济增长、生产率与收入分配》，北京大学出版社，2011。

《广州统计年鉴》，中国统计出版社，1994~2013。

杨秦：《广州新型城市化发展学习读本》，广东经济出版社，2013。

史正富：《超常增长》，上海人民出版社，2013。

程恩富：《劳动生产率与价值量关系新探》，上海财经大学出版社，2011。

李红涛：《劳动生产率对工资的影响》，《社会科学战线》2012年第4期。

王阳：《我国最低工资制度对企业劳动生产率的影响》，《北方经济》2012年第3期。

赵登辉：《劳动报酬增长与劳动生产率提高路径选择》，《现代经济探讨》2011年第9期。

企业改革篇

Enterprise Reform

B.24

工业生产要素价格变动对广州 工业企业效益的影响研究

陈 贝 闫瑞娜*

摘　要：

本文通过对广州市500多家工业企业进行专题调查，了解各类生产要素价格变动的成因及其对企业生产经营和效益的具体影响，并针对问题提出对策建议。

关键词：

原料价格　劳动力价格　贷款利率　企业效益

一　生产要素价格普遍上涨

（一）原料价格仍处高位

2010年以来，在国家保增长、扩内需等一系列宏观调控政策的支撑下，

---

* 陈贝，国家统计局广州调查队统计师；闫瑞娜，国家统计局广州调查队统计师，其主要研究方向为物价走势。

及亚运场馆建设、地铁建设以及环境整治等大型投资项目的拉动下，广州对能源、金属和各类化工产品等原料的需求大幅增加，直接推动了相关原料购进价格上升。从统计资料来看，2010 年广州工业生产者购进价格同比大幅上升10.9%；2011 年继续上升 9.1%；2012 年受经济增速放缓的影响略降 1.6%；2013 年上半年下降 2.0%。虽然自 2012 年起工业生产者购进价格有所下降，但与 2010 年相比价格仍然偏高。从广州工业生产者购进价格九大分类看，以2010 年为对比基期，2013 年 6 月主要原料价格呈现"六升三降"，其中，纺织原料类，化工原料类，其他工业原材料及半成品类，农副产品类，燃料、动力类升幅较高，分别大幅上升 9.0%、8.0%、6.0%、5.1%、3.8%；木材及纸浆类上升 0.2%。价格下降的仅有有色金属材料及电线类、黑色金属材料类和建筑材料及废金属类，分别下降 5.0%、4.6% 和 2.8%。可见，价格上升的原料种类较多，上升面较广，总体来看原料价格仍处高位。

（二）劳动力价格上升较快

近年来国家、广东省和广州市陆续出台了一系列有关就业、工资分配、社会保障、劳动者权益方面的重大政策措施。例如 2011 年 3 月广州市企业职工最低工资标准由 1100 元/月调高至 1300 元/月，2013 年 5 月再次上调至 1550元/月；加大《劳动合同法》实施力度以及建立健全保障体系；2012 年各级政府在"稳增长"的同时关注民生，着力完善薪酬分配制度，推出了劳动力市场指导价，指导企业合理确定工资水平和涨薪幅度等。这些都在客观上带动了各行业工资的提高。

2012 年，广州城镇非私营在岗职工年平均工资为 63752 元。2006～2012年，广州城镇单位职工人均工资年均增长 10.1%，七年累计增长 95.8%。可见在广州经济快速发展的大背景下，劳动力价格上升较快。

（三）企业贷款利率较高

2010 年起，我国贷款利率进入上升周期，从 2010 年 10 月到 2011 年 7 月的 9 个月内，央行共连续上调了 5 次贷款基准利率，1～3 年中期贷款基准利率从 5.6% 上调至 6.65%，利率升幅达 18.8%。虽然央行在 2012 年 6 月和 7

月又连续两次调低了贷款基准利率，但现行贷款基准利率仍达到 6.15%，仍比 2010 年 10 月高 0.55 个百分点。

由于当前各大银行对贷款审批严格，部分企业只能通过其他融资方式进行贷款，其中民间借贷的此问题尤其突出。按照规定，民间借贷的年综合利率不能超过银行同期贷款基准利率的 4 倍。据中国人民银行温州市中心支行数据显示：2011 年 4 月温州民间借贷综合利率指数（简称"温州指数"）为 24.6%，为同期银行贷款利率的 3.8 倍；2012 年 4 月"温州指数"为 21.6%；2013 年 4 月 15 日"温州指数"为 20.68%（平均月息 1.72 分），均已基本达到国家规定的上限。

二 工业生产要素价格变动对广州工业企业效益影响

（一）要素价格上升导致企业效益下降

当前广州工业企业生产经营成本压力不断加大，工业企业效益下降明显。2012 年广州规模以上工业企业利润总额为 825.6 亿元，比上年同期下降 13.9%。

原料、劳动力和资本三大生产要素价格的高企，使工业企业生产经营成本持续上升，成为影响工业企业效益的主要因素。调查资料显示：对于影响企业效益的主要原因，有 90.9% 的企业认为是"原料价格高企"；有 90.4% 的企业认为是"劳动力价格上升"；有 46.2% 的企业认为是"融资成本增加"（其中，有融资行为的企业认为"融资成本增加"比例达 88.8%）。此外，影响企业效益的因素还有"企业订单减少"（64.5%），"税费负担过重"（58.9%），"市场供过于求，产品价格下降"（44.2%），以及"人民币汇率上升"等。可见，相对于市场需求不足和税费负担，工业企业生产要素成本的增加是工业企业效益下降的主要原因。

（二）原料价格波动对企业效益的影响

1. 八成行业受到原料价格高企影响

2010 年以来原料价格呈现普涨局面，工业企业对原料价格的上升感到负担较重。调查资料显示：与 2010 年相比，关于工业企业采购的主要原料价格变化情况，有80.8%的企业认为"价格上升"，有9.6%的企业认为"价格保持不变"，仅有9.6%的企业认为"价格下降"，可见超过八成的工业企业面临原料价格上升的问题。分行业看：在统计调查的35个大类行业中，受到原料价格上升影响的行业有28个，影响面达80.0%。其中受原料价格影响较明显的行业有：橡胶制品业、农副食品加工业、石油加工及炼焦业、化学原料及化学制品制造业和纺织业。

2. 成品油等能源价格对企业经营成本影响较大

能源是各工业企业生产经营必需的生产要素，2010年以来成品油等能源价格持续上升，对企业生产经营成本影响较大。调查资料显示：31.0%的企业表示能源价格对企业生产经营影响严重，企业成本负担沉重；67.5%的企业表示能源价格对企业生产经营影响有一定影响；只有1.5%的企业表示能源价格对企业生产经营没有影响。

根据2010年广州规模以上工业企业主要能源消费情况，假设2012年工业企业主要能源消费量与2010年相当，据此测算2010年至今主要能源涨价给企业增加的成本（见表1）。可见，能源价格的变动对工业企业生产经营成本影响较大。因能源价格的上升，2012年广州规模以上工业企业主要能源成本支出比2010年多22.9亿元。

表1　2012年广州规上工业企业主要能源成本增长表（以2010年使用量为基期）

项目	能源消费量（2010年）	价格上涨情况（2012年12月比2011年1月平均上涨价格）	预计增加成本（亿元）
煤炭	210.24万吨	约58元/吨	1.2
燃料油	71.6万吨	约750元/吨	5.4
汽油	18.1万吨	约1150.0元/吨	2.1
柴油	71.6万吨	约1190.0元/吨	8.5
电	420.9亿千瓦时	约278.4元/万千瓦时	11.7
预计增加成本支出合计：			22.9

3. 企业主要通过降低原料消耗和采购成本，来消化原料价格高企压力

面对原料价格高企压力，企业采取多种措施积极应对。调查资料显示：有76.6%的企业通过降低能耗和原料消耗，消化原料价格上涨压力；有

75.4%的企业通过更换供应商，减少物流成本来降低采购成本。另外还有48.5%的企业通过期货市场来规避原料价格上涨风险；有41.1%的企业通过提高产品价格转移原料价格上涨压力；有29.9%的企业采用替代原料，来降低成本。

（三）劳动力价格变动对企业效益的影响

1. 劳动力价格上升使工业企业劳动报酬支出增加，招工难度加大

近年来劳动力价格持续上升，工业企业劳动报酬支出增加。统计资料显示：2011年、2012年广州工业从业人员劳动报酬同比分别增长17.3%、6.5%。劳动力成本上升较快，不但给工业企业带来较大的成本负担，还影响企业招工。一方面是市场劳动力价格不断上升，另一方面是企业为了降低生产成本而控制工资支出，造成了企业招工难的局面。调查资料显示：2012年有21.5%的工业企业各类职位均用工紧张，普通工人、技术工人均招聘困难。有58.0%的工业企业出现结构性用工紧张，其中29.9%的工业企业技术工人招聘较难；28.1%的工业企业普通工人招聘较难；只有20.3%的工业企业认为各职位人员充足，招聘顺畅。

2. 劳动力价格上升对劳动密集型行业影响最大

劳动密集型行业受劳动力价格上升影响最大，其中文教体育用品和纺织、皮革等劳动密集型行业劳动力价格上升最快。统计资料显示：2011年、2012年广州在岗职工年平均工资同比升幅较大，其中：纺织服装、鞋、帽制造业分别增长17.3%、21.2%；皮革、毛皮、羽毛（绒）及其制品业分别增长15.6%、11.7%，这两个行业的劳动力价格升幅远高于其他行业。

3. 劳动力价格上升倒逼企业提高劳动生产率

劳动力价格上升影响工业企业生产经营，倒逼工业企业通过提高劳动生产率等方式来盈利。调查资料显示：38.7%的企业主要通过规范工作流程，完善工作模式来提高劳动生产率；34.6%的企业主要通过建立薪酬激励机制来提高劳动生产率；还有26.7%的企业通过提高技术装备来提高劳动生产率。

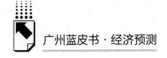
（四）资本价格变动对企业效益的影响

1. 企业财务费用明显提高，利息支出大幅增长

受贷款利息居高不下的影响，工业企业资本使用成本明显提高。虽然2012年以来贷款利率有所下调，但对已经发生的企业贷款而言，多数还是按当初规定的利率标准计算利息，资本使用成本的增加，必然加大企业财务费用支出。统计资料显示：2011年、2012年广州规模以上工业企业利息支出分别增长29.3%、11.0%，融资成本的增加直接影响了企业资金周转，挤压了企业利润空间。

2. 融资成本较高影响企业融资需求

资本是工业企业发展的一个重要生产要素，调查资料显示：未来5年内有融资需求的工业企业比例为74.8%，分规模来看，78.0%的规模以上企业有贷款融资需求，43.3%的规模以下企业有贷款融资需求。尽管70%以上的企业有融资需求，但较高的融资成本抑制了它们的融资意愿，调查资料显示：仅有52.0%的工业企业表示当前有融资意愿，分规模看，分别有58.1%的规模以上企业和30.3%的规模以下企业有融资意愿。

3. 企业融资较为困难

在融资困难程度方面，调查资料显示：有44.4%的工业企业融资有点困难；有17.5%的工业企业融资较为困难；有5.7%的工业企业融资很困难；只有32.4%的工业企业融资不存在困难。而规模以下工业企业融资难的问题更加突出。调查资料显示：有46.5%的企业融资有点困难；有20.2%的企业融资较为困难；有12.3%的企业融资很困难；只有21.0%的企业融资不存在困难。

4. 企业贷款以银行贷款为主

由于银行贷款较为规范，且贷款利率相对较低，当前工业企业贷款仍以银行贷款为主。调查资料显示：在有贷款融资的工业企业中，有75.2%的企业通过银行获得贷款，24.8%通过其他金融机构和民间贷款。分规模看，规模以上工业企业以银行贷款为主，有86.1%的企业选择银行贷款，仅有13.9%的企业选择其他金融机构和民间贷款；而规模以下工业企业选择银行贷款和其他金融机构或民间贷款的比例相当，分别占51.3%和48.7%。

三 要素价格变动影响企业效益的成因分析

（一）原料价格变动对广州工业企业效益影响成因分析

1. 价格掌控能力的缺失直接影响原料价格

位于工业经济上游的资源性产品由于具有稀缺性和垄断性，在需求不断增加的市场环境下，上游资源性原料产品定价的机制直接影响原料价格。例如与广州石油加工业有着紧密联系的原油，在1998年改革后，国内油价实现了与国际市场价格接轨。在国际原油价格因国际局势不稳定，价格持续上升的带动下，国内原油价格也节节攀升。又如与广州汽车生产企业有着紧密联系的汽车核心部件，由于核心技术基本依赖合资外商，主要核心的零部件定价权依然在外商。上游原料产品价格掌控能力的缺失影响了工业企业的效益。

2. 产品价格传导机制不畅是工业企业难以获利的主因

工业企业购进原料价格不断上升，材料直接消耗成本不断增加，通过产品价格传导机制把原料价格上升成本转嫁到出厂产品价格上，直接影响到企业的获利。但由于当前大多数工业行业企业众多，产能过剩，加上产品差异较小，属于典型的开放性买方市场，缺乏出厂价格上涨的基础。统计资料显示，2010年和2011年广州工业生产者出厂价格指数分别低于购进价格指数8.5个和6.0个百分点，直到2012年情况才有所逆转。

3. 原料价格倒逼机制尚未充分发挥

工业原材料购进价格的上升，给企业生产经营带来压力，由于企业对传统增长方式存在较强的依赖，价格倒逼机制尚未得到充分发挥，传统的拼低价原材料、拼市场份额的生产销售模式和盈利增长方式仍占主导地位。由于企业过度依赖压低销售产品价格来换取市场份额等获利方式，在市场竞争中缺乏创新的能力和手段，这也是我国制造业低端产品产能过剩的原因之一。如果这种状态不改变，最终将影响到产业结构的调整和产业的转型升级。

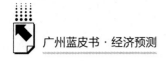

（二）劳动力价格变动影响企业效益的成因分析

1. 劳动力价格上升是供需市场结构性失衡的反映

近几年，全国各地经常出现"招工难"现象，但同时劳动力市场上"就业难"也越发凸显，劳动力市场供需呈现出结构性失衡的特点。据广州市人力资源市场服务中心资料显示：2012 年，在广州市求职的高校毕业生人数约 25 万人，高校毕业生就业热门的职位是薪酬较高、福利较好的机关事业单位、大型国有企业以及外资企业，对于工作环境较差、收入稳定性较低的中小型工业企业提供的职位，即使职位薪酬有所提高，也难以吸引高校毕业生前去就职。2012 年在珠三角地区务工的农民工为 5199 万人，比上年增加 127 万人，增长 2.5%，主体是"80"后、"90"后的第二代农民工，他们对岗位的选择也更多地注重工作环境和工作强度，在制造行业工作的人的比重日趋减少。这一现象也得到了 2012 年我国农民工调查监测报告的印证：在东部发达地区的农民工，从事制造业的占 44.6%，比上年下降 0.2 个百分点，比重低于 50%。因此，当前工业企业特别是中小企业，由于工作环境相对较差，收入稳定性相对较低，更难招到合适的劳动力。

2. 劳动力回流影响企业招聘

当前劳动力特别是农民工回流的现象较明显，已经影响了广州工业企业正常员工招聘。由于中西部经济发展迅速，工资提高水平比较快，湖南、湖北、四川等地的劳务工人更加倾向于选择在离家乡更近的中西部就业。据农民工调查监测报告显示：2012 年在东部地区务工的农民工占农民工总量的 64.7%，比上年降低 0.7 个百分点；在中部地区务工的农民工占农民工总量的 17.9%，比上年提高 0.3 个百分点；在西部地区务工的农民工占农民工总量的 17.1%，比上年提高 0.4 个百分点。随着东中西部地区农民工工资水平趋同，以广州为中心的珠三角地区对农民工的就业吸引力将逐步下降。

3. 劳动力素质不高制约企业发展

我国工业生产一直处于全球产业链的低端，其中一个不可忽视的原因是劳动力素质不高，无法满足产业链高端环节对劳动力素质的要求，成为影响我国制造业竞争力的一个不容忽视的瓶颈。其主要表现是工业企业工人教育程度偏低。这不仅无法直接满足产业链高端环节的技术要求，而且影响了"干中学"的能力，制约了劳动者的发展潜力和后劲。调查资料显示：在调查的工业企业员工群体中，拥有本科及以上学历的人数仅占16.0%；大专学历的占18.0%；高中学历的占32.7%；初中及以下学历的占33.3%。可见，当前广州工业企业员工受教育程度仍然以高中及高中以下为主，劳动力整体素质不高直接制约工业企业的发展。

（三）资本价格变动影响企业效益的成因分析

1. 资本价格高企，多数企业经营资金偏紧

调查资料显示：当前超过八成的工业企业面临经营资金紧张的局面，有14.1%的企业表示资金很紧；有64.3%的企业表示资金偏紧；另外有18.7%和2.9%的工业企业表示资金不紧或宽松。目前资金困难较大的企业，主要集有以下几类：一是原始资本不足的初创型企业；二是处于快速扩张期的成长型企业；三是前段固定资产投资规模过大的企业；四是负债较重的企业；五是受政策限制发展的高能耗、高排放的企业。

2. 银行信贷运作推升企业融资成本

目前银行贷款基准利率为6.0%（6个月至1年），但实际上企业信贷成本远高于基准利率。主要是由于银行信贷运作大幅推升了企业贷款融资成本：一是银行实行基准利率上浮。多数企业获得贷款的利率上浮，小企业短期贷款利率的上浮幅度多数在30%~50%，甚至更高。二是增加企业承兑汇票贴现利息。企业贷款要缴全额保证金，承兑汇票的贴现利息大致在7%。三是向企业多收其他财务费用。不少银行对企业贷款提出附加条件，如要求企业存款回报、先存后贷、搭购理财产品、支付中间业务费等。由于增加了上述的支出，企业的银行短期贷款利息一般高出基准利率一倍多。

3. 银行信贷风险控制加大企业贷款难度

当前各大银行加强了信贷风险控制，从而加大了工业企业的贷款难度。主要表现在三个方面：一是压贷，银行普遍提高企业信贷门槛，如提高信用等级和担保条件，降低抵押资产评估值，致使企业贷款满足率不断下降。二是延贷，企业贷款的审批和执行时间明显延缓，影响企业资金周转。以前银行对企业放款一般在 2~3 个工作日内完成，现在最快一周，慢则一两个月。企业贷款到期续贷，没有具体的可以预测的时间拿到贷款，处于被动状态。三是抽贷，一些银行由于各方面原因，暂时停止对企业原来的贷款，触发企业财务危机。有些企业因为抽贷直接引发资金链断裂，有些企业则转而向民间贷款，承受更高的利息成本。

四 对策建议

从长期来看，能源、部分基础原材料、劳动力等生产要素价格上升具有一定的客观必然性，同时随着经济形势的发展变化，以利率为代表的资本市场价格也不断波动和调整。因此，在生产要素价格上涨挤压利润空间的情况下，应当具体分析各个时期、各项生产要素价格波动的具体原因，采取措施积极应对。

（一）增强原料供给能力，提高原料产品成本控制力

政府要帮助企业增强原料供给能力，进一步提高原料产品成本控制力，例如对原油、钢铁、有色金属、稀有金属等对广州汽车制造产业、石化制造产业和电子信息制造产业等支柱产业影响较大的原料，政府可协助企业以和原材料供应商签订较长期的合作协议等方式，提高原材料供给能力和保持价格相对稳定。另外，政府应鼓励企业加强研发投入，取得重点产业核心部件的技术突破，减少对外依赖性，提高核心部件的成本控制力。以汽车制造业为例，据了解，外商独资及合资公司在发动机控制系统、安全气囊、ABS 系统、空调系统、汽车座椅总成、电动玻璃升降器、自动变速箱、高压燃料泵等部件方面，基本控制了 70% 以上的市场份额，部分产品几乎全部为外资所垄断。广州应当利用当前现有的广汽丰田、广汽本田、东风日产等日系企业为基础的产业布局，加快自主研发，争取核心部件的技术突破，逐步实现关键零部件技术自主化，提高整车生产的国产化程度。

（二）以人为本，确定合理工资水平，着力提高劳动生产率

政府应进一步转变服务职能，加快建立与现代企业制度相适应的企业工资分配调控体系，为企业工资分配提供信息指导和服务，促进企业加强人工成本管理。主要途径有：一是合理确定工资水平，政府组织有关部门定期开展社会调查，收集、整理并分析预测行业人工成本水平，定期向社会公开发布行业人工成本信息。二是面对劳动力价格变动的新趋势，在加快经济发展促进就业的同时，企业应适时调控，着力提高一线从业人员的劳动报酬，缩小行业及地区间的差别，以人为本，办好民生实事，提高劳动者的生活质量，增强他们的归属感和幸福感。三是引导企业强化人力资源管理，通过对人工成本水平、人工成本结构、人工成本投入和产出的控制，将人工成本控制在合理范围内，通过提高劳动生产率，推动企业的经营质量不断优化。

（三）加大工业企业融资扶持和培训，完善广州融资环境

一是要充分发挥政府的指导作用，进一步加大对中小企业的政策扶持，并加大有关扶持政策的宣传力度。2011年起，广州市财政扶持中小企业信用担保体系建设专项资金从每年1500万元增加到3000万元，并出台《广州市扶持中小企业担保体系建设专项资金管理办法》，以促进市财政资金更有效地发挥扶持效益。2012年，广州又出台《民营企业奖励专项管理办法》，扶持民营企业发展。但当前不少中小工业企业对政府各项扶持政策并不十分了解。以中小企业信用担保体系建设专项资金为例，调查资料显示：有76.1%的企业听说过此专项基金，但不了解；还有8.6%的企业根本没有听说过；只有15.2%的企业表示很清楚此项专项基金。因此，加大政策的宣传力度与出台扶持政策一样十分必要。二是政府要组织有关部门对工业企业进行融资培训，帮助企业了解银行政策，加强企业与银行业金融机构的沟通与合作，并进一步完善融资服务平台，加大对企业的融资协调力度。三是不断改善广州融资环境。一方面要完善银行信贷运作流程，减少银行信贷过程中的不合理条款，减小企业融资成

本，确保企业融资渠道顺畅。另一方面要加快设立村镇银行和小额贷款公司，帮助解决中小企业融资难问题。政府应积极利用广州先行先试的有利条件，争取降低民营经济在村镇银行的准入门槛，同时适当减免村镇银行和小额贷款公司的税费负担，在扶持村镇银行和小额贷款公司的同时，不断改善中小企业融资环境。

（审稿　彭建国）

B.25
广州国有企业改革的方向与思路研究

彭 澎

摘 要：

本文依据我国国有企业改革的政策导向，结合广州的实际，提出了未来广州市国有企业改革的方向、思路与政策建议。

关键词：

国有企业 改革 思路

党的十八大提出要"深化国有企业改革，完善各类国有资产管理体制，推动国有资本更多投向关系国家安全和国民经济命脉的重要行业和关键领域，不断增强国有经济活力、控制力、影响力"。显然，广州市国有企业新一轮改革必须认真贯彻落实十八大精神，并与广州新型城市化的发展相结合，为建设国家中心城市、国际商贸中心和世界文化名城服务。

一 面临的新形势、新要求

1. 经济全球化对企业经营国际化的要求

经济全球化是不可阻挡的时代潮流，但数年下来，其"双刃剑"作用比较明显，在许多国家都有反对者。虽然中国更多地受益于经济全球化，但近期来看，经济全球化对中国企业的发展正在产生深刻的影响。一方面，广州企业与国外企业的交流和接触更为直接，有利于发挥广州企业在产业链联动转移过程中吸收先进技术和经验，加快产业结构升级步伐，促进广州企业的发展。另一方面，随着经济全球化的进一步加深，国外企业的不断涌入，广州企业自身竞争力较弱、国际化及产业化程度不高；科技含量还比较低，多数在产业链的中下游；缺乏具有国际市场经验的开放型、创新型高端产业人才等问题，这些都可能使广州企业在激烈的市场竞争中处于明显的劣势。更何况人民币国际化的影响，汇率变化加大，都对企业的国际化经营产生更大的风险。

2. 经济结构、产业结构调整加速对企业做强做大的要求

产业高端化、融合化、集群化、生态化、知识化、品牌化发展的新特征，信息技术与传统产业加速融合，生物技术、新能源技术革命方兴未艾，为经济结构转型、产业结构升级、企业结构调整提供了历史机遇和挑战。广州新一轮的企业结构改革和调整也在加速。这为广州国有企业转变经营方式、实现跨越式发展提供了良好契机。广州提出新型城市化，也必须大力提升产业发展层次和水平，向高级化、集群化和融合化方向发展，实现工业向资金技术密集型转型。目前，广州传统的轻型加工工业、产业优势不再明显，且新技术产业发展总体上还比较缓慢，现代服务业也正处于起步阶段，与长三角等地区相比没有明显优势，与环渤海湾相比也开始有点差强人意。广州国有企业在重塑广州在全国的经济地位方面应该有，也可以有更大的贡献。

3. 新型城市化对产业结构、企业结构调整的要求

广州新型城市化发展提出了"1 + 15"的框架性文件，其中，对国有企业影响比较大的，主要是"三大战略性突破"，要在战略性基础设施、战略性主导产业、战略性发展平台三大发展领域做出努力和贡献。其中，战略性主导产业应该是广州国有企业调整和发展的方向。按照广州新的产业选择思路，将重点发展商贸会展、金融保险、现代物流、文化旅游、商务与科技服务、汽车制造、精细化工、电子产品、重大装备9类优势主导产业和新一代信息技术、生物与健康产业、新材料与高端制造、时尚创意、新能源与节能环保、新能源汽车6类战略性新兴产业。

目前，广州国有企业在汽车、石化、电子信息制造三大支柱产业中发挥着骨干力量的作用。2010年广州提出发展十大核心产业，即汽车制造、石油化工、信息产业、重大装备、商贸会展、现代物流、金融保险、文化创意、生物医药、新材料，显示出制造业、服务业与战略性新兴产业"4 + 4 + 2"的格局，并提出核心产业要由核心企业和核心产品来支撑。2011年底2012年初提出新型城市化以来，广州提出的优势主导产业与战略性新兴产业"9 + 6"的格局，把五大服务业放到四大制造业的前面，反映了产业服务化、轻型化的发展方向。虽然广州国有企业一直把重点领域放在先进制造业与现代服务业同步发展上，但离"9+6"的产业布局仍有差距。

4. 区域经济一体化、内外市场一体化对打造本土跨国公司的要求

CEPA 的实施、中国—东盟（10+1）自由贸易区的推进、泛珠三角（9+2）经济合作的加强、珠三角一体化、穗港澳交流合作的加强等，在一定程度上使广州的地缘优势更加突出，经济发展的空间和腹地进一步拓展。然而，随之而来的是由于全方位的开放所带来的各种竞争，会在一定程度上削弱广州企业的传统优势。而且，由于欧美市场的复苏缓慢启动内需的影响，以华为、中兴为代表的中国本土跨国公司在坚定不移地"走出去"，以富士康、通用汽车等为代表的海外企业进一步"走进来"，深入内地扩张，如何"内外兼修"使广州打造本土跨国公司或"国有企业航母"的任务更加艰难和紧迫。

二 改革的方向和思路

厉以宁曾表示，"国有企业体制的主要弊端主要表现在以下五个方面：一是政府干预太多，二是自行运转机制不灵活，三是行业垄断性强，四是法人治理结构不健全，五是创新能力差。由于国有企业资本雄厚，上述弊端的存在使得国有企业的盈利状况同国有资本总额是不对称的。"因此，国有企业改革最根本的还是要提高盈利能力，使投入产出更加匹配。围绕企业的本质和广州经济社会发展的要求，广州国有企业应该清晰地认识到自己的责任和改革的方向。

1. 全面提升国有企业在城市发展和经济建设中的带动和引领作用，做新型城市化的推动者

国有企业要作为市场主体平等参与市场竞争，继续发挥并提升国有企业在城市发展和经济建设中的带动和引领作用。因此，我们赞同广州市国资委提出的"一六六八"的指标体系，即按照"大国资"的发展路径，到"十二五"期末，国资委监管企业资产总额达到1万亿元，资产证券化率达到60%以上，利润总额达到600亿元，主营业务收入达到8000亿元。同时，打造一批"国

有企业航母"，力争 1 户企业进入世界 500 强，10 户左右企业进入中国企业
500 强；培育一批行业龙头企业，进一步巩固和提升广州国有经济的竞争力。
围绕推进新型城市化"三个重大突破"目标，加速发展汽车、装备、电子信
息、金融、会展、物流、生物医药与健康、节能环保等战略性主导产业；加强
对交通、城市垃圾处理和能源基础设施等的投资建设，推动战略性基础设施建
设上新水平；配合其他部门做好重大战略发展平台建设。

广州国有企业的一系列改革和发展措施要围绕上述目标来展开，并且瞄准
国有企业改革的探索方向，在开展顶层设计的同时，实现重点突破，对目前影
响和制约广州国有企业发展较大的问题制定改革的时间表。总体上，努力做到
"七个突出"、加快"七个转变"：一是在发展定位上，要突出与国家中心城市
地位相适应的引领、带动和辐射作用，加快从"追随者"战略向"领头者"
战略的转变；二是在发展动力上，要突出创新驱动，加快从主要依靠投资向主
要依靠创新的转变；三是在发展方向上，要突出"三个重大突破"领域，加
快从被动按照现有产业基础发展向主动调整产业布局结构转变；四是在国资运
营方式上，要突出在流动中增值，加快从资产管理向资本运营转变；五是在资
源配置范围上，要突出开放式配置，加快从小循环、小配置向大循环、大配置
转变；六是在国有企业监管方式上，要突出市场化管控手段，加快从内部管控
为主向社会监督为主转变；七是在提升竞争地位上，要突出核心产业和核心企
业，加快从整体规模做大向核心产业和核心企业做优做强转变。从而，推动广
州市国有企业向"数量减少、结构优化、实力增强、效益提升、贡献增大"
的目标演进，切实使国有企业成为政府重大部署的承担者、社会经济资源的整
合者、产业转型升级的引领者、经济协调发展的带动者、广州竞争力的代
表者。

**2. 先行先试，推进全市经营性国有资产统一监管，并进一步探索国有企
业的市场化选人机制**

尽快将分散在市属多个部门的经营性国有资产集中到市国资委监管，形成
"大国资委"格局，实现广州全市经营性国有资产政策、统计、运营、处置
"四统一"和运营效率、经济效益、整体实力"三提高"，从整体上促进广州
市国有资源合理配置、国有企业有效整合、国有经济协同发展。同时，协调好

文化类国有企业与原主管单位的领导关系。

推进体制机制完善，增强产权管理的规范性；全面推进以外部董事过半为核心的国有企业规范董事会建设。进一步探索国有企业市场化选人机制，减少企业干部行政化选任色彩，以过往经验和业绩为重。加快推出市管企业领导班子建设、管理、综合考核评价等规范办法，加强企业领导班子成员的交流任职，加强后备干部队伍建设；强化市场化的选人用人机制，探索在全球公开招聘 CEO，实现经理人职业化、市场化、国际化，努力打造一流的企业家队伍；完善长效激励机制，逐步扩大股权激励的实施范围，建立特别年金制度。

3. 继续推进以行政体制为重点的综合改革，为深化落实市场主体地位为主线的国有企业改革提供良好的环境

要坚持落实企业的市场主体地位。但国有企业改革不能单兵独进，要同其他领域的改革综合配套，全面推进。要继续深化行政体制改革，转变政府职能，切实落实企业经营自主权，实行政企分开、政资分开，理顺政府与企业的关系，减少政府对企业的过多干预。

要深化行政审批制度改革，凡是市场自行配置的，企业能自由解决的问题就不设定行政审批。

要深化企业分配制度改革，企业收入分配要体现效率兼顾公平，管理人员与普通工人既要拉开差距，又不能差距过大。

要深化投资体制、金融体制、财税体制改革。让国有企业彻底摆脱行政附属地位。

要进一步推进干部、人事制度改革，取消企业套用行政级别，要发展职业经理人队伍，企业要更多地向社会公开招聘高层管理人员，企业管理人员能上能下，能进能出。

4. 通过股份制改革，推进产权多元化，继续实施战略性结构调整

继续调整结构，加快转型升级，推进股份制改革。大中型企业均按规范的公司制要求进行配置，实现产权多元化。

要继续调整三大产业结构，大力发展现代服务业，以适应新型城市化发展需要。尤其是在金融业创新、新一代信息技术开发中走在新市场开发前列。

要继续调整创新型制造业，针对汽车业的综合风险，要切实采取措施规避政治和市场风险。对于一些本地国有企业已经不占据产业、行业优势的领域坚决地退出。

要深化产权制度改革，重新思考一些中外合作酒店变为纯国有和单一投资主体的利弊，一级企业集团要按股份制进行改革，实现投资主体多元化。

5. 以资本运作和证券化为重点，提升国有资产运营方式和手段

加快国有企业由政府所属企业向市场主体转变，监管资产向监管资本转变，提高证券化率。以管资产为主，解决政企不分问题，推进国有资产监管转型。大力推进国有资本投资控股平台建设，形成国资委—国资投资控股平台—国有资本投资企业三层管理架构。转变国资监管机构职能和管理方式，加快组建"穗富投资控股集团"，探索"淡马锡模式"本土化的路子，推动资本运作，促进国有资本在主动流动中保值增值，增强国有经济的控制力和引导力。

大力推进国有资本与社会资本联动设立产权投资基金，力争用3年左右的时间募集基金总规模达到100亿~150亿元，加强对战略性新兴产业和支柱产业的投资，助推产业结构优化升级。

大力推进国有企业股改上市和上市企业资产重组，加快实现国有资产证券化率60%的目标，进一步打造证券市场的"广州板块"，推进上市公司扩大再融资，强化资本市场促进国有经济跨越式发展的作用。

探索实施市值考核评价，引导上市公司加强市值管理，追求长期、持续、健康的市值最大化。对国有资产在各大企业集团中需控股51%的做法予以重新审视，或分行业采取不同的标准。

加强企业内部改革，完善法人治理结构，关键是加强董事会建设，规范运作，继续探索外部（独立）董事的设置。要真正依靠人民发挥民主，凡是涉及职工切身利益的事项都应听取职工意见。

6. 推进自主创新和品牌培育，加快企业转型升级

彻底改变广州部分国有企业"低成本、低利润"的加工贸易模式，加快传统制造业的转型升级。加强技术改造，强化国资收益投入、研发投入视同利润、技术要素参与分配等政策支持，大力推进技术创新，力争5年内使骨干企业研发投入、技术（工程）中心建设、创新人才、专利创造等指标居于行业先进水平。

加强品牌培育和提升，努力将"王老吉"、"白云山"、"珠江（钢琴）"等知名品牌打造成全国性和国际性大品牌，力争 5 年内使广州国有企业知名品牌的数量、价值和排名等居全国地方国有企业前列。

加强经营模式创新，鼓励开展产融结合、产业链延伸、市场开拓等方面的积极探索和尝试，大力推进电子商务和连锁经营发展。

加强创新考核评价，逐步加大企业经营者业绩考核中的创新业绩权重，切实使推进自主创新成为企业领导人的核心要务。

因此，广州要坚持走新型工业化道路，以技术高端化、产业集群化、资源集约化、园区生态化推动制造业结构调整，以高附加值、高技术含量、高市场容量为发展导向，充分利用好已落户广州的世界 500 强企业的研发中心或加工贸易子企业群，利用好广州已有的几十家国家和省市级企业技术中心以及其他各类研发机构，优化提升先进装备制造业、汽车产业、重化工业、船舶制造业等，使广州国有企业涌现出更多的大型行业龙头企业。

7. 充分利用国内外资源和市场，打造优势产业和"国有企业航母"

着力推进汽车（含新能源汽车）、钢琴、金融、电子信息、生物医药与健康、电气装备、节能环保、房地产和旅游等重点产业和核心企业加快发展，加速做强做大，以核心产品和核心企业带动广州优势先导产业的发展。

加强内部整合重组，以推进经营性国有资产统一监管为契机，加强市属国有企业、国有资产和国有资源的整合重组，大幅提高优势产业和核心企业资源集中度。

主动"引进来"，以核心国有企业为载体，以获取核心技术、品牌、市场资源为重点，主动引进国内外各种市场主体进行战略合作，努力消除制约发展的瓶颈。

积极"走出去"，鼓励优势国有企业通过并购、控股、品牌延伸、技术及管理输出等手段，在全国和全球布局发展，着重加强对国内外相关行业高端人才、核心技术和知名品牌的整合利用，加快发展壮大。

为此，一方面，要培育高新技术龙头企业。加快完善以企业为主体、市场为导向、产学研相结合的技术创新体系，培育龙头企业和产业集群。要以电子信息产业、生物医药、海洋产业、新能源、新材料等为重点，扶持这些领域企业的发展，力争这类重点企业实现突破，使广州率先成为国家创新型城市和全国重要的高技术产业基地、高技术产品出口基地。另一方面，要打造现代服务业骨干企业。充分利用"产业和劳动力双转移"、"中心城区产业"、"退二进三"、"加快发展现代服务业"、"建设首善之区"等重大决策带来的机遇，以现代服务业为主导，现代服务业、高新技术产业、先进制造业有机融合、互动发展的结构调整为主攻方向，构建产业结构高级化、产业发展集聚化、产业竞争力高端化的现代产业体系，促使国有经济在空港经济区、海港经济区、总部经济区、会展经济区等重大服务业功能区的建设发挥作用，发展金融保险、咨询服务、现代物流、商务会展、总部经济、科技服务、创意产业、电子信息技术等为代表的现代服务业。积极打造现代服务业骨干企业，以大型企业和产业集群的兴起，促进新型产业体系的构建，推动广州"服务型经济"的崛起。

三　几点建议

在总结调研的基础上，结合国内理论界和企业界的讨论，按照十八届三中全会精神，在此提出近期国有企业改革的路径选择。

1. 探索统一监管的"大国资"模式

在全国国有企业改革深化到国有资产改革的背景下，对全市国有资产实行统一监管，建立"大国资"体制的时机已经比较成熟。通过政企分开、管办分离，使原属财政、文改等部门监管的国有企业统一划归国资委监管，有利于国有资产的保值增值和监管到位，也有利于产业布局的合理化和调整重组推进的深入。国资委也可探索建立分类型的国有资产管理公司，作为新型的投融资平台。在对大国资委重新定位的基础上，参考"淡马锡模式"，向股权、投资管理机构靠拢，淡化政府行政机构色彩，并试探按企业模式进行业绩考核，进一步明晰市场与政府的边界。

2. 把企业真正当作市场主体

落实企业的市场主体地位，坚持按市场机制来运行企业。减少行政干预，分清国资委与国有企业各自的职责。清理、减少或下放行政审批项目，市政府和国资委更多地在宏观决策、行业规划布局上进行指引。监管方面也要防止政出多门，国资委受市政府授权监管国有资产，但不要对企业多头管理、下派多种苛捐杂税、召开不必要的多种会议。让企业作为市场主体依法纳税，依法经营。

3. 在重要领域发挥重要作用

国有企业区别于民营企业的很重要一点，就是尽量不要在一般性竞争领域与民营企业竞争，要把重要资源投入重要领域，并发挥重要作用，如金融、重大高新技术研发、重大基础设施、重大公益性项目等。就目前来看，要鼓励越秀集团、国际控股在产业金融领域进行拓展。要鼓励通过产权投资基金、国资运作公司，推动产融结合，提升广州国有企业在相关领域的控制力和影响力。要鼓励汽车集团、报业集团等实施重大科技创新，加大研发投入比例，占据产业技术制高点，全面引领广州国有企业带动珠三角转型升级。

4. 不再一味地追求绝对控股

打破传统思维模式，不再简单地强调国有控股比例，尤其是不要求在任何企业、任何领域拥有51%的绝对控股权。参考"淡马锡模式"，使持股、参股方式更加多样化。不断提高证券化率，促使更多的国有独资公司转变为社会公众公司，并以此改善法人治理结构，规范公司运作。

5. 推进市场化选人机制

进一步推进国有企业领导人市场化选择机制。彻底突破企业领导"官本位"，不断完善各层级市场招聘机制。逐步面向全市全行业、全国、全球招聘，通过打造国际化企业家队伍，推动产业高端化、企业国际化、市场全球化。把"广州制造"、"广州创造"、"广州服务"推向世界市场。

6. 分类监管各类型国有企业

如果探索实施"大国资"管理模式，就必须对全市各类国有企业实行分类监管。如竞争性行业、文化行业、亏损性行业、非营利性行业等，按不同行业和企业的特点，实行不同条件的监管，以体现公平竞争。尤其是交通、垃圾处理等行业要制定适合行业发展的政策，以期得到社会各界的广泛理解和认同。

（审稿　周凌霄）

B.26

"大国有资产"思路下广州市国有
企业改革研究

皮圣雷 尹 涛*

摘 要:

　　本文认为,广州国有企业改革应着力打造国有资产的产权交易平台,建立健全国有资源的价值评估机制,由国有资产投资管理平台负责进行资本运作。本文还提出了若干推进广州市国有企业改革、完善国有资产监管与运行机制的政策建议。

关键词:

　　国有企业 改革 资产管理平台

　　广州作为探索市场化和改革的前沿,其国有企业改革的政策探索与制度创新一直走在全国的前列。从2013年末开始,广州市一直在酝酿国有企业围绕"大国有资产"理念的新一轮改革。针对国有资产的资产管理平台建设成为广州市推动国有企业面向市场进一步深化改革的中心工作之一。通过国有资产投资管理平台建设,进一步厘清国有资产监管与经营主体的角色与功能,从而确保"大国有资产"的国有资产投资管理新理念能够得到有效贯彻,使广州国有企业改革真正实现从"管国有企业"向"管资产"的转型。

---

* 皮圣雷,广州市社会科学院产业经济与企业管理研究所博士;尹涛,广州市社会科学院产业经济与企业管理研究所所长、研究员。

一 "大国有资产"思路下国有企业改革的
系统性分析与改革设想

（一）"大国有资产"思路下国有资产监管运行系统的交易费用分析

广州目前围绕"大国有资产"的思路，一方面打破部门界限，统筹配置国有资产。另一方面建立国有资产投资平台，切实实现政府由"管国有企业"向"管国有资产"的转变，同时通过国有资产投资管理平台按照资本运营的模式科学合理地配置国有资产，实施国有企业的重组。这一"大国有资产"的思路是未来国有企业改革与转型升级的发展方向。但如果仅仅在政府与国有企业之间建立国有资产投资管理平台，似乎还并不足以达成上述改革的设想。

"大国有资产"思路下的国有资产监管与运行系统如图1所示。政府将某些国有企业及其名下的国有资产授权给投资管理平台，由投资管理平台以投资人的身份考核和统筹管理国有企业名下的国有资产，包括进行国有企业内部的兼并重组，以及引入民营资本建立混合所有制企业。在这样的体系下，国有企业将原则上不再从事资本运营，而仅仅在特定行业的商品市场上从事产业化经营。围绕国有资产保值增值的基本责任，国有企业对国有资产投资管理平台负责，而国有资产投资管理平台对政府负责。另外，国有资产投资管理平台还将对政府负有其他非经济类的责任，包括实现政府一些行政性或者社会性的目标与要求。这其中，政府的任务将原则上不再直接行政干预国有企业的日常经营，而是通过考核和监管国有资产投资管理平台确保其多重目标的实现。同时，政府还应进一步完善和监管各类商品市场的秩序，通过建立健全商品市场秩序提高国有及混合所有制企业的市场活力与竞争力。

如果政府按照理想状况，仅监管国有投资管理平台并进一步将国有企业和混合所有制企业推向市场，则承载国有资产的企业可以在具体业务的市场中降低市场行为的不确定性与资产的专用性，并在市场的互动中形成学习效应，提高市场竞争力。但是这样的改革设想并不一定能在根本上解决国有资产监督主体与运行主体交易费用过高的问题。

首先，政府与国有资产投资管理平台之间的委托代理关系应如何界定？如果广州市政府仍然按照原先的模式通过行政授权简单粗暴地将一些国有企业及其名下的国有资产划拨给某一国有资产投资管理平台，则政府与投资管理平台之间的关系仍然是原有行政授权下的委托代理关系。政府对特定国有资源的授权过程仍然存在资产专用性高、授权交易频率低的问题，政府在授权后仍然需要承担很高的监管成本，且在监管中难免赋予投资管理平台多重的考核目标。

其次，由于政府与国有资产投资管理平台之间的委托代理关系是行政授权之下的，会导致投资管理平台对所"投资"的国有企业缺乏控制权：既然是政府行政命令授权的，那么就算这是不良的资产，也难以自主地通过市场机制进行重组和变现。因此投资管理平台与国有企业之间的"投资契约"则可能因为行政授权而变为专用性非常高的"独门生意"。最终，国有企业的所有经营分析与资产管理风险将集中于投资管理平台，投资管理平台除了处理债务与不良资产外，缺乏对优质资产的独立处置权。

最后，政府的行政授权，使得投资管理平台高管仍然具有双重身份，并身负多重管理目标。由于缺乏独立的控制权，自然也不具备对投资管理效率与效益的责任以及收益权。最终，国有企业显存的弊端，例如国有资产闲置、缺乏市场活力与竞争力、国有企业管理人员去行政化困难等，将有可能蔓延到投资管理平台中。

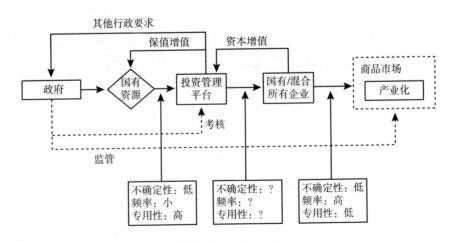

图1　"大国有资产"思路下国有资产监管与运行系统及其交易费用分析

（二）"大国有资产"思路下广州完善的国有资产监管运行体系设想

"大国有资产"理念在强调国有资产统筹管理，以及政府由"管国有企业"向"管国有资产"转变的同时，应该注重变革的路径，设计有效的国有资产监管运行体系，以保障"大国有资产"理念能够切实降低国有资产监管与运行主体的交易费用，释放国有企业以及国有资产的市场活力。

基于上述交易费用的分析，现有国有企业的各种不足的根源在于国有企业在成立之初就确立的政府行政授权的委托代理机制。这种委托代理关系并不是基于市场评估的，委托代理的双方就国有资源的市场价值，以及代理人的经营与管理能力都缺乏评估。最终导致极高的交易费用以及委托代理风险。目前，要想通过建立国有资产投资管理平台降低当前国有资产监管与运行主体的交易费用，就必须利用本轮改革的契机，分别通过市场机制完成对国有资源价值的评估以及对国有企业经营能力的考量。

首先，应将组建国有资产投资管理平台、划拨国有企业及其名下国有资产的过程建立在对国有资源的价值合理评价的基础上，从而真正避免因为行政授权而忽略国有资产实际价值情况而带来的各种委托代理风险。

其次，应对国有资产投资管理平台充分授权，并配置相应的管理责任与收益权，以确保其在进行国有资产投资管理过程中的独立性与专业性。这样可以让投资管理平台打破现有国有企业的组织界限，统筹配置各类国有资产，以实现资产运营效率与效益的最优化。

基于此，广州国有资产监管与运行系统的设想如图 2 所示。在组建国有资产投资管理平台的同时，应注重建立健全以国有资产为主的产权市场（甚至资本市场）。在这一市场上，应引入第三方的、专业的资产评估机构，对广州市的各项国有资源的价值进行评估，使资源价值化。在资源价值化的基础上，应该使国有资产投资管理平台基于国有资源的价值及其资源特性统筹管理、合理配置，在产权市场上进行重组、赎买或向民营资本受让。这样，政府就能专注考核国有资产投资管理平台对国有资产的投资收益，而投资管理平台则可以根据国有企业的绩效情况增（减）持国有资产的股权、实施国有企业的重组与合并、引入民营资本改组国有企业等。国有企业的高管则能够真正将精力集中于商品市场的经营管理。

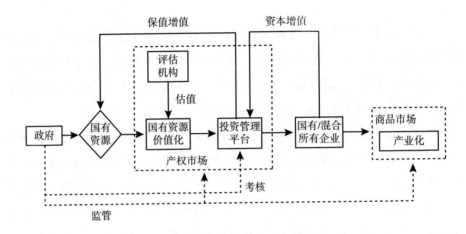

图2 广州国有资产监管与运行系统设想

二 "大国有资产"思路下广州国有企业改革的方案设计

（一）"大国有资产"思路下广州国有资产监管与运行系统优化的基本路径

基于以上分析，要实现从"管国有企业"向"管国有资产"的转变，重要的不是建立国有资产投资管理平台，而是通过建立国有资产投资管理平台建立健全国有资产的产权交易市场，包括价值评估、国有资产产权在一定范围内的市场交易（增持、重组、受让）。而国有资产投资管理平台的使命是在这一交易市场中通过资本的市场运作确保国有资产保值升值。因此，广州组建国有资产投资管理平台应遵循以下的基本路径。

——改组资源化。国有企业改革难免涉及国有企业改组甚至改制。国有企业改组指由国有企业相互间的重组或者兼并导致的现有国有企业组织的分拆，甚至是被兼并。改制指引入民营资本后，国有企业由原先的国有资产全资所有或者绝对控股的所有制结构，转变为混合所有制的所有制结构。无论是哪一种，在历史上被改组（制）的国有企业都或多或少地出现国有资源或资产流失、国有企业员工难以安置等问题。因此，本轮国有企业改革应不以国有企业为单位，而以国有企业名下的各项资源为单位，将土地、物业、设备、劳动力、知识或技术以及品牌、渠道等资源归类整理，分类逐项考虑重组或改组问题。这样，在改组的过程中，既对每个国有企业组织内部的各项国有资源都不会造成浪费，也能够通过专项资源的评估与改组，充分考虑到国有资源（包括国有企业员工的劳动力资源）的市场价值。

——资源价值化。在资源分类归档的基础上，应尽快建立国有资源价值评估机制，引入专业评估机构，分类逐项评估国有资源的市场价值。需要强调的是，不应以收购方（投资方）和被收购方（被投资方）的行业、领域、决策者认知来片面评价国有资源的价值，而应有专业评估机构，对每一类型的每一项国有资源按照资源或资产的专门领域进行估值。例如对设备的估值，应按照设备所属的行业或领域的专业认识来进行估值。这样的估值，将为政府成立国有资产投资管理平台，对投资管理平台围绕国有资产的授权奠定清晰的价值基础。由专业评估机构根据专门领域的市场估值，也对被授权的国有资产投资管理平台，如何科学有效运用名下各类国有资源或资产进行资本运作奠定了基础。民营资本的进入、混合所有制企业重组的谈判也应建立在国有资源市场估值的基础上。

——价值资本化。在完成对各种资源价值评估的基础上，核准资产管理平台对该项资源所持有的国有资本。资产管理平台按照所持有国有资本的价值及其属性，进行合理的资本运作，包括投资或融资。在投融资、引入混合所有制的过程中，按照先前评估核定的价值妥善安排原国有企业职工劳动力资源的配置，或者按照市场价格妥善遣散，或者按照先前评估核定的劳动力价值计入混合所有制资产并优化资源的配置。

——资本平台化。按照资本运营的具体业务、领域进行公司化重组。对国有资本按照运作的行业，或者运作的专门性方式建立若干个资产投资管理平台。在改革的初期，广州市政府通过行政授权，组建若干个资产投资管理平台，并按照改组资源化、资源价值化的改革路径评估所授权国有资源及资产的价值。被授权投资管理平台通过价值资本化实施资本运作。但随着本轮改革趋于成熟，广州市政府应在未来进一步放宽国有资产投资管理平台相互间国有资产产权的流转与交易。这样，国有资产投资管理平台才可能朝着专业化、市场化和产业化的方向发展。

（二）"大国有资产"思路下广州国有资产监管与运行体系主体角色设计

组建国有资产投资管理平台以后，事实上国有资产的监管与运营的主体主要有三类：国有资产委等政府职能部门、国有资产投资管理平台以及含有国有资产成分的业务经营单位（可能是全资所有的国有企业，也可能是混合所有制企业）。不同的主体其所发挥的角色应有所不同。国有资产委等政府职能部门应主要扮演监管者的角色，而不同的政府部门又恰好扮演不同的监管角色。例如国有资产委主要监管的是国有资产是否保值增值，而又例如国家发改委所监管的则应是国有资产所投入的方向是否符合区域的产业经济发展方向以及国家战略性新兴产业的发展方向。政府职能部门应该通过市场规则的设计，来确保国有资产的运营主体能够有效地、合规合法地进行"大国有资产"的资本运营与管理。总而言之，政府职能部门的一切监管都是围绕"国有资产保值增值"来进行。

而国有资产投资管理平台，实质上是一个国有资产的运营单位，它负责将国有资产进行各种实业投资，并通过资本运营等方式让国有资产保值增值。在国有资产投资管理平台看来，无论投入多少，在企业中占比多少，国有资产的每一个投资项目都需要被跟进。它应该定期审定所投资项目的营利性及发展潜力，并科学合理地调整其投资的组合。在适当的时候，它应该可以通过融资等方式发挥国有资产的杠杆效应，增大对某些重要的、具有很高盈利预期的实业项目的投资。

国有企业及其他国有资产参股或控股的企业，是国有资本事实上的经营者。它们主要的目标是"活"的经营利润，它们不一定对国有资产的监管者直接负责，但却对企业特定的投资者——国有资产投资管理平台直接负责。具有国有资产背景的企业应该都处于一定的市场竞争之下，因此建立开展技术创新和生产运营，并建立市场竞争优势是这些企业的主要功能。与一般的企业一样，它们相互之间可以建立联盟，也可以交叉持股甚至并购。但是这一系列战略性行为都必须获得董事会，也即需要获得国有资产投资管理平台的同意。

除了以上三类监管与运行主体以外，广州国有资产监管与运行体系中还需要一个重要角色：价值评估机构。价值评估机构的职责是对广州市政府委托国有资产投资管理平台管理和运作的所有国有资源进行分类评估，是建立国有资产投资管理平台初期界定投资管理平台名下资产状况的关键一方，也是建立国有资产投资管理平台以后广州市健全产权交易平台的关键基础。

建立国有资产投资管理平台以后，其实在一定程度上解放了国有资产监管单位和国有企业。对于国有资产监管部门而言，管理国有企业的具体业务经营并不是它们的强项。有了国有资产投资管理平台以后，国有资产监管部门确保国有资产保值增值则能够从"管企业"转变为"管资产"，因此可以进一步充分发挥政府职能部门各种市场监管的作用。另外，以往国有企业的高管是兼具政府行政性角色与市场经济角色于一身的，既具有一定行政级别并承担一部分行政责任，又在日常工作中需要分散精力应付各种行政事务，以后他们可以通过资产管理平台彻底转变成纯粹的企业经营者。以往由于行政性的需求与经济性的需求重合，导致国有企业过分注重投资规模，并引发地方政府负债等问题，而有了国有资产投资管理平台这样一个专门性的资本运营机构，则可以确保国有资产的运营是以提高净资产利润率而非投资规模作为主要目标（见图3）。

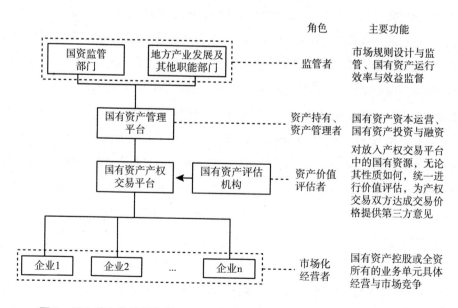

图3 设立国有资产投资管理平台后国有资产监管与经营主体的角色与功能

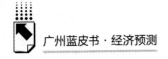

（三）"大国有资产"思路下广州国有资产监管与运行体系构建方案

国有资产委控股新成立的国有资产投资管理平台，管理平台高管团队以国有资产委政府官员及市场化招聘资本运营人才组成。借鉴"淡马锡模式"，广州国有资产委可以将广州市所有的国有资产作为股本金，控股新成立的国有资产投资管理平台，以便对其资本运营实施直接的监管。由市国有资产委等政府部门遴选国有资产投资管理平台的高管团队。高管团队的构成来自两个方面，一是国有资产委派驻的公务员，二是市场招聘来的资本运作管理人才。国有资产委派驻的公务员仅负责监管资产管理平台的日常运作，确保其投融资决策的合规性和合法性，但不直接干预投融资决策与具体操作。派驻公务员的薪酬也可以不由资产管理平台确定和发放，仍由广州市国有资产委按照公务员的薪酬制度核定和发放。

国有资产投资管理平台应充当计划体制与市场体制之间的"隔离墙"和"转换器"。在新的国有资产运行体系中，行政性的、政策性的管理事务主要同国有资产管理平台对接。这样一方面确保资产管理平台对国有资产运作的规范性，同时也能将政府的行政体系与从事实业经营的国有企业适当地分离，真正实现政企分开。在新的国有资产运行体系里，负责国有资产监管的行政职能部门不应当再直接干预国有企业（或有国有资产背景的企业）的日常经营行为，因为过多的行政干预很难将国有企业进一步推向市场化。为了保证对国有资产运行的监管，行政职能部门要直接监督和管理的应该是国有资产管理平台。监管部门应该通过出台国有资产运行机制方面的政策和规范来实现对国有资产投资管理平台内部资本运作过程的规范化。同时，国有资产委等监管部门还应对国有资产投资管理平台运作国有资产的效率和效益进行考核。以往针对国有企业的一系列各种行政事务，例如各类性质的通报会议及文件传达等，也应该通过资产管理平台进行消化和传达。

发扬"大国有资产"理念，国有资产投资管理平台应充分发挥国有资产代理人的功能，将各种类型和形态的资源和资产都统筹运作、分类管理。目前政府和国有企业对"大国有资产"概念的理解多是突出各级国有经营性资产统筹监管。事实上，国有经营性资产往往包含多种不同类型和形式，包括财务资产、土地等要素资源以及人力资本等。同时广州市国有企业还存在经营性资产与政府行政性资源较难完全分离等现象。资产管理平台不仅仅要统筹管理名下国有企业的财务资产，还应统筹管理名下国有企业的各类型物业资产以及体制内现存的人力资产等。

——对于原先国有企业的财务资产、可流转土地资产等应该被按照投资项目管理或者资本运营的方式被资产管理平台进行统筹规划与运作。

——对于国有企业代管的政府行政性资源或资产等，资产管理平台也应统一管理，并将资源或资产的管理成本纳入政府购买服务，从而进一步将国有企业推向市场。

——对于国有企业现有的"体制内"员工以及具有行政职务的管理人员，国有资产投资管理平台也应该统一管理其档案，并管理这部分人员除去所在国有企业以外的福利等。这样，就可以进一步推进国有企业去行政化，并在经营性国有企业内部实现同工同酬。

国有资产投资管理平台应统筹名下的国有经营性资产，通过融资等方式充实国有资产投资的规模，真正实现"大国有资产"的资本运作。国有资产投资管理平台应统筹名下的国有经营性资产，通过资产证券化、产业债、地方债等形式进行融资。融得的资金将作为国有资产投资管理平台的投资本金注入名下国有企业或混合所有制企业中。这样，国有资产投资管理平台可以利用国有资产的杠杆效应，扩大国有资产的投资规模，真正实现"大国有资产"理念下国有资产大体量的资本运作内涵。

国有资产投资管理平台应以提高净资产收益率为中心目标，进行实业和金融的投资管理。既然国有资产投资管理平台的职责是从事国有资产的资本运营和投资管理，那么其内部运作体系的中心目标就应该是确保投资的效率与效益，即提高国有资产投资的净资产收益率。这样，就能够有效地保障国有资产的保值增值。

——为了有效地进行国有资产的投资管理，资产管理平台应对名下的全资国有企业进行业务合并，并根据行业相关度整合为若干公司。通过业务的合并，促进国有企业从前一阶段的行业多元化回归主业，从而更好地做大做强，提高市场竞争力。

——资产管理平台应该按照平台内资本的结构与情况，科学合理地建立国有资产的投资组合，并定期评估投资收益。对于投资收益不理想的项目，要及时和合理地通过市场化手段套现或置换。

在改革的初期，建议"先有主体，后有市场"——先组建若干个国有资产投资管理平台，后建立健全国有资产的产权交易市场。广州市在组建国有资产投资管理平台、将相应国有资产及资源通过行政授权划给国有资产投资管理平台进行管理的同时，应健全产权交易平台。通过引入专业的评估机构，建立健全国有各项资源的价值评估机制。在这一机制下，划归特定国有资产投资管理平台的国有企业将接受由政府委托的专业评估公司对其各项资源的市场评估，最终形成市场价值评估报告，包括资源边界、资源的自身价值（或者初期建设/购置成本）、资源的寿命、资源的当前市场价格等。国有资产管理平台根据评估报告综合评估名下国有企业的每一项资产状况，并科学合理地进行业务、资产重组；国有资产监管部门也根据这些评估报告作为日后考核资产投资管理平台经营国有资产绩效的参照。另外，当国有资产投资管理平台涉及向社会受让产权、发行债券等证券产品、投资或是兼并其他企业时，也根据专业评估机构对当前市场价值的评估在产权交易市场上进行上述资本运营（见图4）。

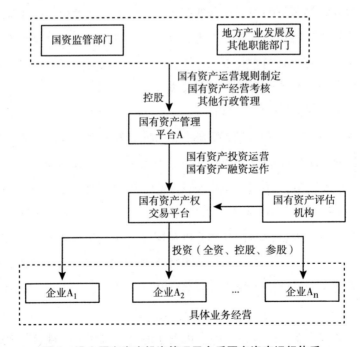

图4 设立国有资产投资管理平台后国有资产运行体系

三 进一步完善广州国有资产运行机制的若干政策建议

根据以上的分析与思考，为发挥市场在资源配置中的决定性作用，广州应进一步完善国有资产监管与运行体系的系统设计，才能很好地通过国有资产投资管理平台统筹管理国有资产及国有企业，并实现国有资产的保值增值。具体政策建议如下。

——组建一个或若干个国有资产投资管理平台，由广州市国有资产委控股，并派驻人员监管。统一对全市国有企业名下的经营性资产和行政性资产进行国有资产投资管理。资产管理公司是国有资产委的代理人，而国有企业就演变成为资产管理公司的投资对象。资产管理公司对各国有企业各种性质的存量资产进行统一评估和管理。各个国有企业按照资产管理公司的评估进行股份或产权交易，引入民营资本。

——集中事权，建立广州市"大国有资产"监管体系。在统筹各级和各行业国有资产运营的同时，广州市各个主管职能部门也应该厘清事权，对国有资产的监管以及国有资产全资所有的企业经营行为的监管应集中到一个专门性的部门，比如广州市国有资产委。

——政府在行政管理与行政命令上落实从"管国有企业"向"管国有资产"的转变。广州市国有资产委及其他政府部门应逐步退出对广州市国有企业战略决策与规划以及其他日常经营活动的审批和直接干预，转而监控资产管理公司管理国有资产保值升值的情况，考核的核心指标也是净资产收益率。

——建立健全广州市的产权市场和商品市场两个层次的市场机制。目前，广州市已经在建立产权交易平台方面迈出了探索的第一步。下一步，应该在现有工作的基础上，将产权市场作为平行于商品市场的另一层次的市场来认识其重要性，并进一步完善产权交易市场的各种保障机制。要健全产权交易市场，一个重要的工作就是引入专业评估机构，建立产权尤其是国有资产产权的评估机制。

（审稿 周凌霄）

附　　录

Appendix

附表1　2013年广州市主要经济指标

指　标	单位	绝对数	比上年增减(%)
年末户籍总人口	万人	832.31	1.2
年末常住人口	万人	1292.68	0.7
年末社会从业人员	万人	—	—
地区生产总值	亿元	15420.14	11.6
第一产业	亿元	228.87	2.7
第二产业	亿元	5227.38	9.2
#工业增加值	亿元	4754.85	9.9
第三产业	亿元	9963.89	13.3
全社会固定资产投资额	亿元	4454.55	18.5
社会消费品零售总额	亿元	6882.85	15.2
外商直接投资实际使用外资	亿美元	48.04	5.0
商品进口总值	亿美元	560.82	-3.7
商品出口总值	亿美元	628.06	6.6
地方财政一般预算收入	亿元	1141.79	10.8
地方财政一般预算支出	亿元	1384.72	8.9
全社会客运量	亿人次	8.89	12.2

续表

指　　标	单位	绝对数	比上年增减(%)
全社会货运量	亿吨	8.93	19.6
港口货物吞吐量	亿吨	4.73	4.8
邮电业务收入	亿元	457.59	9.5
金融机构人民币存款余额	亿元	32850.57	12.9
#城乡居民储蓄存款余额	亿元	12253.98	8.6
金融机构外币存款余额	亿美元	161.99	-13.8
城市居民消费价格总指数(上年=100)	%	102.6	2.6
城市居民年人均可支配收入	元	42049	10.5
农村居民年人均纯收入	元	18887	12.5

注：①地区生产总值、规模以上工业总产值增长速度按可比价格计算；
②金融机构存贷款余额增速为比年初增长速度。

附表 2　2013 年全国十大城市主要经济指标对比

指　　标	单位	广州	北京	天津	上海	重庆
规模以上工业总产值（当年价）	亿元	17310.24	17209.27	26400.37	32088.88	15824.86
比上年增减	%	12.9	6.9	13.1	4.4	14.5
规模以上工业产品销售率	%	97.9	99.1	98.4	99.1	97.9
全社会固定资产投资额	亿元	4454.55	7032.19	10121.20	5647.79	11205.03
比上年增减	%	18.5	8.8	14.1	7.5	19.5
社会消费品零售总额	亿元	6882.85	8375.12	4470.43	8019.05	4511.77
比上年增减	%	15.2	8.7	14.0	8.6	14.0
海关进口总值	亿美元	560.82	3658.57	795.03	2371.55	219.17
比上年增减	%	-3.7	5.0	18.1	3.1	49.7
海关出口总值	亿美元	628.06	632.46	490.25	2042.44	467.97
比上年增减	%	6.6	6.1	1.5	-1.2	21.3
实际利用外资额（外商直接投资）	亿美元	48.04	85.24	168.29	167.80	41.44
比上年增减	%	5.0	6.0	12.1	10.5	34.3
金融机构人民币存款余额	亿元	32850.57	87990.60	22684.59	65037.47	22202.10
金融机构人民币贷款余额	亿元	20172.97	40506.70	19453.31	39748.56	17381.55
城乡居民人民币储蓄存款余额	亿元	12253.98	23086.41	7612.31	20486.25	9622.31
城市居民消费价格总指数	%	102.6	103.3	103.1	102.3	102.7

指　　标	单位	沈阳	武汉	南京	哈尔滨	西安
规模以上工业总产值（当年价）	亿元	13678.26	10394.07	12647.14	3363.00	4497.62
比上年增减	%	13.6	18.0	10.3		16.5
规模以上工业产品销售率	%	98.5	97.1	98.6	98.0	96.1
全社会固定资产投资额	亿元	6383.91	6001.96	5093.78		5134.56
比上年增减	%	13.5	19.3	18.1		21.0
社会消费品零售总额	亿元	3186.09	3878.60	3504.17	2728.30	2548.02

续表

指　　标	单位	沈阳	武汉	南京	哈尔滨	西安
比上年增减	%	13.7	13.0	13.8	13.9	14.0
海关进口总值	亿美元	73.33	98.09	234.91	36.40	95.06
比上年增减	%	8.1	2.1	0.7	31.4	66.3
海关出口总值	亿美元	69.96	119.43	322.66	29.00	84.76
比上年增减	%	17.3	11.1	1.1	53.4	16.1
实际利用外资额(外商直接投资)	亿美元	58.11	52.50	40.33	22.60	31.30
比上年增减	%	0.1	18.1	-2.0	19.1	26.3
金融机构人民币存款余额	亿元	11437.21	14701.18	18050.82	8488.20	13763.19
金融机构人民币贷款余额	亿元	8867.05	11797.26	13791.06	6275.90	10023.63
城乡居民人民币储蓄存款余额	亿元	4765.48	5421.80	4883.29	3593.60	5357.05
城市居民消费价格总指数	%	102.5	102.4	102.7	102.1	102.7

注：数据来源于城市对比月报（2013 年 12 月）。工业总产值、工业产品销售率为年主营业收入 2000 万元以上工业企业，比上年增长按可比价格计算。

附表3 2013年珠江三角洲主要城市主要经济指标对比

指 标	单位	广州	深圳	珠海	佛山	惠州
规模以上工业总产值（当年价）	亿元	17310.24	22177.91	3418.23	17157.64	6518.66
比上年增减	%	12.9	6.6	12.8	12.6	18.0
规模以上工业产品销售率	%	97.9	98.2	96.9	97.0	98.2
全社会固定资产投资额	亿元	4454.55	2501.01	960.89	2383.65	1401.30
比上年增减	%	18.0	14.0	23.0	15.0	18.6
社会消费品零售总额	亿元	6882.85	4433.59	720.52	2264.10	857.91
比上年增减	%	15.2	10.6	13.5	12.1	13.5
海关进口总值	亿美元	560.82	2316.41	275.63	214.11	240.72
比上年增减	%	-3.7	18.6	14.6	2.4	18.6
海关出口总值	亿美元	628.06	3057.18	266.06	425.30	333.21
比上年增减	%	6.6	12.7	23.0	5.9	14.1
实际利用外资额（外商直接投资）	亿美元	48.04	54.64	16.87	25.21	18.34
比上年增减	%	5.0	4.5	16.6	7.3	6.2
金融机构人民币存款余额	亿元	32850.57	31547.76	3892.13	11083.65	2984.94
金融机构人民币贷款余额	亿元	20172.97	20632.92	1972.22	6872.85	1826.62
城乡居民人民币储蓄存款余额	亿元	12253.98	9423.14	1340.62	5553.58	1533.96
城市居民消费价格总指数	%	102.6	102.7	102.3	102.5	102.1

指 标	单位	肇庆	江门	东莞	中山
规模以上工业总产值（当年价）	亿元	3424.98	3076.12		
比上年增减	%	18.1	13.8		
规模以上工业产品销售率	%	97.5	94.6	98.0	94.8
全社会固定资产投资额	亿元	1007.78	1000.84	1383.94	962.93
比上年增减	%	20.0	17.7	18.2	15.2
社会消费品零售总额	亿元	493.12	903.70	1486.66	890.55
比上年增减	%	13.8	12.0	9.8	10.4

续表

指　　标	单位	肇庆	江门	东莞	中山
海关进口总值	亿美元	19.90	57.30	622.08	91.51
比上年增减	%	-14.6	-1.2	4.6	3.1
海关出口总值	亿美元	43.30	140.00	908.64	264.78
比上年增减	%	27.2	7.9	6.9	7.5
实际利用外资额(外商直接投资)	亿美元	12.41	9.23	39.38	6.46
比上年增减	%	7.8	6.1	16.9	-19.6
金融机构人民币存款余额	亿元	1540.44	3207.33	8630.73	3786.56
金融机构人民币贷款余额	亿元	1030.91	1563.15	4774.23	2111.40
城乡居民人民币储蓄存款余额	亿元	974.24	2029.88	4476.43	1932.67
城市居民消费价格总指数	%	102.9	101.8	101.9	101.60

注：①广州、深圳、珠海、佛山、东莞数据来源于城市对比月报（2013 年 12 月），惠州、肇庆、江门、中山数据来源于各市统计局网站月报。

②工业总产值、工业产品销售率为年主营业收入 2000 万元以上工业企业，比上年增长按可比价格计算。

Abstract

Analysis and Forecast on Economy of Guangzhou in China (*2014*), is one of the Guangzhou blue book series and edited by Guangzhou University, Policy Research Office of Guangzhou municipal Party committee, and Guangzhou Municipal Bureau of statistics, and Guangzhou Municipal Development Reform Commion, and Guangzhou Municipal People'S Government Research Center. This book is included in the "Social Science Acdemic Press of the National Book Series" and public offering. The eight parts of the book including pandect, Transformation development, economic development, industrial development, commercial trade, labor employment, enterprise, and appendix. It collects the latest research works from the Guangzhou research group, universities and many economic experts from government departments, scholars and front line people. In a word, this book is an important reference on Guangzhou economic operation and relevant thematic analysis, prediction.

Facing the complex and changing international economic situation and the domestic environment of steady economic development, carrying out and fulfilling both the spirit of Eighteen and the Third Plenary Session of the eighteen, Guangzhou Party Committee and Guangzhou Government overcome much difficulties, promoted the development of new urbanization, and tried best to defuse the pressure of the economic downturn at home and abroad In 2013. Figures released shows that in 2013 the economic development of the whole Guangzhou have a good trend of stability, optimize progress, upgrade industrial structure, the region growth have reach 11.6%.

In the situation of world economic recovery and domestic macro economic taken steady progress, in the year of 2014, Guangzhou should vigorously promote and deepen the reform of the economy, promoting economic growth by reform dividend, focusing the transformation and upgrading, improving the efficiency of economic growth, mining domestic demand growth potential, enhancing the driving force of economic development; speeding up the transformation and upgrading of foreign trade, promoting competitive advantages of foreign trade, enhancing the drive capability of innovation, implementing the strategy of talents prospering market.

Contents

B I   General Report

Abstract: In 2013, In order to promote the development of the New Urbanization, Guangzhou tried its best to resolve the pressure of domestic economy downward. The economic shows a good trend of stability and structural optimization, the GDP growth of the whole year is 11.6%. In 2014, with the purpose of promoting economic growth, Guangzhou should vigorously promote and deepen the reform of the economy, focusing the transformation and upgrading, improving the efficiency of economic growth, mining domestic demand growth potential, enhancing the driving force of economic development; speeding up the transformation and upgrading of foreign trade, promoting competitive advantages of foreign trade, enhancing the drive capability of innovation, implementing the strategy of talents prospering market.

Keywords: Guangzhou; Analysis of Economy; Prospect

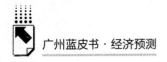
B Ⅱ   Transformation Transition

B. 2   Research on Progress of Guangzhou Low-carbon Urban

   Construction and Countermeasures   *Gao Wei* / 019

Abstract: This paper reviews the main achievements of Guangzhou construction of low carbon urban and energy-saving and emission reduction work, and makes a preliminary forecast on the trend of carbon emissions of Guangzhou in the near future, and proposes six countermeasures on promoting Guangzhou low-carbon urban construction in 2014.

Keywords: Low-carbon Urban; Energy-saving and Emission Reduction; Carbon Trade

B. 3   The Policy Research on Promoting New Urbanization

   in Strengthening the Quality of Guangzhou

Research Group of Guangzhou Development

Institute of Guangzhou University / 030

Abstract: The implementation of *quality improving city* strategy is of great significance in the development of Guangzhou's new urbanization. Guangzhou should take *quality improving city* as an important strategic platform, and explore the transformation upgrade path actively. Further more, enhance the organization and implementation of *the quality improving city*, and establish the strategic position of giving priority to the development of service industry quality, and increase the enforcement of city's cultural construction.

Keywords: Guangzhou; Strategy of Quality Improving City; New Urbanization

B. 4 Research on Upgrading the Metropolitan Areas of Guangzhou

Research Group of Guangzhou Development

Institute of Guangzhou University / 040

Abstract: This paper took Guangzhou city 123 city functional layout plan as a guide, drew lessons from the international advanced city renewal concept and control mode, studied the basic elements of geographical space, the evacuation of the population, industry division, cultural heritage and so on, and final put forward the countermeasure of the optimization path to be a real and better metropolitan area.

Keywords: Guangzhou; Metropolitan Area; Optimizing

B. 5 Research on Promoting the Transformation and Upgrading
of Yuexiu District Industry under the Background
of New Urbanization

Development and Reform Bureau of Yuexiu District / 063

Abstract: This paper, based on summarizing the development status of Yuexiu District industry, elaborated the industry transformation and upgrading path, space layout, key to development t, and the corresponding policy guarantee measures.

Keywords: New Urbanization; Industry; Transformation and Upgrading

B. 6 Analysis of the Structure of Economic Development of
Guangzhou   *Research group of Guangzhou statistic bureau / 077*

Abstract: In order to better reflect the development situation of Guangzhou economy, this paper analysis the industrial structure, power structure, benefit structure and investment structure of Guangzhou, and provide reference to the adjustment of industrial structure and acceleration of development transformation.

Keywords: Guangzhou; Economic Development; Structure

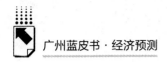
Abstract: Through the comparison of the major economic indicators among seven major cities in China of 2013, this article analysed economic development between Guangzhou and Beijing, Tianjin, Shanghai, Chongqing, Shenzhen, Jiangsu city, and which would provide reference suggestion on economic decision of Guangzhou city in the future.

Keywords: Guangzhou; The Main City; Comparative Economic Development

Abstract: First, it show active in private investment from the aspect of the fixed assets investment structure; Second, the third industry is vigorously developing from the observation of industrial structure; Third, the investment develop towards the connotation of efficiency.

Keywords: Fixed Asset Investment; Scale; Structure

Abstract: Through the establishment of regression model and then use the recent Guangzhou investment in fixed assets and GDP data, this paper analyzed the difference of pulling effect on various economic types of fixed asset investment, And final it put forward corresponding suggestions.

Keywords: Fixed Asset Investment; Economic Growth; Comparative Analysis

B III Indutrial Reports

Abstract: The paper, based on the recent Guangdong 42 departments input-output survey data, has an empirical analysis of the industry attribute and judgment of positioning function of Guangzhou real estate, and put forward the conclusion and countermeasures.

Keywords: Real Estate; Input-output; Industry Association

Abstract: This paper described the development and influence of 3D printing industry, analyzed the development situation of Guangzhou 3D printing industry, and put forward the measures and policies in promoting Guangzhou 3D printing industry.

Keywords: Guangzhou City; New Industrial Revolution; 3D Printing Industry

Abstract: This paper analyzed the basic content of the construction of

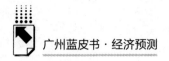
Guangzhou city health medical center and key projects, and put forward some policy suggestions and corresponding measures.

Keywords: Health Care Center; Key Project; Policy and Suggestion

B. 13　Service Social Management Innovation of Guangzhou Government Rent Department

Guangzhou Local Taxation Bureau Research Group / 166

Abstract: In order to promote the social organization development, improve and play the role of tax in the strengthening and innovating social management, this article sum up the social management experience in Guangzhou local tax service, and put forward

some countermeasures and suggestions in strengthening tax policy guidance, tax regulation and enhancing the innovation of management services.

Keywords: Local Tax; Tax Administration; Social Management

B. 14　Study on the Industry Development Planning of Guangzhou Haizhu District

Research Group of Guangzhou Development

Institute of Guangzhou University / 176

Abstract: According to the development situation of Haizhu's industry and general functional orientation, this paper determined which key project and what kind of spatial patterns of strategic industry should be focused in future. The article put eight key development project in the end.

Keywords: Haizhu District; Industrial planning; Development Strategy

Abstract: Based on the investigation of folk financial cases Yuexiu District court have executed in recent five years, this article explored the causes, difficulties and problem of folk financial cases, so as to put forward countermeasures and suggestions for better prevention, it is better for promoting the harmonious development order of the financial.

Keywords: Folk Financial Disputes; Causes; Prevention and Treatment

B IV   Commercial Trade

Abstract: This paper analyzed the development status of Guangzhou foreign trade and economic cooperation in 2013. And then, according to the basic trend of world economic development, economic and trade situation of Guangzhou in 2014 were predicted. And proposed countermeasures were put forward.

Keywords: Guangzhou; Foreign Economic and Trade; Analysis Situation

Abstract: This paper, on the base of analyzing the general situation development of industry and Commerce in Guangzhou city and development measures in 2013, put forward the development proposals of 2014 from the six

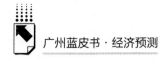

aspects below, promoting the industrial transformation and upgrading, cultivating new industries, nurturing endogenous growth, optimizing space layout, industrial sustainable development, industrial innovation and reform.

Keywords: Industrial and Commercial Economy; Development; Guangzhou

B. 18　The Effect of Resource Products' Price Rising on the
Guangzhou Residents' Consumption Expenditure

National Bureau of Investigation Team of

Guangzhou Research Group / 239

Abstract: According to the related survey data of Guangzhou, and using the descriptive statistic analysis and OLS model analysis, this paper analyze the effect degree of the growing prices of resource products' price rising on the Guangzhou residents' consumption expenditure in recent years, and on this basis the corresponding political suggestions were put forward.

Keywords: The Prices of Resource Products; Resident Consumption; OLS Model

B. 19　Promoting the Transformation and Upgrading of the
Professional Wholesale Market of Guangzhou　　*Guo Haibin / 251*

Abstract: Guangzhou's professional wholesale market traditional advantage is weakening, it is necessary to promote the Pearl River Delta industrial development and strengthen the role of Guangzhou as the center city's radiation, leading, driving by promoting and upgrading the professional wholesale market.

Keywords: Guangzhou; Professional Wholesale Market; Transformation and Upgrading

Abstract: This paper analyzed the development conditions and limitations of the Nansha new district cross-border electronic commerce and logistics industry, and put forward some suggestions to promote cross-border industrial cooperation among Canton, Hong Kong and Macao from the industrial layout and industrial development.

Keywords: Nansha New District; Cross-border Cooperation among Guangdong, Hong Kong and Macao; Electronic Commerce and Togistics Industry

⅁ V   Labor Employment

Abstract: In order to master the demand of Guangzhou urban staff in 2013, the Guangzhou Municipal Statistics Bureau organized the urban employment personnel changes and new jobs demand survey. According to the survey data, this paper analyzed the staff demand characteristics in 2013, and proposed the solution.

Keywords: Guangzhou City; Urban Staff; Personnel Needs Situation

Abstract: Based on the sample survey of Guangzhou residents, This paper analyzed the basic conditions of employment and the characteristics of Guangzhou

367

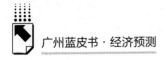

residents, and put forward some corresponding countermeasures and suggestions.

Keywords: Guangzhou City; Unemployment Rate; Influence Factor

B. 23 Study of Wage and Labor Productivity in Guangzhou

Research Group of Guangzhou National Statistics Bureau / 292

Abstract: This paper analyzed the general trend of changes in the wage and labor productivity of Guangzhou since 2000, and forecast synchrony potential between the Guangzhou industry labor productivity and wage growth, put forward a series of political suggestions on economic growth and income distribution to promote the Guangzhou substantive leap over *Middle Income Trap*.

Keywords: Wages; Labor Productivity; Middle Income Trap

B VI Enterprise Reform

B. 24 Influence of Industrial Production Prices Factors Changes
toward Benefits of Guangzhou Industry Business

Chen Bei, Yan Ruina / 319

Abstract: This article, through the investigation of 500 industrial enterprises in Guangzhou, understood the causes of all kinds of factors of production price changes and its impacts on production and operation and efficiency of enterprises, put forward some countermeasures and suggestions to solve these problem.

Keywords: Raw Material Price; Price of Labor; Loan Interest Rates; Enterprise Benefit

B. 25 Research the Direction and Idea of the Reform of State-owned
Enterprises of Guangzhou

Peng Peng / 331

Abstract: According to the reform of China's policy oriented on state-owned enterprises, this paper, combining with the actual conditions of Guangzhou, put forward the direction of state-owned enterprise reform, ideas and political suggestions in the future.

Keywords: State-owned Enterprises; Reform; Ideas

B. 26   The Reform of State-owned Enterprises of Guangzhou

Pi Shenglei, Yin Tao / 340

Abstract: This paper consider, Guangzhou should build rights trading platform of the state-owned assets, set up a good value evaluation mechanism of state-owned resources, and the state owned assets investment management platform run capital operation. This paper also put forward some political recommendations to promote the reform of state owned enterprises of Guangzhou, and improve the state-owned assets supervision and operation mechanism.

Keywords: State-owned Enterprise; Reform; Assets Management Platform

B VII   Appendix

权威报告　热点资讯　海量资源

当代中国与世界发展的高端智库平台

皮书数据库　www.pishu.com.cn

　　皮书数据库是专业的人文社会科学综合学术资源总库，以大型连续性图书——皮书系列为基础，整合国内外相关资讯构建而成。该数据库包含七大子库，涵盖两百多个主题，囊括了近十几年间中国与世界经济社会发展报告，覆盖经济、社会、政治、文化、教育、国际问题等多个领域。

　　皮书数据库以篇章为基本单位，方便用户对皮书内容的阅读需求。用户可进行全文检索，也可对文献题目、内容提要、作者名称、作者单位、关键字等基本信息进行检索，还可对检索到的篇章再作二次筛选，进行在线阅读或下载阅读。智能多维度导航，可使用户根据自己熟知的分类标准进行分类导航筛选，使查找和检索更高效、便捷。

　　权威的研究报告、独特的调研数据、前沿的热点资讯，皮书数据库已发展成为国内最具影响力的关于中国与世界现实问题研究的成果库和资讯库。

皮书俱乐部会员服务指南

1. 谁能成为皮书俱乐部成员？

- 皮书作者自动成为俱乐部会员
- 购买了皮书产品（纸质皮书、电子书）的个人用户

2. 会员可以享受的增值服务

- 加入皮书俱乐部，免费获赠该纸质图书的电子书
- 免费获赠皮书数据库100元充值卡
- 免费定期获赠皮书电子期刊
- 优先参与各类皮书学术活动
- 优先享受皮书产品的最新优惠

社会科学文献出版社　皮书系列
卡号：1546001949328583
密码：

3. 如何享受增值服务？

（1）加入皮书俱乐部，获赠该书的电子书

　　第1步 登录我社官网（www.ssap.com.cn），注册账号；

　　第2步 登录并进入"会员中心"—"皮书俱乐部"，提交加入皮书俱乐部申请；

　　第3步 审核通过后，自动进入俱乐部服务环节，填写相关购书信息即可自动兑换相应电子书。

（2）免费获赠皮书数据库100元充值卡

　　100元充值卡只能在皮书数据库中充值和使用

　　第1步 刮开附赠充值的涂层（左下）；

　　第2步 登录皮书数据库网站（www.pishu.com.cn），注册账号；

　　第3步 登录并进入"会员中心"—"在线充值"—"充值卡充值"，充值成功后即可使用。

4. 声明

　　解释权归社会科学文献出版社所有

皮书俱乐部会员可享受社会科学文献出版社其他相关免费增值服务，有任何疑问，均可与我们联系
联系电话：010-59367227　企业QQ：800045692　邮箱：pishuclub@ssap.cn
欢迎登录社会科学文献出版社官网（www.ssap.com.cn）和中国皮书网（www.pishu.cn）了解更多信息

社会科学文献出版社

皮书系列

"皮书"起源于十七、十八世纪的英国，主要指官方或社会组织正式发表的重要文件或报告，多以"白皮书"命名。在中国，"皮书"这一概念被社会广泛接受，并被成功运作、发展成为一种全新的出版形态，则源于中国社会科学院社会科学文献出版社。

皮书是对中国与世界发展状况和热点问题进行年度监测，以专业的角度、专家的视野和实证研究方法，针对某一领域或区域现状与发展态势展开分析和预测，具备权威性、前沿性、原创性、实证性、时效性等特点的连续性公开出版物，由一系列权威研究报告组成。皮书系列是社会科学文献出版社编辑出版的蓝皮书、绿皮书、黄皮书等的统称。

皮书系列的作者以中国社会科学院、著名高校、地方社会科学院的研究人员为主，多为国内一流研究机构的权威专家学者，他们的看法和观点代表了学界对中国与世界的现实和未来最高水平的解读与分析。

自20世纪90年代末推出以《经济蓝皮书》为开端的皮书系列以来，社会科学文献出版社至今已累计出版皮书千余部，内容涵盖经济、社会、政法、文化传媒、行业、地方发展、国际形势等领域。皮书系列已成为社会科学文献出版社的著名图书品牌和中国社会科学院的知名学术品牌。

皮书系列在数字出版和国际出版方面成就斐然。皮书数据库被评为"2008~2009年度数字出版知名品牌"；《经济蓝皮书》《社会蓝皮书》等十几种皮书每年还由国外知名学术出版机构出版英文版、俄文版、韩文版和日文版，面向全球发行。

2011年，皮书系列正式列入"十二五"国家重点出版规划项目；2012年，部分重点皮书列入中国社会科学院承担的国家哲学社会科学创新工程项目；2014年，35种院外皮书使用"中国社会科学院创新工程学术出版项目"标识。

法 律 声 明